Stendhal (d. i. Henri Beyle), geboren am 23. Januar 1783 in Grenoble, ist am 23. März 1842 in Paris gestorben.

Für Stendhal, den Kavallerieoffizier Henri Beyle, war Italien von Jugend an das Land seiner Sehnsucht, das Land, in dem er leben wollte. Als 11jähriger hatte er die Lombardei kennengelernt, danach sollte ihn sein Leben lang der Weg immer wieder nach Italien führen: nach Norditalien, nach Mailand und Florenz, nach Rom und Neapel.

1817 erschien die Ausgabe von *Rom, Neapel und Florenz*, 1826 folgte eine erweiterte Fassung. Das als Reisetagebuch konzipierte Werk in seiner ersten Fassung aber – es war übrigens das dritte Buch, das Henri Beyle veröffentlicht hatte und das erste unter dem Pseudonym Stendhal – bewahrt eine nicht mehr erreichte Ursprünglichkeit und Frische in der Diktion.

insel taschenbuch 1073
Stendhal
Rom, Neapel und Florenz
im Jahre 1817

STENDHAL
ROM, NEAPEL UND FLORENZ
im Jahre 1817

Aus dem Französischen
von Katharina Scheinfuß und
Bernhard Frank
Mit Anmerkungen zum Text
und einem Nachwort

Insel Verlag

insel taschenbuch 1073
Erste Auflage 1988
Insel Verlag Frankfurt am Main
Für die Übersetzung: © Verlag Rütten & Loening, Berlin
Für die Anmerkungen und das Nachwort: © 1980 by
Ullstein Verlag GmbH, Frankfurt/M. Berlin. Wien
Vertrieb durch den Suhrkamp Taschenbuch Verlag
Umschlag nach Entwürfen von Willy Fleckhaus
Satz: LibroSatz, Kriftel
Druck: Nomos Verlagsgesellschaft, Baden-Baden
Printed in Germany

1 2 3 4 5 6 - 93 92 91 90 89 88

ROM, NEAPEL
UND FLORENZ
im Jahre 1817

The smile which sank into his heart the first time he ever beheld her, played round her lips ever after: the look with which her eyes first met his, never passed away. The image of his mistress still haunted his mind, and was recalled by every object in nature. Even death could not dissolve the fine illusion: for that which exists in the imagination is alone imperishable. As our feelings become more ideal, the impression of the moment indeed becomes less violent. The blows is felt only by reflection; it is the rebound that is fatal.

Holcroft, Erinnerungen[1]

Diese Skizze ist ein *natürliches* Werk. Jeden Abend schrieb ich auf, was mir am meisten Eindruck gemacht hatte. Ich war oft so müde, daß ich kaum den Mut hatte, meine Aufzeichnungen hervorzuholen. Ich habe fast nichts geändert an diesen schlechtgebauten Sätzen, die mir aber von den Gegenständen eingegeben wurden, die sie beschreiben: so sind gewiß viele Ausdrücke maßlos.

Die Musik ist als einzige Kunst in Italien noch lebendig. Außer einem einzigen Manne[2] gibt es dort nur Maler und Bildhauer, wie sie auch in Paris und London zu finden sind. Im Gegensatz dazu hat die Musik noch etwas von dem schöpferischen Feuer, das in diesem Lande nacheinander die Dichtkunst, die Malerei und schließlich die Pergolesi und Cimarosa belebte. Dieses göttliche Feuer wurde einst durch die Freiheit und die großartigen Sitten der mittelalterlichen Republiken entzündet.

Man wird sehen, wie sich die Empfindungen des Autors natürlich entwickeln. Zuerst will er sich mit Musik befassen: Musik ist die Schilderung der Leidenschaften. Er sieht die Sitten der Italiener; von ihnen geht er zu den Regierungen über, welche die Sitten hervorbringen; von da zum Einfluß eines Mannes[3] auf Italien. So will es der Unstern unseres Jahrhunderts: der Autor suchte lediglich sein Vergnügen, und seine Darstellung wurde schließlich durch die trüben Farben der Politik immer finsterer.

Berlin, 4. Oktober 1816. – Ich öffne den Brief, der mir vier Monate Urlaub gewährt. – Freudentaumel, Herzklopfen. Wie närrisch ich noch mit dreißig Jahren bin! Ich soll also das schöne Italien sehen! Aber ich verberge mich sorgfältig vor dem Minister, denn die Eunuchen hegen beständig Zorn gegen die Freigeister. Ich erwarte sogar, daß mir bei meiner Rückkehr zwei Monate lang die kalte Schulter gezeigt wird. Aber die Reise macht mir zuviel Freude; und wer weiß, ob die Welt in drei Wochen noch steht[4]?

München, 25. Oktober 1816. – Nichts für das Herz. Bei Kälte bin ich keiner freudigen Empfindung fähig. Graf de . . . stellt mich heute abend Signora Catalani[5] vor.

26. Oktober 1816. – Im Hotel, in dem Signora Catalani logiert, wimmelt es von Gesandten und von Ordensbändern aller Farben: bei weniger könnte einem schon schwindlig werden. – Merkwürdige Begebenheit. Der K[önig] ist wirklich ein galanter Mann. Durch Zufall stoße ich auf einen wahrheitsgetreuen Bericht darüber in dem jesuitischen *Journal des Débats*.

Mailand, 4. November 1816. – Todmüde komme ich abends um sieben Uhr an; ich eile in die Scala. – Meine Reise wurde belohnt. Ich war aber so erschöpft, daß ich für Freuden nicht mehr empfänglich war. Alles, was sich eine im höchsten Grade bildhafte Phantasie nur erträumen kann an merkwürdiger, erstaunlicher und reicher architektonischer Schönheit, alles, was man sich nur vorzustellen vermag an prächtigen Draperien, an Gestalten, die nicht nur durch ihre Kleidung, sondern auch durch Charakter und Gebärdenspiel erkennen lassen, in welchem

Lande die Handlung spielt – all das habe ich heute abend gesehen.

5. November 1816. – Ich eile in dieses erste Theater der Welt. Es wurde immer noch die »Testa di bronzo«[6] gegeben. Ich kann in aller Ruhe bewundern. Das Stück spielt in Ungarn; kein ungarischer Fürst war jemals stolzer, ungestümer, großherziger, kriegerischer als Galli[7]. Er ist einer der besten Schauspieler, die mir je begegnet sind; ich habe nie einen schöneren Baß gehört, er hallt sogar noch in den Gängen dieses riesigen Theaters wider.

Welche Kunst der Farbgebung bei den Kostümen! Ich sah die schönsten Bilder von Paolo Veronese. Neben dem von Galli dargestellten ungarischen Fürsten, der die Nationaltracht, eine prächtige weißrotgoldene Husarenuniform, trägt, erscheint sein Erster Minister in schwarzem Samt, ohne jeden anderen glänzenden Schmuck als seinen Ordensstern. Das Mündel des Fürsten, die reizende Fabre, ist in einen himmelblauen, mit Silber verbrämten Pelz gehüllt; ihren Tschako ziert eine weiße Feder. Auf dieser Bühne atmet alles Größe und Reichtum: jeden Augenblick sind mindestens hundert Sänger oder Statisten zu sehen, alle gekleidet wie in Frankreich nur die Hauptdarsteller. Für eines der letzten Ballette wurden tausendfünfundachtzig Gewänder aus Samt oder Atlas angefertigt. Die Kosten sind ungeheuer. Die Scala ist der Salon der Stadt. Nur dort trifft sich die Gesellschaft; niemand hält ein offenes Haus. Bei jeder Art von Geschäften sagen die Leute: »Wir sehen uns in der Scala.« Der erste Anblick ist berauschend. Ich bin noch ganz entzückt, während ich dies schreibe.

10. November 1816. – Ehrlich, meine Bewunderung läßt nicht nach. Ich nenne die Scala das erste Theater der Welt, weil es das Theater ist, das einem den größten musikalischen Genuß bereitet. Im Saal gibt es keine einzige Lampe; er wird nur durch das von den Kulissen zurückgestrahlte Licht erhellt. Größeres, Prächtigeres, Eindrucksvolleres, Neueres als diese ganze Architektur kann sich niemand vorstellen. Heute abend war elfmal Szenenwechsel. Nun sind mir unsere Theater auf ewig verleidet, das ist der wirkliche Nachteil einer Italienreise.

Für eine Loge im dritten Rang zahle ich pro Abend eine Zechine, und ich habe mir vorgenommen, sie für die ganze Zeit meines Aufenthaltes hier zu behalten. Obgleich überhaupt kein Licht brennt, erkenne ich die Leute gut, wenn sie das Parterre betreten. Durch das ganze Theater werden von einer Loge zur anderen Grüße getauscht. In sieben oder acht Logen werde ich vorgestellt. Alles ist natürlich, und es herrscht eine wohltuende Heiterkeit.

In der Musik ist der Grad des Entzückens, bis zu dem unsere Seele emporgetragen wird, der einzige Maßstab für ihre Schönheit. Von einem Bild Guido Renis dagegen kann ich völlig kaltblütig sagen: *Das ist hervorragend schön.*

12. Novemver 1816. – Ein ungarischer Herzog – es wurde ein Herzog genommen, weil die Polizei hier nur unter den größten Schwierigkeiten gestattet, einen König auf die Bühne zu stellen: ich werde noch komische Beispiele anführen –, ein Herzog von Preßburg also liebt sein Mündel: aber sie ist heimlich vermählt mit einem jungen Offizier (Bonoldi), dem Günstling des Premierministers. Dieser junge Offizier kennt seine Eltern nicht: er ist ein natürlicher Sohn des Herzogs; der Minister will ihm zu seiner Anerkennung verhelfen. Sobald der Offizier die Nachricht erhält, daß der Fürst seine junge Frau heiraten will, verläßt er seine Garnison und spricht bei dem verschreckten Minister vor, der ihn in einem unterirdischen Gewölbe des Schlosses verbirgt. Der einzige Ausgang aus diesem Gewölbe führt durch den Sockel eines Bronzekopfes, der den großen Saal schmückt. Dieser Kopf und das Signal, das man geben muß, damit der Sockel sich öffnet, verursachen reizvolle und völlig unerwartete Zwischenfälle. So beginnt vor allem das Finale des ersten Aktes – der Herzog führt in diesem Augenblick gerade sein Mündel zum Altar – damit, daß ein zufällig in das Gewölbe geworfener Diener laut gegen die Wand schlägt, damit man ihn wieder herausläßt.

Der Deserteur wird bis in die Berge verfolgt, ergriffen und zum Tode verurteilt; der Minister enthüllt dem Herzog die Herkunft dieses Offiziers. Doch im selben Augenblick, als der glückliche Vater die höchste Freude empfindet, hört man die Schüsse, die das Urteil vollstrecken. Das mit diesem düsteren Krachen beginnende Quartett und der Übergang vom Komischen zum Tragischen wären selbst in einer Mozartschen Partitur überraschend. Hier aber handelt es sich um das Erstlingswerk eines jungen Menschen! Signore Soliva, Schüler des hier von Fürst Eugène gegründeten Konservatoriums, ist fünfundzwanzig Jahre alt. Seine Musik ist die Stärkste, Glühendste, Dramatischste, die ich in meinem Leben gehört habe. Da ist kein Augenblick der Ermattung. Ist er ein Genie oder einfach ein Plagiator? In Mailand sind jetzt hintereinander zwei oder drei Opern von Mozart[8] aufgeführt worden; und Solivas Musik erinnert jeden Augenblick an Mozart. Ist es ein gut gemachtes *Flickwerk*? Ist es das Werk eines Genies?

15. November 1816. – Es ist das Werk eines Genies: da ist Wärme, dramatisches Leben, Sicherheit in den Wirkungen, die ganz entschieden nicht dem Mozartschen Stil entsprechen. Aber Soliva ist ein junger Mensch; in seiner Bewunderung und Begeisterung für Mozart hat er sich dessen Art zu eigen gemacht. Wäre der Modekomponist Cimarosa[9] gewesen, so hätte man ihn für einen neuen Cimarosa gehalten.

Dugazon[10] sagte mir, daß alle jungen Leute, die zu ihm kämen, um die Schauspielkunst zu erlernen, kleine Talmas[11] seien. Er brauchte sechs Monate, um sie aus dem großen Schauspieler herauszuschälen und festzustellen, ob sie etwas Eigenes besäßen.

Tintoretto ist der beste von allen Malern in bezug auf die *Lebhaftigkeit* der dargestellten Handlung. Soliva ist ausgezeichnet in der dramatischen Handlung. In seinem Werk gibt es wenig Gesang: Bonoldis Arie im ersten Akt ist nichts wert; Solivas Stärke liegt in den Ensemblepartien und in den obligaten, die Gestalten charakterisierenden Rezitativen. Man kann den Streit Gallis mit seinem Minister bei seinem Auftritt im ersten Akt nicht mit Worten wiedergeben. Die Augen sind geblendet von all dem Luxus, die Ohren erfüllt von jenen so männlichen und so natürlichen Tönen; und beide, Augen und Ohren, nehmen die Seele sofort gefangen für das Schauspiel: das nenne ich *erhaben*! Dagegen sind die Tragödien wahrlich kalt. Soliva kennt wie Correggio die Bedeutsamkeit des Raumes: seine Musik gerät keinen Augenblick ins Stocken. Er deutet alles an, was das Ohr vorausahnt; er drängt, er häuft die Ideen. Das ist ebenso schön wie die feurigsten Sinfonien von Haydn.

17. November 1816. – Wie ich höre, ist die »Testa di bronzo« ein französisches Melodrama. In Paris abschätzig aufgenommen, gilt es in Mailand als Meisterwerk. Das ist die erniedrigende Wirkung der Monarchie.

Italien wird erst dann eine Literatur haben, wenn es die beiden Kammern[12] hat; bis dahin ist alles, was hervorgebracht wird, nur falsche Kultur, Akademieliteratur. Ein Genie kann zwar die allgemeine Plattheit durchbrechen; aber Alfieri arbeitet blind drauflos, er kann kein wirkliches Publikum erhoffen. Jeder, der die Tyrannei haßt, hebt ihn in den Himmel; alles, was von ihr lebt, verflucht und verleumdet ihn. Unter den jungen Italienern herrscht so viel Unwissenheit, Faulheit und Wollust, daß ein langes Jahrhundert nötig sein wird, bis Italien für die beiden Kammern reif ist.

Lassen wir die traurigen Gegenstände beiseite; reden wir von Musik; sie ist als einzige Kunst in Italien noch lebendig. Es gibt zwei Wege, zum Genuß zu gelangen: den Stil Haydns und den Stil Cimarosas; dieser kann von Dummköpfen nicht nachgeahmt werden, er hatte um 1780 den Höhepunkt seines Ruhms erreicht; seitdem macht er eine grundlegende Veränderung durch: das Symphonische macht immer mehr Rechte geltend, die Melodie tritt zurück. Die Malerei ist tot und begraben. Canova hat sich dank der kraftvollen Vitalität, welche der menschlichen Seele in diesem schönen Klima eigen ist, zufällig durchgesetzt; aber wie Alfieri ist er ein Monstrum, nichts gleicht ihm, nichts kommt ihm nahe. Die Skulptur ist in Italien ebenso tot wie die Kunst Correggios; die Stecherkunst hält sich einigermaßen, aber sie ist nur ein Handwerk.

Nur die Musik lebt in Italien, und all unser Tun sollte in diesem schönen Lande nur der *Liebe* gelten; die anderen Seelengenüsse werden hier gestört. Wer hier Bürgersinn besitzt, der stirbt, vergiftet durch Melancholie. Das Mißtrauen zerstört die Freundschaft; die *Liebe* aber ist hier köstlich; anderswo hat man *nur einen Abklatsch* davon: *das echte Gefühl wurde für die Hiesigen geschaffen.*

18. November 1816. – Dieser kleine Soliva hat die schmächtige Gestalt eines genialen Menschen. Ich exponiere mich zu sehr; man muß sein zweites Werk abwarten. Wenn die Nachahmung Mozarts zunimmt und die *dramatische Handlung* schwächer wird, dann gehört er zu den Menschen, die nur eine einzige Oper im Herzen tragen, eine häufige Erscheinung bei musikalischen Talenten. Ein junger Komponist schafft zwei oder drei Opern, dann wiederholt er sich und ist nur noch mittelmäßig: siehe Berton in Frankreich.

Galli ist ein schöner junger Mann von dreißig Jahren und zweifellos die beste Stütze der »Testa di bronzo«; doch wird ihm fast Remorini (der Minister) vorgezogen, ebenfalls ein schöner Baß mit sehr geschmeidiger, sehr geschulter Stimme, was bei Bässen selten vorkommt; aber sie ist nur ein schönes Instrument, fast ohne Seele. Der aus dem Herzen kommende Ruf: »O fortunato istante!«[13], nur zwanzig Takte lang, sorgte für seinen Ruhm in dieser Oper. Der Ausdruck der Natur wurde vom Künstler getroffen und vom begeisterten Publikum verstanden.

Die Fabre, eine junge, hier im Palast des Fürsten[14] geborene Französin, wird von der Vizekönigin protegiert; sie hat eine schöne Stimme, vor allem seit ihrem Zusammenleben mit dem berühmten Kastraten Velluti. In manchen leidenschaftlichen Arien ist sie bezaubernd. Ein nicht so weiträumiger Saal wäre besser für sie. Übrigens wird ihr nachgesagt, sie sei in die Liebe verliebt. Das glaube ich gerne, seit ich sie in der Arie »Stringerlo al petto«[15] im zweiten Akt gehört habe, wo sie erfährt, daß ihr Mann, dessen Erschießung man mitangehört hatte, gerettet sei. Einer der Vertrauten des Ministers hatte an die Soldaten Platzpatronen ausgeben lassen. Merkwürdig und ergreifend dabei: das ganze Theater folgte der heutigen Vorstellung mit Anteilnahme*. Wenn die Fabre abgelenkt oder müde ist, ist sie ganz und gar gewöhnlich; in einem Serail wäre sie ein großes Talent. Sie ist zwanzig Jahre alt; selbst wenn sie schlecht ist, ziehe ich sie bei weitem den seelenlosen Sängerinnen vor, der Signora Festa zum Beispiel.

Bassi ist ausgezeichnet: ihm fehlt es nicht an Seele – ihm

---

* Madame Ney[16] war heute abend im Theater.

nicht! Er wäre ein himmlischer Buffo, wenn er ein klein wenig Stimme hätte! Welch ein Feuer! Welch eine Energie! Diese Seele lebt ganz und gar der Bühne! Seit vierzig Tagen spielt er jeden Abend in dieser »Testa di bronzo«; aber fürchtet nichts: er wirft keinen Blick in den Saal; er bleibt immer der feige, empfindsame Kammerdiener des ungarischen Herzogs; aber zu einer schönen Stimme wie auch zur Frische menschlicher Reize gehört ein kaltes Herz: das ist ein Hauptprinzip der Lehre Lavaters[17].

An solchen Wesen, die ganz Seele sind, nehmen Dummköpfe *instinktiv* Anstoß, wie ich heute an dem deutschen Baron K. . .[18] bemerkte; für sie muß jedes Talent *erlernt* sein, alles, was aus der Eingebung kommt, finden sie übertrieben. Gestern zankte der empfindliche Baron den Kellner des Gastwirts aus, weil dieser seinen edlen Namen nicht richtig auf die Karte geschrieben hatte.

19. November 1816. – Das Mailänder Orchester ist in den gedämpften Partien bewundernswert, es fehlt ihm aber an *Brio* in den kraftvollen Stücken. Die Instrumente gehen den Ton zaghaft an; nichts verdirbt so sehr das Vergnügen. Anstatt wie im Himmel zu sein, wird man an einen Stümper erinnert. Das Orchester wird geleitet von jenem Signore Rolla, den die Polizei ersuchte, nicht mehr Bratsche zu spielen; er ließ die Damen in Ohnmacht sinken: das ist eine Tatsache. Man spricht von einem neuen Chefdirigenten, Signore Cavinati, der die Wirkungen kraftvoller herausarbeitet.

20. November 1816. – Galli ist erkältet. So wurde die Oper »Elena« von Mayer[19] noch einmal gegeben, die vor der »Testa di bronzo« gespielt worden war. Wie schwach das dagegen wirkt!

Welch eine Begeisterung in dem *sestetto* im zweiten Akt! Das ist jene süße, rührende *Nocturno*musik, echte Musik der Schwermut, wie ich sie oft in Böhmen hörte. Das ist eine geniale Partie, die der alte Mayer seit seiner Jugend bewahrt oder irgendwo hergenommen hat; sie trägt die ganze Oper. Dieses Volk ist für das *Schöne* geboren: eine Oper von zwei Stunden Dauer wird von einem einzigen köstlichen Augenblick getragen, der kaum sechs Minuten währt; fünfzig Meilen weit kommen die Leute her, um Mademoiselle Fabre, Remorini, Bassi, Bonoldi und so weiter dieses *sestetto* singen zu hören, und bei vierzig Vorstellungen werden durch sechs Minuten Genuß zwei Stunden Langeweile erträglich. Im restlichen Teil der Oper gibt es zwar nichts, was einem zuwider wäre, es gibt halt nichts. Und so macht man Konversation in den zweihundert kleinen Salons mit dem Vorhang am Fenster zum Saal, den sogenannten Logen. Eine Loge kostet achtzig Zechinen; vor vier Jahren, in Italiens glücklichen Zeiten[20], kostete sie zweihundert bis zweihundertfünfzig. Ich gehe ich acht oder zehn Logen; nichts ist angenehmer, freundlicher und liebenswürdiger als die Mailänder Sitten. Sie sind das ganze Gegenteil von England: im allgemeinen ist jede Frau in Begleitung ihres Liebhabers; leise Scherze, lebhafte Diskussionen, unbändiges Gelächter, aber niemals gewichtige Mienen. Unser würdevolles Gebaren, das die Italiener *sostenuto* nennen, und unsere große Kunst zu repräsentieren, ohne die niemand zu Ansehen gelangt, wären für sie im höchsten Grade langweilig. Wer einmal begriffen hat, worin der Reiz dieser angenehmen Mailänder Gesellschaft besteht, kann sich nicht mehr davon lösen.

Mehrere Franzosen der großen Epoche sind hierhergekommen und haben sich in Fesseln schlagen lassen, die sie bis zum Grabe getragen haben.

In ganz Europa ist Mailand die Stadt mit den schönsten Straßen* und den schönsten Innenhöfen. Es gibt in dieser

---

* The most comfortable streets.

Stadt vier- bis fünftausend Granitsäulen. Der Mailänder vereinigt zwei Eigenschaften, die ich in gleichem Maße nie beieinander sah: Scharfsinn und Güte. In der Diskussion ist er das Gegenteil des Engländers: kurz und bündig wie Tacitus; die Hälfte dessen, was er sagen will, drücken die Gesten und die Augen aus; sobald er aber schreibt, will er schöne toskanische Sätze bauen, und dabei wird er geschwätziger als Cicero.

Signora Catalani ist angekommen und kündigt vier Konzerte an, aber – wer hielte es für möglich? – etwas empört alle Welt: die Karte kostet zehn Francs. Ich sah eine Loge, in der ausschließlich Leute mit Einkünften von hundert- bis zweihunderttausend Livres saßen, die unter Umständen das Dreifache für Bauten ausgeben; bei diesem Preis von zehn Francs jedoch erhoben sie laut Einspruch. Hier ist das Theater spottbillig, es kostet den Abonnenten sechsunddreißig Centesimi. Dafür hat er den ersten Akt der Oper; er dauert eine Stunde; im Winter beginnt das Theater um halb acht, im Sommer um halb neun, dann folgt ein großes, ernstes Ballett von einer Stunde Dauer; dann der zweite Akt der Oper, eine dreiviertel Stunde; und dann schließt sich noch ein kleines, komisches Ballett an, und dieses ist im allgemeinen so köstlich, daß man sich auf dem Heimweg gegen halb ein Uhr, ein Uhr totlachen könnte. Ob jemand nun für seine Karte vierzig Sous bezahlt hat oder für sechsunddreißig Centesimi hereingekommen ist, er setzt sich ins Parterre auf gute, ordentlich gepolsterte Bänke mit Lehne: da sind achthundert bis neunhundert Plätze. Die Besitzer einer Loge empfangen ihre Freunde dort. Hier ist die Loge wie ein Haus, sie wird für zwanzig- bis fünfundzwanzigtausend Francs verkauft. Die Regierung gibt dem Theaterunternehmen zweihunderttausend Francs; der Unternehmer vermietet von sich aus die Logen im fünften und sechsten Rang, was ihm hunderttausend Francs einbringt; den Rest bringen die Eintrittskarten ein. Unter der Herrschaft der Franzosen gab es in diesem Unternehmen auch Spielsalons, die achthunderttausend Francs für die Kosten von Ballett und Sängern einbrachten.

Um die Mitte des Abends pflegt der *cavaliere servente*[21] Eiskrem in die Loge bringen zu lassen; stets werden irgendwelche Wetten abgeschlossen; es wird immer um *Sorbets*[22] gewettet, und die sind himmlisch; es gibt drei Sorten: *gelati, crepe* und *pezzi duri*; das ist eine vorzügliche Bekanntschaft, die jeder schließen sollte. Ich bin mir noch nicht im klaren, welche Sorte die beste ist; ich probiere sie alle jeden Abend aus.

Ich spreche nicht von den Balletten; um diese Freuden der Phantasie zu erklären, brauchte es ausführliche Details, welche die Phantasie töten. Beispielsweise in dem kleinen Ballett heute abend, »L'Allievo della natura«[23]: ein Fest mit schottischen Melodien nachts auf der Brücke eines Schiffes, das durch die weiten Fluten des Ozeans der Heimat zusteuert.

Ich sah dieses Ballett an der Seite einer noch immer schönen Frau, die vor einigen Jahren, als ihr Geliebter erkrankt war, und weil ihr *Cicisbeo* sie streng bewachte, Männerkleider anlegte, aus dem Fenster stieg und zu ihrem Geliebten wiederum durchs Fenster kletterte. Sie wachte bei ihm die ganze Nacht und kehrte um fünf Uhr morgens heim. Man begreift, daß es in solchen Gesichtern gewisse Regungen gibt, die man bei unseren schönen Pariserinnen nicht sieht.

23. November 1816. – Endlich fand Signora Catalanis so lange erwartetes Konzert im Saal des Konservatoriums statt; der Saal wurde nicht voll. Es waren ungefähr vierhundert Zuhörer da. Welch ein Takt bei diesem Volk! Das Urteil ist einstimmig; es ist die schönste Stimme, deren man sich erinnert: der Banti, der Billington, Marchesi weit überlegen. Selbst in den lebhaftesten Passagen scheint es, als sänge sie in einem Felsengewölbe; ihre Stimme hat jenen *silberhellen Widerhall.*

Wie groß wäre erst die Wirkung, hätte ihr die Natur eine Seele gegeben! Sie sang alle Arien in der gleichen Weise. Ich wartete darauf, wie sie jene anrührende Arie: »Frenar vorrei le lacrime« singen würde. Sie sang sie mit dem gleichen Reichtum heiterer Koloraturen wie die Variationen zur Arie: »Nel cor più non mi sento«. Signora Catalani singt immer nur ein Dutzend Arien, und damit zieht sie durch ganz Europa*. –

Man muß sie nur einmal gehört haben, um ewig zu bedauern, daß die Natur nicht etwas mehr Seele einer so erstaunlichen Stimme mitgegeben hat. – Sie hat keinerlei Fortschritt gemacht, seitdem sie vor achtzehn Jahren in Mailand »Ho perduto il figlio amato« sang. – Egal wie der Komponist heißt, die Arien, die Signora Catalani singt, bleiben sich immer gleich: eine Folge virtuoser – meist

---

* Heute abend hörten wir:
»Della tromba il suon guerriero.«
Portogallo.
»Frenar vorrei le lacrime.« *Idem.*
»Nel cor più non mi sento.«
Paisiello.

Zweites Konzert in Mailand:
»Deh, frenate le lacrime.« *Puccita.*
»Ombra adorata, aspetta.«
Crescentini.
»Nel cor più non mi sento.« *Paisiello.*

Drittes Konzert:
»Della tromba il suon guerriero.«
Portogallo.
»Per queste amare lacrime.« . . .
»Oh dolce contento!« *Mozart.*

Viertes Konzert:
»Son regina.« *Portogallo.*

»Dolce Tranquillità . . .«
Signora Catalani sang dieses Stück zusammen mit Galli und Signorina Corri, ihrer Schülerin.
»Oh cara d'amore!«
von Guglielmi mit Galli.
»Sul margine d'un rio.« *Millico.*
»Che momento non pensato.«
Terzett von Puccita, mit Galli und Remorini.
Galli übertönte die Stimme der berühmten Sängerin.

Fünftes Konzert:
»Quelle Pupille tenere.« *Cimarosa.*
»Che soave zefiretto.« *Mozart.*
»Stanca di pascolare.« *Millico.*
»Frenar vorrei le lacrime.«
Portogallo.
»Là ci darem la mano.« *Mozart.*
»Dolce tranquillità.«

geschmackloser – Kunststücke. Außerhalb Italiens hat sie nur schlechte Lehrer gehabt.

So sprach man um mich her. Das mag alles stimmen, aber solange wir leben, werden wir vielleicht nie mehr etwas Vergleichbares hören. Sie singt die Halbtonleiter besser als selbst Marchesi, auf den man mich während des Konzerts aufmerksam machte. Er ist gar nicht so alt, sehr reich und singt noch gelegentlich vor seinen engsten Freunden. Das gleiche gilt für seinen Rivalen Pacchiarotti in Padua.

Im Rampenlich ist Signora Catalani, die vierunddreißig oder fünfunddreißig Jahre alt sein mag, noch sehr schön; der Gegensatz ihrer edlen Züge und ihrer erhabenen Stimme zur Lustigkeit ihrer Rolle muß in der *opera buffa* eine erstaunliche Wirkung hervorrufen. Von der *opera seria* wird sie nie etwas verstehen.

Alles in allem war ich enttäuscht. Freudig wäre ich dreißig Meilen weit hergekommen, um dieses Konzert zu hören; ich bin froh, daß ich bereits in Mailand war. Als ich aus dem Konzert kam, lagen sechs Zoll Schnee, ich ließ mich in vollem Trabe zu Signora M... fahren: drei oder vier Freunde des Hauses waren schon da; die ganze Strecke rennend – immerhin mehr als eine dreiviertel Meile –, waren sie aus dem Konservatorium herbeigeeilt, um ihren Freunden, die sich die zehn Francs Eintritt sparen wollten, von dem Konzert zu berichten. Die Unterhaltung bestand nur in Ausrufen. Eine dreiviertel Stunde lang – ich habe auf die Uhr geschaut – brachte niemand einen Satz zu Ende.

Neapel ist nicht mehr die Hauptstadt der Musik, es ist Mailand.

Parma, 1. Dezember 1816. – Ich reiße mich von Mailand los. Ich mache nur eine Stunde halt in Parma, um die herrlichen Fresken Correggios zu sehen. Die »Madonna von Jesus gesegnet«[24] in der Bibliothek rührt mich zu Tränen.

Bologna, 2. Dezember 1816. – Ich bin sechsunddreißig Stunden hier gewesen, habe zehn prächtige Galerien gesehen und zwei Konzerte gehört. Wenig Wissenschaft und viel Gefühl. Ein achtzehnjähriges junges Mädchen singt hier besser als die größten Meister in Frankreich; der geringste französische Pianist dagegen versteht mehr von seinem Fach als die berühmtesten Italiener. Keine Theatervorstellungen. Ich werde verschiedenen Gelehrten vorgestellt. Was für Dummköpfe! In Italien gibt es entweder Naturgenies, die durch tiefe Gedanken und völlig fehlende Bildung verblüffen, oder Federfuchser ohne die geringste eigene Idee.

Florenz, 5. Dezember 1816. – Ich eile ins Teatro *Hohomero*, so spricht man hier das Wort *Cocomero* aus. Ich bin maßlos empört über diese vielgelobte Florentiner Sprache. Im ersten Augenblick glaubte ich, Arabisch zu hören; schnell sprechen kann man hier überhaupt nicht.

Das Orchester setzt ein, das ist wieder mein liebenswürdiger Rossini. Ich erkannte ihn nach drei Takten. Ich ging ins Parterre hinunter und fragte; es wird in der Tat sein »Barbier von Sevilla« gegeben. Dieser wahrhaft geniale Mann hat es gewagt, den Stoff neu zu bearbeiten, der Paisiello soviel Ruhm eingebracht hat. Die Rolle der Rosine hat Signora Giorgi übernommen, deren Gatte während der Herrschaft der Franzosen Richter an einem Tribunal war. In Bologna wurde mir ein junger Kavallerieoffizier gezeigt, der gleichzeitig *primo buffo* ist. In Italien ist es niemals eine Schande, etwas Vernünftiges zu tun; mit anderen Worten, das Land ist weniger verdorben durch den Adel.

Rossinis »Barbier von Sevilla« wirkt wie ein mittelmä-

ßiges Bild von Guido Reni: man spürt die Unbekümmert-
heit des großen Meisters; nirgends ist Ermüdung, nirgends
ist die Technik zu merken. Rossini schreibt eine Oper wie
einen Brief. Welch ein Genie wäre er, hätte er sich die
Mühe gemacht, seine Sprache gründlich zu erlernen! Bemerkenswert ist im »Barbier von Sevilla« nur das Terzett
Rosina-Almaviva-Figaro im zweiten Akt. Nur dürfte in
diesem Gesang keine Intrige beschlossen werden, sondern
er müßte charakterfeste, wohlüberlegte Worte zum Ausdruck bringen.

Wenn die Gefahr akut ist, wenn jede Minute Rettung
oder Verderben bringen kann, ist es allzu peinlich, wenn
man zehnmal hintereinander die gleichen Worte hört*.
Diese *notwendige Absurdität* der Musik könnte leicht über-
wunden werden. Seit drei oder vier Jahren schafft Rossini
Opern, in denen nur ein oder zwei Partien des Schöpfers
von »Tancredi« und der »Italiana in Algeri« würdig sind.
Ich schlug heute abend vor, all diese glänzenden Partien
in einer einzigen Oper zu vereinigen. Wenn ich der Komponist dieses Terzetts aus dem »Barbier von Sevilla« wäre,
so wäre ich stolzer darauf, als wenn ich die ganze Oper von
Soliva komponiert hätte: ich weiß nicht warum.

7. Dezember 1816. – Ich bewundere den »Barbier« mehr
und mehr. Ein junger französischer Komponist, der auf
mich ausgesprochen geistlos wirkt, war empört über Rossinis Kühnheit, an ein Werk Paisiellos zu rühren. Er erzählte mir eine Episode, die von der Sorglosigkeit Rossinis
zeugt. Das berühmteste Stück des neapolitanischen Komponisten ist die Romanze »Ich bin Lindoro«. Ein spanischer Sänger, ich glaube Garcia war es, schlug Rossini eine
Melodie vor, die in Spanien die Liebhaber unter den Fenstern ihrer Geliebten singen. Rossini, dem auf diese Weise

---

* In der Musik sind das zehn verschiedene Gedanken.

Arbeit abgenommen wurde, hat sie unverzüglich übernommen; es gibt nichts Faderes, sie wirkt wie ein in ein Historienbild eingesetztes Porträt.

Im Florentiner Theater ist alles ärmlich: Kostüme, Dekorationen, Sänger: es ist wie in einer drittrangigen französischen Stadt. Ballette gibt es nur in der Karnevalszeit. Florenz liegt in einem engen Tal inmitten kahler Berge, und es genießt eigentlich einen sehr angemaßten Ruf. Bologna gefällt mir hundertmal besser, selbst in bezug auf seine Malerei; im übrigen hat Bologna Charakter und Geist. In Florenz gibt es schöne Livreen und lange Reden.

Am seltensten ist, wie mir scheint, bei den jungen Italienern der Charakter der Familie Primrose[25]: »*They had but one character, that of being all equally generous, credulous, simple and inoffensive.*« Es bedarf schon der *Habeas-Corpus*-Akte[26], um den Dichtern solche Charaktere zu liefern. Hier wäre ein *einfaches und harmloses* Wesen bald verloren. Dagegen fällt einem beim Betreten des Florentiner Theaters sofort die Schönheit und der Adel der Männerköpfe auf, vor allem die Schönheit der Stirn.

Gräfin P. . . zeigte mir den jungen Herzog Mel. . .[27] und sagte: »Er lebt nur, um die ideale Schönheit in jeder Gestalt zu lieben; aber durch die äußere Form verführt, setzt er voraus, daß Schönheit untrennbar mit moralischer Vollkommenheit verbunden ist!« Ich habe mich drei Stunden mit dem jungen Herzog unterhalten, der mir trotz seiner zweihunderttausend Livres Rente und seiner zweiundzwanzig Jahre nicht zu verstehen gab, daß er Herzog ist. In Frankreich wird es heißen, ich übertreibe.

Viterbo, 9. Dezember 1816. – Wenn eine Straße auf dieser Welt scheußlich ist, dann ist es die von Florenz nach Rom über Siena. Die Verfasser von Reisebüchern machen sich über uns lustig, wenn sie vom schönen Italien sprechen. Die Strecke von Florenz nach Rom hat mich lebhaft an die Champagne erinnert. Nur sieht man hier statt öden Flachlands kahle Hügel.

Rom, 10. Dezember 1816. – Ich betrete Rom durch die berühmte Porta del Popolo; untergebracht bin ich am Korso im Palazzo Ruspoli. Wie hat man uns doch hinters Licht geführt! Die Einfahrt fast jeder großen Stadt, die ich kenne, macht mehr her als das hier; das rangiert himmelweit hinter Berlin. Von der Einfahrt in Paris durch den Arc de Triomphe an der Place de l'Etoile gar nicht zu reden. Die Pedanten, die im modernen Rom Gelegenheit fanden, ihre Lateinkenntnisse zur Schau zu stellen, haben uns weisgemacht, Rom sei schön.

Um den Italienern von Rom ihre *reinen* Sitten zu bewahren, erlaubt der Papst Theateraufführungen nur während der Karnevalszeit; im ganzen übrigen Jahr haben die Römer als einzige Schauspieler ihre Holzpuppen[28].

12. Dezember 1816. – Den ganzen Tag lang habe ich alle Schliche versucht, um an eine Loge im Teatro Argentina zu kommen; es ist nichts zu machen; die Engländer, die hier in der Übermacht sind, haben alle Logen mit Beschlag belegt.

13. Dezember 1816. – Ich bekomme durch besondere Huld den vierten Teil einer Loge. Ich kann kaum sagen, wie glücklich ich bin. Schon seit langem hat Paris nicht mehr solche Scheunen wie diese berühmten, durch die Namen Pergolesis und Cimarosas geheiligten Häuser: Teatro Argentina und Teatro Valle. Man stelle sich armselige Theater ganz aus Holz vor. Im Teatro Valle hat man das Holz nicht einmal mit Tapeten verdeckt. Unsere Unterpräfekturen in der Provinz sind besser eingerichtet. Vorhang, Decke, alles, was es da an Malereien gibt, ist so minderwertig und ungeschlacht, daß ich derartiges noch nirgends gesehen habe, nicht einmal in Deutschland.

15. Dezember 1816. – Ich habe mich nie wohler gefühlt, Gott sei Dank, und ich habe nicht den geringsten Anlaß, mißmutig zu sein. Ich muß schwören, daß dem so ist, sonst nimmt man noch an, wenn ich so schlecht über Rom urteile, ich sei krank wie Sharp und Smollett[29].

Ich komme aus der berühmten Sixtinischen Kapelle; ich habe der Papstmesse beigewohnt, und zwar auf dem besten Platz, rechts hinter Kardinal Consalvi[30]; ich hörte die berühmten Kastraten der Sixtinischen Kapelle. Nein, ich habe nie eine abscheulichere Katzenmusik gehört: es ist der verletzendste Lärm, den ich seit zehn Jahren erlebt habe. Die Messe dauerte zwei Stunden, und anderthalb Stunden habe ich mich nur gewundert, mich betastet, ob ich vielleicht krank sei, und meine Nachbarn befragt. Unglücklicherweise waren es Engländer, für die Musik ein Buch mit sieben Siegeln ist. Ich fragte sie nach ihrem Eindruck: sie antworteten mir mit Passagen aus Burney[31].

Nachdem ich mir ein Urteil über diese Musik gebildet hatte, genoß ich die männlichen Schönheiten des Deckengemäldes und das »Jüngste Gericht«. Ich habe den Gesichtsausdruck der Kardinäle eingehend studiert.

16. Dezember 1816. – Ich habe mich zwei französischen Künstlern angeschlossen und ließ mich in die Sixtina führen. Ich machte sie glauben, daß sie mich dort als Neuling empfingen. Mein Eindruck von dem Konzert der heiseren Kapaune ist der gleiche geblieben. Sie stimmten mir *sehr widerwillig* bei und haben mich auf die Feierlichkeiten der Karwoche vertröstet. Ich habe das Gefühl, ich werde diesen Termin versäumen. Wenn diese Leute in ihrem Leben einmal singen könnten, richtig singen könnten, vermöchten sie ihr lautes und ohrenzerreißendes Schreien nicht zu ertragen. Aber das ist ein komisches Land: da nichts in der Welt sie wirklich interessiert, tragen sie den Parteigeist in die Kunst hinein. Das kann man auf alle Städte Italiens übertragen: letzte Spur von Patriotismus, aber eines recht lächerlichen Patriotismus. Geistvolle Leute erklären irgendeinen unseren Schriftstellern weit unterlegenen Schmierer für ausgezeichnet, einzig weil er aus Rom ist. Man kann gar nicht laut genug zischen: für Mittelmäßigkeit gibt es kein Pardon, sie beeinträchtigt unser Gefühl für die schönen Künste.

23. Dezember 1816. – Endlich habe ich Leute mit Verstand gefunden, freilich unter den Gesandten. Sie denken genau wie ich. »Wer immer dumm ist«, sagte mit Herr . . . auf deutsch, »kann sich nicht aus den Spinnennetzen der Verfasser von Reiseberichten befreien.« Er führt mich zu dem Advokaten N . . . Das ist in Rom die gebildete Klasse; nichts ist so dumm wie der Hochadel. Ich höre sehr gute Musik und treffe mit äußerst gelehrten Leuten zusammen, die scharf zu denken vermögen, allerdings nur solange, bis der Patriotismus sie packt. Hier ist alles, was mit Musik zu tun hat, vertraut und geläufig, so wie in Paris Lob und Urteil über Racine und Voltaire. Ich hatte mich in eine Ecke zurückgezogen und unterhielt mich dort vorzüglich mit einem dicken Mann, durch den ich viel gelernt habe: er ist ein reich gewordener Schneider.

Weihnachten, 25. Dezember 1816. – Strahlende Sonne; in Paris könnte es ein kühler Tag Anfang September sein. Ich wohne den prächtigen Feierlichkeiten in der Peterskirche bei: alles ist erhaben außer der Musik. Der ehrwürdige, in weiße Seide gekleidete Papst, der von dem Sessel aus, in dem er getragen wird und der ein Geschenk der Genueser ist, diesem erhabenen Gotteshaus seinen Segen erteilt, ist eines der schönsten Schauspiele, die ich je gesehen habe. Ich befand mich unter einer aus Brettern aufgebauten Tribüne zur Rechten des Zuschauers, auf der zweihundert

Damen saßen, und zwar zwei Römerinnen, fünf Deutsche und hundertneunzig Engländerinnen. Sonst waren nur noch etwa hundert Bauern da, die einen fürchterlichen Anblick boten. Ich mache in Italien eine Reise durch England. Die meisten Damen waren von der Schönheit dieser Zeremonie so bewegt, daß sie schwerlich empfanden, wie lächerlich die heiligen Kapaune wirkten, die da in einem Käfig verborgen sangen. Ebenso ist es in der Sixtinischen Kapelle. Ich nehme an, daß sie einzig und allein dazu da sind, den Gesang der Offizianten zu unterstützen.

28. Dezember 1816. – Reizender Ball bei einer Dame aus England. Einer der hervorragendsten Liberalen von Rom nimmt mich beiseite, um mir zu sagen: »Es gibt da ein großartiges Buch, ein Buch, wie ich meine, in dem das Glück der Völker und der Könige beschlossen liegt: das *Wörterbuch von Chalmers.*«[32] Und so etwas begegnet mir seit Bologna ständig; doch die Genies setzen sich durch: Alfieri, Canova. Das heißt nicht, daß sie Vorurteile ganz abgestreift hätten. In England schreibt oft ein ansonsten ziemlich dummer Mensch ein gutes Buch. Hier macht sich ein genialer Mann wie Foscolo[33] das Vergnügen, ein lateinisches Pamphlet gegen seine Feinde zu schreiben*.

31. Dezember 1816. – Man führt mich in die Jesuitenkirche neben dem Palazzo Venezia. Ich verspüre ein wenig Hochachtung, wie sie die Macht, selbst die verbrecherischste, einflößt, wenn sie Großes vollbracht hat. – Die Kirche ist voll von elendem Pack; wir schicken unsere Uhren ins Hotel zurück. Präsident de Brosses[35] bewies schlechten

---

* Didymi Clerici Epistolae, Lugano, 1816. Foscolo, der bedeutendste Dichter Italiens nach Monti[34], ist der Verfasser der »Sepolchri« und des »Aiace«. Wie Monti denkt er nicht viel, aber er schreibt hervorragende Verse. Er ist Offizier mit halbem Sold und hat sich nach England zurückgezogen.

Geschmack, als er beim Anblick des Altars von San Ignazio in Begeisterung ausbrach. Diese Skulpturen sind unglaublich geschmacklos und lächerlich; in einem Maße, daß ich nicht zu sagen wage, worin diese Geschmacklosigkeit besteht, aber man war um 1740 in Frankreich so barbarisch, daß man einem sonst so geistreichen Manne alles verzeihen muß. Endlich beginnt die Musik: an den verschiedensten Stellen der Kirche sind Orgeln eingebaut, die im Wechsel erklingen. Das ist sehr erfreulich; aber wie überall mißbraucht auch hier der Organist den Reichtum des Instruments. In Deutschland habe ich das schon tausendmal besser gehört; dennoch verlebe ich zwei sehr angenehme Stunden. Man sollte es nicht für möglich halten! Zwei oder drei Engländer sind wirklich gerührt. Die Jesuiten machen diese Musik, um Gott dafür zu danken, daß er das Jahr ungestört zu Ende gehen ließ. Jesuitenfreundliche Kardinäle stellen sich ein. Man erweist den Herren militärische Ehren. Schöne Haltung der römischen Truppen. Man spürt genau, mit welchem Pack man es hier zu tun hat, da jede Kapelle von einem Posten mit aufgepflanztem Bajonett bewacht wird; außerdem gehen noch Wachen zwischen der knienden Menge umher. Ein schöner Witz, daß hier im Hauptquartier der Religion, die ja behauptet, die Menschen allein durch die Moral im Zaume zu halten, dennoch das Bajonett als notwendig empfunden wird, und zwar noch mehr als in Paris, das doch als so ungläubig verschrien ist! Diese aus Frankreich zurückgekehrten Soldaten, die noch die edle französische Uniform tragen, singen leise mit dem Volke den Psalm. Rom wäre noch die Hauptstadt der Künste, wenn es eine einigermaßen erträgliche Moral hätte. Der Gesang des Volkes ist ausgezeichnet.

1. Januar 1817. – Wieder Musik bei den Jesuiten, um Gott dafür zu danken, daß er das Jahr beginnen ließ.

Ich habe nun meine Loge im Teatro Argentina. Es war

nicht der Mühe wert, sich soviel Scherereien darum zu machen. Rossinis »Tancredi« wird gegeben. Das Stück wäre weder in Brescia noch in Bologna zu Ende gespielt worden. Das Orchester ist noch schlechter als die Sänger; aber das Ballett muß man erst gesehen haben! Die Balletttruppe, die Rom entzückt, wurde vor sechs Monaten in Varese, einer kleinen Stadt in der Lombardei, vom Publikum nur eben ertragen.

Hier schmückt jeder seine Loge nach eigenem Gutdünken: da gibt es Vorhänge, die wie die Gardinen an den Pariser Fenstern gerafft, und Logenbrüstungen, die mit Seide, Velour oder Musselin bezogen sind. Manche wirken sehr lächerlich, aber die Abwechslung tut wohl. Ich bemerke drei oder vier Draperien, die von weitem einer Krone ähneln: mir wird erklärt, die Eitelkeit der armen, in Rom wohnenden gekrönten Häupter[36] finde Trost darin. Hier ist alles Verfall, alles Erinnerung, alles Tod. Tätiges Leben gibt es nur in London und Paris. An den Tagen, da ich ganz Hingabe bin, möchte ich lieber in Rom sein: aber dieser Aufenthalt schwächt die Seele und läßt sie in einen Zustand der Betäubung versinken; niemals eine Anstrengung, niemals Energie, nichts geht rasch vonstatten. Die größte Neuigkeit für Rom ist, daß Camuccini[37] ein Bild beendet hat. Ich sehe mir diesen »Tod des Cäsar« an: das ist ein schlechter David[38]. Weiß Gott, ich ziehe das tätige Leben des Nordens und unsere geschmacklosen Baracken vor.

Es gäbe freilich nichts Schöneres als die Verbindung des tätigen Lebens mit den ruhigen Genüssen der durch dieses schöne römische Klima erzeugten Seelenharmonie.

Was mich vollends in Wut bringt, ist, daß dieses unwürdige Stück in allen Logen, denen ich einen Besuch abstatte, sehr schön gefunden wird. Die Römer haben eine recht komische Eitelkeit; sie sagten heute abend: *»Quel cantar è degno di una Roma!«*[39] Solch einer hochtrabenden Redewendung bedienen sie sich stets, wenn sie Rom nennen; sie drücken sich niemals anders aus. Ich ziehe mich voll Schmerz über solche Erniedrigung zurück. Ich suche einen Band Montesquieu, erinnere mich aber schließlich daran, daß er mir gestern an der Grenze beschlagnahmt worden ist, da Montesquieu zu den *streng verbotenen* Autoren gehört. Schließlich entdecke ich in einer Ecke meines Schreibtischs die »Größe der Römer«, in – 32^{40}. Ich lese einige Kapitel; es macht mir Spaß, die finstere Laune, die mich beherrscht, noch zu verstärken; gegen zwei Uhr gleicht sie der Stimmung Alfieris. Ich lese den ganzen »Don Garzia« mit lebhaftem Vergnügen: es passiert mir keine viermal im Jahr, daß ich bei diesem Autor etwas fühle.

2. Januar 1817. – Ich komme viel zu früh ins Teatro Valle; aber alle Plätze im Parterre sind numeriert; wenn man nicht unter den ersten ist, hört man nichts. Ich vertreibe mir die Zeit, indem ich die Polizeivorschriften lese. Die Regierung kennt ihr Volk: daher diese entsetzlichen Bestimmungen. Hundert Stockschläge – sofort zu vollziehende Strafe, und zwar auf dem ständig bereiten, beleuchteten und bewachten Schafott der Piazza Navona – für denjenigen, der den Platz eines anderen Zuschauers einnimmt; *fünf Jahre Galeere* für den, der dem Platzanweiser des Theaters *(la maschera)* widerspricht. Das Urteil wird gefällt *ex inquisitione*, nach den milden Regeln der Inquisition. Ich stelle bei den Zuschauern einen völligen Mangel an Höflichkeit, Ehre, Rücksicht fest; das bestätigt mir, was Fürstin G. . . gestern sagte; sie behauptete, Tiberius Pacca[41], der Statthalter von Rom, sei ein befähigter Mann, der sein Geschäft verstehe. Ich lasse seine polizeilichen Verordnungen kopieren; sie werden zu jenen Dokumenten meiner Reisebeschreibung gehören, die mich rechtfertigen, wenn man mir vorwerfen sollte, den kirchlichen Despotismus allzusehr zu schmähen.

Endlich beginnt die Musik; sie ist von einem gewissen Romani[42], der sich auf dem Plakat *Figlio di questa gran Roma*[43] nennt. Er ist seiner Heimat würdig: seine Musik ist nur ein Flickwerk aus Cimarosa: daher macht sie mir Vergnügen, obgleich sie ohne einen Funken Genialität ist.

Die Primadonna des Teatro Valle ist Signora Giorgi, die ich schon in Florenz gesehen habe: Rossinis Musik lag ihr besser; hier ist sie nichts weiter als ein schwaches Abbild der Malanotte. Es gibt da noch einen Buffo der guten Schule, der nicht so geziert tut und wirklich zum Lachen reizt; aber er ist sehr alt.

Das Stück ist eine Übersetzung der »Jeux de l'amour et du hasard«[44]. Der Übersetzer fügte Stockhiebe hinzu und einen Dorfschulzen, der mit Hilfe eines *Reimwörterbuchs* eine Ansprache an seinen Herrn drechselt. Seit langem herrscht bei uns Einigkeit darüber, daß die Musik den Esprit nicht wiedergeben kann. Sie zwingt dazu, langsam zu artikulieren, und dieses besondere Tempo gibt dem Gedanken fast immer eine gewisse Schattierung. Die Musik gibt einzig die Leidenschaften wieder, und zwar die zarten Leidenschaften.

Während der Gesang eine Leidenschaft schildert, schildert das Orchester andere Gefühlsnuancen, die sich, ich weiß nicht wie, in unserer Seele mit der Darstellung der Hauptleidenschaft verbinden. Das ist seit Mozart und Haydn so. Mayer, Winter, Weigl übertreiben das Nebensächliche, weil sie die Hauptsache nicht erfassen. Aber trotz dieser Entdeckung vermag die Musik den *Geist* noch nicht darzustellen.

3. Januar 1817. – Ich kehre ins Teatro Valle zurück. Vollkommen glückliche oder völlig gefühllose Menschen könnten Musik nicht ertragen: aus diesen beiden Gründen waren auch die Pariser Salons von 1779 so unzugänglich für sie. Mozart tat gut daran, Frankreich zu verlassen; und ohne die »Neue Heloïse« wäre Jean-Jacques' »Dorfwahrsager«[45] ausgepfiffen worden.

Warum hört man im Unglück gern Gesang? Weil uns diese Kunst, ohne unsere *Eigenliebe* zu verletzen, dunkel an das Mitgefühl der Menschen glauben läßt: sie verwandelt den trockenen Schmerz des Unglücklichen in einen *klagenden* Schmerz; sie läßt die Tränen fließen; weiter geht ihr Trost nicht. Zarten Seelen jedoch, die den Tod eines geliebten Wesens betrauern, schadet sie nur und beschleunigt das Fortschreiten der Schwindsucht.

Rom, 4. Januar 1817. – Ich habe jetzt fünfundzwanzig Tage damit verbracht, zu bewundern und mich zu entrüsten. Was wäre dieses antike Rom für ein Aufenthalt, wenn sein böser Stern ihm nicht noch die letzte Schmach angetan hätte, auf seinem Boden das Rom der Priester erstehen zu lassen! Was wären das Kolosseum, das Pantheon, die Basilika des Antoninus und all die anderen Denkmäler, die man zerstörte, um Kirchen dafür hinzubauen, wenn sie noch stolz inmitten der verlassenen Hügel des Aventin, des Quirinal oder des Palatin stünden! Glückliches Palmyra[46]!

Von der Peterskirche abgesehen, gibt es nichts Faderes als die moderne Architektur, es sei denn die Bildhauerei. Dies Wort erinnert an Canova, die einzige Ausnahme. Er läßt die Büsten der großen Künstler ins Pantheon bringen, an jenen Ort, der den zarten Seelen so teuer ist, weil sich dort Raffaels Grab befindet. Früher oder später wird man dem Pantheon die Bezeichnung Kirche nehmen, die es einst gegen den Genius des Christentums[47] schützte: es wird ein großartiges Museum werden. Die meisten von Canova bestellten Büsten sind sehr mittelmäßig; nur eine einzige stammt von ihm, und auf ihrem Sockel ist zu lesen:

Wie begierig betrachte ich die Gesichtszüge des italienischen Molière! Ein dicker Kerl war er; die hervortretende,
auffällige Gesichtsmuskulatur verrät demjenigen, der
nicht schon lange mit der Lehre Lavaters[48] vertraut ist,
nichts von der Größe dieses Mannes. Er hat ein offenes
und heiteres Gesicht. Seine Art des Fühlens ist an der
Augenpartie ablesbar.

Fast jeden Morgen lasse ich den Wagen anhalten, wenn
wir am Pantheon vorbeikommen. Nur wenn man sich
Kunstwerke in Augenblicken nüchterner Teilnahmslosig-
keit ansieht, bleiben sie einem schließlich in Erinnerung.
In Frankreich würde die Wohlanständigkeit über die In-
schrift auf der Büste Cimarosas stöhnen! Ich wundere
mich nicht mehr über meine geheime Neigung für K...
C...[49] Er ist der größte lebende Minister Europas, weil er
der einzige rechtschaffene Mann ist. Es versteht sich von
selbst, daß ich ganz ausdrücklich die Minister des Landes,
in dem diese Reisebeschreibung erscheinen wird, hiervon
ausnehme.

Dieser außerordentliche Mann wird von seinen drei-
unddreißig Amtsbrüdern verabscheut. All seine Pläne
werden verstümmelt, man zwingt ihn, alle Einzelheiten
der Durchführung Dummköpfen zu überlassen; deshalb
wurde mir auch mein Montesquieu beschlagnahmt. Er
kann diesen Augiasstall nicht durch das einzig sinnvolle
Mittel säubern, nämlich durch die Gründung einer Ecole
polytechnique.

Ich zähle in meinem Tagebuch mehr als zwanzig Anekdoten über diesen großen Minister, und alle gereichen ihm
zum Lobe. Er ist einfach, verständig, zuvorkommend und
zeichnet sich außerdem durch eine in Frankreich fast

unglaubliche Charaktereigenschaft aus: *er ist kein Heuchler*.

5. Januar 1817. – Ich gehe in die kleinen Theater von Rom: dahin flüchtet sich oft die gute Musik. Die Musikliebhaber Italiens sind in eine böse Zwickmühle geraten; sie können keine Musik ertragen, die älter als zwei Jahre ist; alle toten Komponisten scheinen für sie nicht existiert zu haben. Auf der anderen Seite pfeifen sie jede nichtssagende und schwache Musik aus, und die italienischen Theater zählen ebenso viele Durchfälle wie Premieren. Die Theaterunternehmer werden dafür mit dem Mangel an Genies bestraft. Marchese C. . . zeigt mir Briefe, aus denen hervorgeht, daß die Karnevalsopern – ausgenommen in Venedig – überall ein *Fiasko* waren. In Turin hat man gezischt; in Mailand gähnt man noch immer bei Paërs »Achill«. Allgemein fangen Paër und Mayer an zu langweilen; zur Zeit sind Rossini und Mozart in Mode.

Im Teatro Capranica treffe ich die Marchesa B. . . Ich bleibe eine Stunde in ihrer Loge, ohne mich einen Augenblick zu langweilen. In der hohen Gesellschaft sind die Frauen reizend und den Männern weit überlegen. Ich habe in keinem Lande einen zuvorkommenderen und liebenswürdigeren Menschen getroffen als diese Dame heute abend; sie lädt mich zu einem Konzert *(accademia)* für morgen ein. – Was für Augen ich in diesem Konzert gesehen habe! In dieser Beziehung ist das übrige Europa ein verblaßtes Gemälde. Beim Anblick schöner Augen will ich ihre Form und ihre Farbe vergessen können, um nur noch die Seele zu fühlen, deren Interpreten sie sind. Schüchterne Menschen, die die Liebe kennengelernt haben, wissen, daß man eine ganze Unterhaltung allein an den Augen der Gesprächspartner verfolgen kann. Es gibt sogar gewisse Feinheiten des Gefühls, nicht des Denkens, welche sie allein ausdrücken können: vielleicht trifft das nur für Italien zu.

Heute abend stehen Lieder und Arien auf dem Programm, die ungeheuren Beifall finden; ich frage nach dem Namen des Komponisten: niemand weiß ihn. Die französische Eitelkeit würde dem Namen des Schöpfers größere Bedeutung beimessen: ich bekäme sofort zwanzig Urteile über ihn zu hören. Crescentinis[50] wundervolle Arie: »Ombra adorata, aspettami« läßt Tränen in all diese schönen Augen steigen. Sie wird hier denn auch auf etwas andere Weise gesungen als von Signora Catalani. Man erzählt mir viel von diesem Wunder der Natur und von einem anderen Wunder: Signore Sgricci[51], der Tragödien improvisiert. Es handelt sich dabei um Flickwerk aus griechischen Autoren; die Pedanten waren hingerissen, ich fand es sterbenslangweilig. Signore Sgricci vermeidet geschickt moderne Themen, zu denen keine griechischen Chöre passen; kein Vergleich mit Gianni[52].

Wie ich höre, hatte Madame Häser[53], diese hervorragende Sängerin, während des Kongresses in Wien großen Erfolg. Ich suche während des Konzerts drei oder vier Damen auf, an die ich Empfehlungsschreiben besaß; durch die Liebenswürdigkeit der Dame des Hauses ermutigt, stelle ich mich vor. Hier wie überall beherrscht 1. die Politik die Unterhaltung; 2. nichts steht in größerem Widerspruch zueinander als die Unterhaltung und die Zeitungen. – Gherardo di Rossi[54] hat die römischen Sitten sehr gut geschildert, aber er hatte Angst. Die italienischen Komödiendichter sollten ihre Werke erst nach ihrem Tode veröffentlichen*.

Außer den beiden Haupttheatern, dem Teatro Valle und dem Teatro Argentina, gibt es in Rom vier kleine Theater. Die verräuchertsten Ballsäle, die in den französischen Kleinstädten noch als Theatersäle bezeichnet werden, brauchen sich vor den römischen nicht zu verstecken!

* Siehe seine Komödie »La prima sera dell'opera«.

Unter der Herrschaft der Franzosen begannen die Italiener zu ahnen, was Zivilisation ist: diese *Barbaren* schenkten ihnen eine öffentliche Promenade[55] und ein recht hübsches Theater *(Teatro d'Apollo)*.

In einem solchen Stall (im *Teatro del Mondo*) sah ich etwas sehr Merkwürdiges, und zwar eine Komödie, die genau den augenblicklichen Zustand der Sitten wiedergibt. Der Herr über die Sümpfe von Orbetello in Toskana begibt sich verkleidet in die zweitgrößte, dreitausend Einwohner zählende Stadt seines Landes. Das Volk ist dabei, die Tugenden seines Stadtoberhaupts zu feiern. Dieser Unterpräfekt, der mit dem reichsten Manne des Ortes unter einer Decke steckt, verurteilt jeden, der ihm nicht bei seinen Betrügereien hilft, zur Galeere. Die Rolle des biederen Schankwirtes, der dem verkleideten Fürsten im Rausch die Wahrheit zu sagen wagt und vor Angst über seine Unvorsichtigkeit vergeht, als er wieder bei Verstand ist, ist trefflich und ganz lebenswahr: Das ist ein tiefer Gedanke, würdig eines Molière. Im Augenblick, da das Ganze *gehässig* zu werden droht, wird man durch einen lustigen Dialog abgelenkt. Der Fürst, ein blutjunger Mann, hat seinen Spaß an dem Wirt und entrüstet sich nicht allzusehr. Ein für Italien treffender Zug! Der Fürst ist gutmütig, und unter seiner Herrschaft werden, ohne daß er es ahnt, die schändlichsten Untaten begangen; das ist der Inhalt der Komödie »Un Giorno del Principe nelle Maremme di Siena«[56].

Der Eintrittspreis betrug in diesem Theater acht *baiocchi* (neun Sous); die staunende Aufmerksamkeit des Volkes muß man gesehen haben. Ich bin vergebens wieder hingegangen; ich bekam stets nur höchst sentimentale, aus dem Französischen oder Deutschen übersetzte Stücke zu sehen.

6. Januar 1817. – Ich bin in Rom einem echten Talent begegnet: dem Direktor der hölzernen Marionetten, der einzigen Schauspieler, denen hier zehn Monate im Jahr im Interesse der Sittlichkeit von den Ultras der Auftritt gestattet wird. Vergebens fordern der Premierminister und die Regierung vom Souverän die Änderung dieses ganz und gar christlichen Beschlusses*.

7. Januar 1817. – Neues Stück im Teatro Argentina: »Quinto Fabio«[57]. Hier brach die römische Eitelkeit in ihrer ganzen Lächerlichkeit durch. Diese würdelosen Wilden beziehen hemmungslos all das auf sich, was von den alten Römern gesagt wird; mit dem gleichen Recht könnten wir uns zu dem beglückwünschen, was von den Armeen Turennes oder des Marschalls von Sachsen gesagt wird.

Ich bin von Natur aus nicht gehässig; seit meinem siebzehnten Lebensjahr, als ich mein erstes Offizierspatent erhielt, habe ich mich an den Anblick stupider Despoten und durch die Dummheit ihrer Führer verbrecherisch gewordener Völker gewöhnt; trotz alledem, trotz all meiner Vorsätze verlasse ich Rom voller Zorn: Ich verdiene deshalb weniger Vertrauen.

Dichtung und Musik von »Quinto Fabio« sowie eine Deutsche, die in Männerkleidern singt, werden begeistert gefeiert: in Como oder Crema** wären sie ausgepfiffen worden.

Der Gesandte von . . . machte mich gestern darauf aufmerksam, mit welch rasender Begeisterung dieses Volk bei dem Worte *Vaterland* Beifall klatscht. Dieses *jakobinische* Gefühl rührt zweifellos von Alfieri und den Franzosen her. Man vergöttert uns von einem Ende Italiens bis zum anderen: die Völker lieben nur durch den Haß.

---

* Er wurde jetzt aufgehoben, April 1817.
** Städte mit sechstausend Seelen in der Lombardei.

Was soll ich von den beiden Vormittagen erzählen, an denen ich mich so lange im Atelier des Marchese Canova aufgehalten habe, bis ich wahnsinnige Kopfschmerzen hatte? Was das Gefühl für *Schönheit* in Kunst und Natur angeht, so macht man in Frankreich soviel wie möglich aus einem dünnen Wasserstrahl: hier ist es ein ungeheurer Strom; die Bäume an seinen Ufern stehen freilich nicht in Reih und Glied. »Der Abschied von Venus und Adonis«[58]: das ist endlich einmal eine ausdrucksvolle Skulptur, deren Schönheit dabei immer erhaben bleibt.

Am Abend werde ich in eine Kunstakademie geführt: ich komme um vor Langeweile; wann werden diese Narren endlich einsehen, daß die schönen Künste das bezaubernde Ergebnis der allgemeinen tiefen Gärung in einem Volke sind? Mit künstlichen Mitteln die äußerlichen Zeichen dieser Gärung nachahmen und die gleichen Wirkungen erwarten – das ist die akademische Malschule.

8. Januar 1817. – Endlich verlasse ich Rom. Reizendes Tal bei . . .[59], gleich hinter dem Grab der Horatier und Curatier. Es ist die erste schöne Landschaft seit Bologna und meiner geliebten Lombardei: eigenartige Lage des Palazzo Chigi, Blick auf das Meer, erhabene Landschaft, griechische Architektur.

Terracina, 9. Januar 1817. – In Terracina, in der prächtigen Herberge, die Pius VI. erbauen ließ, schlägt man mir vor, mit einigen aus Neapel angekommenen Reisenden zu essen. Ich bemerke unter den sieben oder acht Personen einen sehr schönen, blonden, schon etwas kahlköpfigen Mann, der dreißig oder zweiunddreißig Jahre alt sein mag. Ich frage ihn nach Neuigkeiten aus Neapel, besonders in der Musik. Er antwortet mit klar und einfallsreich. Ich frage ihn, ob noch Hoffnung bestünde, in Neapel den »Otello« von Rossini zu sehen; er antwortet mit einem

Lächeln. Ich sage ihm, in meinen Augen sei Rossini die Hoffnung der italienischen Schule; er sei ein von Natur genialer Musiker, und er gründe seine Erfolge nicht auf die Klangfülle der Begleitung, sondern auf die Schönheit der Melodien. Ich sehe, wie mein Mann ein wenig verlegen wird, die Reisegefährten lächeln; kurz, es ist Rossini selbst. Glücklicherweise und nur ganz zufällig habe ich nicht von der Faulheit dieses großen Genies gesprochen.

Er sagt mir, daß Neapel eine andere Musik verlange als Rom und Rom wiederum eine andere als Mailand. Die Komponisten werden so schlecht bezahlt! Sie müssen Italien unentwegt von einem Ende zum anderen durcheilen, und die schönste Oper bringt ihnen nicht einmal tausend Francs ein. Er erzählt mir, sein »Otello« sei nur ein halber Erfolg gewesen; er werde jetzt für Rom ein »Aschenbrödel« komponieren und dann nach Mailand gehen, um für die Scala die Musik zur »Diebischen Elster« zu schreiben.

Dieser arme geniale Mann interessiert mich brennend; er ist zwar sehr lustig und auch ziemlich glücklich, aber welch ein Jammer, daß sich in diesem unglücklichen Lande kein Herrscher findet, der ihm eine Pension von zweitausend Talern aussetzt und es ihm dadurch ermöglicht, erst dann etwas niederzuschreiben, wenn er eine Eingebung hat. Woher den Mut nehmen, ihm Vorwürfe zu machen, daß er eine Oper in vierzehn Tagen komponiert? Er schreibt an einem schlechten Tisch, bei dem Küchenlärm der Herberge und mit schlammiger Tinte, die ihm in einem alten Pomadetopf gebracht wird. Er ist der geistvollste Italiener, dem ich je begegnet bin, aber das ahnt er wahrscheinlich nicht einmal; denn in diesem Lande ist die Herrschaft der Pedanten noch ungebrochen. Ich gestehe ihm, wie begeistert ich von seiner »Italiana in Algeri« bin; ich frage ihn, was er mehr liebt, die »Italiana« oder »Tancredi«; er antwortet mir: »Il Matrimonio segreto«[60]. Das ist Anstand; denn die »Heimliche Ehe« ist ebenso vergessen wie in Paris die Tragödien von Marmontel[61]. Warum verlangt er von den Theatertruppen, die seine dreißig Opern spielen, keine Gebühren? Er beweist mir, daß man so etwas bei dem gegenwärtigen Durcheinander nicht einmal vorschlagen könnte.

Wir sitzen noch beim Tee, als Mitternacht schon vorüber ist; dies ist mein angenehmster Abend in Italien; das bewirkt die Heiterkeit eines glücklichen Menschen. Als ich mich schließlich von dem großen Komponisten trenne, erfüllt mich ein Gefühl der Wehmut. Dennoch sind Canova und er heute dank den Herrschenden alles, was das Land der Genies besitzt. Ich wiederhole mit trauriger Fröhlichkeit den Ausruf Falstaffs: *There live not three great men in England; and one of them is poor and grows old. (King Henri IV, first part, act II, scene IV)*[62].

Capua, 10. Januar 1817. – Ich frage, ob Theater gespielt wird. Als man bejaht, unterbreche ich die Reise. Ich tat gut daran; die »Nozze in campagna«[63], geistvolle Musik des nüchternen Guglielmi (Sohn des großen Komponisten) wurde mit warmer Anteilnahme und echtem Ensemblegeist gespielt und gesungen, und zwar von drei, vier armen Teufeln, die für jeden Abend, den sie spielen, dreißig Francs bekommen.

Die Primadonna, eine hochgewachsene, brünette Schönheit, witzig und *disinvolta*[64], spielt und singt geradezu genial. Ich vergesse meinen Zorn über die römische Erniedrigung und werde wieder glücklich. Seit Florenz und dem »Barbier von Sevilla« ist dies die erste Musik, die mir Freude macht. Es geht um einen großen Herrn, der in eine seiner Untertaninnen (das ist der Ausdruck hierzulande) verliebt ist. Das Mädchen steht im Begriff, einen Bauern zu heiraten, der neapolitanisch redet. Jedesmal wenn der Herr seine Liebe erklären will, kommt etwas dazwischen, und er muß sich verstecken. Die zärtliche, aufrichtige und verzweifelte Eifersucht des armen Bauern weckt Anteilnahme. Jede Mundart ist natürlich und dem Herzen näher als die Schriftsprache; von dieser hier verstehe ich kaum ein Wort. Zwei Stunden lebhaften Vergnügens; ich knüpfe ein Gespräch mit meinen Nachbarn an, aufgebrachte Bewunderer von . . .[65]

Die Oper ist um Mitternacht zu Ende; ich fahre um ein Uhr weiter. Die Österreicher haben alle Viertelmeilen einen Wachtposten aufgestellt und bringen damit die Straßenräuber, die derweil verhungern, in helle Wut.

Neapel, 11. Januar 1817. – Großartige Einfahrt: In den weichen Felsen, auf dem die Stadt erbaut wurde, ist eine breite Straße gehauen worden, die zum Meer hinunterführt. Festes Mauerwerk. – Der *Albergo de'Poveri* ist das erste Gebäude. Das ist etwas ganz anderes als jene vielgepriesene Bonbonschachtel, die man in Rom Porta del Popolo nennt.

Nun sind wir vor dem *Palazzo degli Studj*[66]; wendet man sich nach links, so gelangt man in die Via Toledo[67]. Diese Straße, die belebteste auf Erden, war eines der Hauptziele meiner Reise. Ich bin fünf Stunden lang von Gasthof zu Gasthof geirrt. Es müssen sieben- oder achthundert Engländer hier sein. Ich niste mich schließlich in einer siebenten Etage ein; aber gegenüber dem San Carlo[68], und ich sehe den Vesuv und das Meer.

Das San Carlo ist geschlossen. Ich gehe daher ins Teatro dei Fiorentini: das ist ein kleines Theater in Form eines verlängerten Hufeisens; es ist berühmt für seine Musik, ungefähr so wie das Louvois[69]. Die Plätze sind hier numeriert wie in Rom: die ersten Reihen sind voll besetzt. »Paul und Virginie«[70], ein Modestück von Guglielmi, wird gespielt: ich bezahle den doppelten Preis und bekomme einen Platz in der zweiten Reihe. Eleganter Saal; alle Logen sind besetzt; die Frauen sind reich geschmückt, denn hier ist es nicht wie in Mailand, hier gibt es einen Kronleuchter.

Bis ins Kleinste durchgearbeitete Ouvertüre; dreißig bis vierzig Motive drängen sich in so rascher Folge, daß sie weder verstanden werden noch den Zuhörer beeindrukken: eine schwierige, trockene und langweilige Fleißarbeit; man ist schon ermüdet, wenn der Vorhang aufgeht.

Wir sehen Paul und Virginie: gespielt von Signorina Chabran und Signorina Canonici, die äußerst geziert die Rolle des Paul gibt. Die Liebenden haben sich verirrt, wie in der französischen Oper. Duett, voll gekünstelter Anmut. Der gute Domingo kommt hinzu; ihn spielt der berühmte Casaccia, der Brunet von Neapel. Er redet im Jargon des Volkes und ist kolossal fett, was ihm Gelegenheit zu mehreren recht lustigen Späßen gibt. Sitzt er, dann schickt er sich an – um lässig zu wirken –, die Beine übereinanderzuschlagen: unmöglich; die Anstrengung, die er macht, läßt ihn auf seinen Nachbarn kippen: alle stürzen hin. Dieser Darsteller, den das Volk hier Casacciello nennt, wird vom Publikum vergöttert; er hat die näselnde Stimme eines Kapuziners. In diesem Theater singen alle durch die Nase. Mir schien, daß er sich oft wiederholte, am Ende langweilte er mich; aber mein Urteil ist nicht kompetent. Domingo-Casacciello führt Paul und Virginie zum Haus zurück. Virginie hat einen Vater, ihn singt der ausgezeichnete erste Baß Pellegrini. Er ist der Martin von Neapel, von dem Franzosen hat er die Gewandtheit der Stimme und die Gefühlskälte. Er singt genauso wie Signora Festa. Er gefiel mir immer in solchen Arien am besten, die keine Leidenschaftlichkeit verlangen. Er ist ein schöner Mann des italienischen Typs, mit einer gewaltigen Nase und schwarzem Bart; es heißt, er habe Glück bei den Frauen; ich weiß nur, daß er sehr liebenswürdig ist.

Der Schiffskapitän ist ein Tenor, ein hübscher Junge,

sehr kalt; er kommt aus Venezien, wo er Unterpräfekt oder Generalsekretär war. Signorina Chabran hat eine recht hübsche Stimme, aber sie ist noch frostiger als die Canonici und Pellegrini. Das Ganze ist für den Durchschnitt der besseren Gesellschaft zufriedenstellend; nichts, was ärgerlich wäre, aber auch nichts für denjenigen, der die Darstellung der Leidenschaft sucht.

Das Teatro dei Fiorentini ist einladend und hübsch. Die Proszeniumsöffnung ist viel zu eng; die Dekorationen sind ebenso erbärmlich wie die Musik, obgleich sie sehr gefällt und man ihr andächtig lauscht. Zwei-, dreimal kündigte vermehrtes »pst« die Lieblingsstücke an. Klägliche, eintönige Musik eines gefühllosen Menschen, der nach Gefühl trachtet. Es gibt nichts Faderes, aber die Dummköpfe finden Geschmack an der *opera semiseria*; sie verstehen das Traurige, aber nicht das Komische. In den neapolitanischen Farcen, wie der in Capua, werden die Regungen des menschlichen Herzens viel wahrhaftiger dargestellt. Man feiert Guglielmi, und die Bravorufe kommen von Herzen; das hindert nicht: diese Musik ist und bleibt *Esprit, der Genie sein will*. Warum kommt Signor Guglielmi nicht nach Paris? Dort fände er einhellige Anerkennung als großer Mann. Er ist der wiederauferstandene Grétry[71], nur weniger kleinlich in seiner Art. Seine Musik ist ebenfalls etwas zopfig, wenn man mir diesen unfeinen, aber so bildhaften Ausdruck gestattet. Zuweilen gibt sich Guglielmi den Anschein von Einfallsreichtum, indem er ungeniert zehn, zwölf Takte von Rossini übernimmt*. Darin ähnelt er Natoire oder de Troy[72], wenn sie einen Kopf von Guido Reni kopieren.

12. Januar 1817. – Endlich ist der große Tag der Eröffnung des San Carlo da: tolles Treiben, die Menschen strömen

---

* Es heißt, Guglielmi sei im März 1817 gestorben.

herbei, blendender Saal. Man muß Faustschläge und rohe Püffe einstecken und selbst welche austeilen. Ich hatte mir geschworen, mich nicht aufzuregen, und es ist mir auch gelungen. Meine beiden Rockschöße habe ich eingebüßt. Mein Platz im Parterre kostete mich zweiunddreißig Carlini (vierzehn Francs), und mein Platz in einer Loge im dritten Rang, die ich mit zehn anderen Personen teilte, fünf Zechinen.

Im ersten Augenblick fühlte ich mich in den Palast irgendeines orientalischen Herrschers versetzt. Meine Augen sind geblendet, meine Seele ist entzückt. Man kann sich nichts Frischeres und zugleich Majestätischeres vorstellen, zwei Dinge, die nicht leicht zu vereinen sind. Dieser erste Abend gehört ganz und gar dem Vergnügen. Ich bin unfähig, Kritik zu üben. – Diese Eröffnung des Teatro San Carlo: eines der großen Ziele meiner Reise; einzigartig war für mich, daß meine Erwartung nicht enttäuscht wurde. Aber das verdanke ich einiger Charakterstärke, ich bin vollkommen erschöpft; morgen mehr über den sonderbaren Schrecken, der die Zuschauer erfaßte.

13. Januar 1817. – Die gleichen aus Achtung und Freude gemischten Gefühle beim Betreten des Theaters. Es gibt in Europa nicht nur nichts, was dem ähnelte, sondern nicht einmal etwas, was im entferntesten eine Vorstellung davon vermitteln könnte. Ich sehe in den Logen Damen, denen ich vorgestellt werden könnte; ich gebe mich lieber meinen Empfindungen hin und bleibe im Parterre. Dieser in dreihundert Tagen wiederaufgebaute Saal ist ein Staatsstreich. Er bindet das Volk fester an den König als das beste Gesetz; ganz Neapel ist trunken vor Vaterlandsliebe. Das sicherste Mittel, gesteinigt zu werden, wäre, irgendeinen Fehler daran zu entdecken. Sobald von Ferdinand[73] die Rede ist, heißt es: »Er hat das San Carlo wiederaufgebaut.« So leicht ist es, sich beim Volk beliebt zu machen! Das Menschenherz neigt zur Verehrung. Wenn ich an die Kleinlichkeit und an die *prüde Ärmlichkeit* der Republiken denke, die ich gesehen habe, fühle selbst ich mich ganz royalistisch.

20. Januar 1817. – Immer noch San Carlo. Der Saal hatte mich so beglückt, daß ich von der Musik und dem Ballett bezaubert war. Der Saal ist in Gold und Silber gehalten, die Logen in dunklem Himmelblau. Die Verzierungen der Zwischenwände, die gleichzeitig als Logenbrüstungen dienen, springen hervor; daher die Pracht. Es sind in Gruppen angeordnete goldene Fackeln mit großen Lilien dazwischen. Hier und da werden diese überaus reichen Verzierungen durch silberne Basreliefs unterbrochen. Wenn ich richtig gezählt habe, sind es sechsunddreißig.

Die Logen haben keine Vorhänge und sind sehr groß. Ich sehe überall, daß fünf oder sechs Personen an der Brüstung sitzen.

Ein herrlicher Kronleuchter erstrahlt in hellem Licht und läßt ringsum die goldenen und silbernen Verzierungen funkeln – eine Wirkung, die nicht erzielt würde, wenn diese Verzierungen nicht hervorspringen würden. Nichts ist majestätischer und großartiger als die große Königsloge über der Mitteltür: sie ruht auf zwei goldenen Palmen in natürlicher Größe; die Draperie ist aus mattroten Metallblättern; die Krone, obgleich ein veralteter Schmuck, wirkt nicht allzu lächerlich. Im Gegensatz zur Pracht der großen Loge sind die kleinen Inkognitologen im zweiten Rang gegenüber der Bühne von unvergleichlicher Frische und Eleganz. Der blaue Satin, die Goldverzierungen und die Spiegel sind so geschmackvoll angeordnet, wie ich es sonst nirgends in Italien sah. Da das strahlend helle Licht in alle Winkel des Saales dringt, kann man sich auch an den geringsten Details erfreuen.

Die Decke ist auf Leinwand gemalt und entspricht ganz

und gar dem französischen Geschmack; dieses Deckenbild ist eins der größten Gemälde, die es gibt. Dasselbe gilt für den Vorhang. Es gibt nichts Kälteres als diese beiden Malereien. Gipsernes Kolorit, starre Umrisse, steife, der Antike nachempfundene Figuren, reliefartige Komposition, fehlende Schattierung, grobe Farben: alles wie bei uns; mit einem Wort – eine reizende Kunst ohne jeden Reiz.

Immerhin sorgt diese *Nüchternheit* dafür, daß das Auge leicht die großen *Mechanismen* erfaßt. Ich denke unwillkürlich an die Decke des Palazzo Barberini in Rom[74]: was hätte ein Pietro da Cortona aus so großen Bildern machen können, die so gut beleuchtet sind und so oft betrachtet werden! Ach, es gibt keine Malerei mehr! Vielleicht hätte Herr Gros[75] aus Paris eine so schöne Gelegenheit zu nutzen verstanden! Ein ungeheurer Vorteil der Künste des schönen Scheins ist der, daß sie nicht das natürliche Sonnenlicht haben!

In der Wölbung zwischen den Säulen des Prosceniums ein silbernes Relief von kolossaler Größe. In der Mitte die Gestalt der Zeit, die auf einem beweglichen Zifferblatt die Stunden zeigt. Eigenartig dabei ist, daß dank der Leidenschaft der Regierung für alles, was französisch ist, dies die einzige Uhr der Stadt ist, welche die Stunden auf französische Art angibt[76]. Was wird der italiensche Patriotismus dazu sagen?

23. Januar 1817. – Ich vergaß, den Schrecken der Frauen am Abend des 12. Januar zu schildern. Bei der fünften oder sechsten Szene der Kantate begann man zu bemerken, daß sich das Theater allmählich mit dunklem Rauch füllte. Dieser Rauch nimmt zu. Gegen neun Uhr werfe ich zufällig einen Blick auf die Herzogin del C. . ., deren Loge neben der unseren liegt; ich finde sie sehr blaß; sie beugt sich zu mir herüber und sagt im Tone beeindruckenden

Entsetzens: *»Ah! santissima Madonna!* Feuer im Saal! Nun versuchen es die gleichen Leute, denen der erste Anschlag mißlungen ist, zum zweiten Male! Was soll aus uns werden?« Sie war sehr schön; die Augen vor allem waren himmlisch. »Signora, wenn Sie nicht jemand Besseren einem Manne vorziehen, der erst seit zwei Tagen Ihr Freund ist, biete ich Ihnen meinen Arm.« Die Feuersbrunst im Palais Schwarzenberg[77] kam mir augenblicklich in den Sinn. Ich erinnere mich, daß ich mir, während ich mit ihr sprach, ernstlich Gedanken machte, aber mehr für sie als für mich. Wir befanden uns im dritten Rang; die Treppe ist außerordentlich steil; alle würden sich auf sie stürzen. Ich wandte mich zu meinen englischen Reisegefährten um und sah in starre Gesichter, die den Rauch beobachteten. Ich war so sehr damit beschäftigt, eine Fluchtmöglichkeit zu suchen, daß mir erst nach zwei oder drei Sekunden der Geruch dieses Rauches zum Bewußtsein kam. »Das ist Dunst, das ist gar kein Rauch«, sagte ich zu unserer schönen Nachbarin. »Die Wärme hier trocknet den feuchten Saal.« Ich erfuhr, daß dieser Gedanke zwar allen gekommen war, aber nicht verhindern konnte, daß alle große Angst ausgestanden hatten; und ohne die Sorge um das *Was-werden-die-Leute-dazu-Sagen?* und die Anwesenheit des Hofes wären die Logen augenblicklich leer gewesen. Gegen Mitternacht machte ich einige Besuche: Die Frauen waren erschöpft, hatten Augenringe und Nervenzustände; das ganze Vergnügen war hin. – Anstatt sich dem Genuß hinzugeben, bemerkten meine Engländer: »Was bedeutet dieses große Bauwerk? *Steingewordenes Leid?*« – Nein, *steingewordene Arbeit*; das Volk ist allenfalls unglücklich, wenn es keine Arbeit findet.

6. Februar 1817. – Ich werde des Teatro San Carlo nicht überdrüssig. Architektonische Genüsse sind so selten! Musikalische Freuden sollte man hier nicht suchen; man hört nichts, aber auch gar nichts. Bei den Neapolitanern ist das etwas anderes, sie schwören, daß sie alles sehr gut hören.

Ich besuche die Logen; die Frauen beklagen sich, daß sie zu sehr zu sehen sind. Ich lasse mir diesen unglaublichen Vorwurf wiederholen. Er ist sehr berechtigt; die Damen sind ständig allen Blicken ausgesetzt – eine Unannehmlichkeit, die durch die Gegenwart des Hofes noch verstärkt wird. Signora R. . . bedauert es ehrlich, daß die Logen keine Vorhänge haben. Der Kronleuchter beeinträchtigt die Wirkung der Dekorationen: aber viel ist an ihnen nicht mehr zu verderben, denn sie sind außerordentlich schlecht. Diese Dekorationen haben unter anderem einen Fehler, der jegliche Illusion tötet: sie sind acht oder zehn Zoll zu kurz; ununterbrochen sieht man unter den Sockeln der Säulen oder zwischen den Wurzeln der Bäume Füße herumlaufen. Man kann sich keine Vorstellung davon machen, wie lächerlich diese Ablenkung ist: die Einbildungskraft heftet sich an diese Beine, die man sich bewegen sieht, und möchte erraten, zu wem sie gehören.

Die Kantate[78], die ich am ersten Tage hörte, ist eine Schmeichelei im Stile des 16. Jahrhunderts: Verse und Musik, alles daran ist sterbenslangweilig. In Frankreich geben wir noch die gezwungenste Allegorie in der ungekünstelten Art eines Singspiels. Ich glaubte, Signore Lampredi* besäße Geist genug, diesem Einfall zu folgen. Das wirkliche Genie auf diesem Gebiet ist Metastasio[83]. Ihm ist, soweit ich sehe, die Bewältigung der größten Schwierigkeit gelungen. – Ich gehe ins literarische Kabinett. Das »Journal des Débats«[84] ist als zu liberal beschlagnahmt worden.

---

* Er ist der Herausgeber der einzigen guten literarischen Zeitschrift seit Baretti[79]: des »Poligrafo«[80], Mailand 1811. Unter der Rubrik Literatur bringen die anderen Blätter schwerfällige Abhandlungen, die nicht einmal das Vorzimmer der Académie des inscriptions et belles-lettres[81] passieren würden. Siehe »La Biblioteca Italiana«[82] aus Mailand.

8. Februar 1817. – Ich bin ein Narr, mir in meinem Alter noch einzubilden, man könne bei einem öffentlichen Unternehmen seine Aufmerksamkeit gleichzeitig auf zwei Dinge richten. Wenn der Saal prächtig ist, muß die Musik schlecht sein; ist die Musik köstlich, dann muß der Saal jämmerlich sein.

Das ist nur billig. Das Verdienst, diesen Saal wiederaufgebaut zu haben, gebührt allein einem gewissen Signore Barbaja[85]: ein Caféhauskellner, der als Bankhalter beim Spiel Millionen verdient hat; er hat den Saal im Hinblick auf die künftigen Gewinne seiner Bank gebaut. Der alte König wollte Signora Catalani. Eine gute Idee; ihr hätte man Galli, Crivelli und Tacchinardi an die Seite stellen müssen; aber Signor Bar . . . protegiert Signorina Colbran. Ich weiß nicht, wer Nozzari protegiert, in Paris war er sehr gut in der Rolle des Paolino, aber das war vor siebzehn Jahren. Es gibt keinen Besseren als David Sohn[86]; man leidet an den Anstrengungen, die dieser arme junge Mann macht, um mit seiner zarten und glanzvollen Stimme diesen gewaltigen Raum zu füllen. Er hat von Nozzari die Gewohnheit übernommen, gewisse Triller mit der Kopfstimme zu machen. Er braucht unbedingt ein kleines Theater und einen guten Lehrer: er ist der beste Tenor Italiens nach Tacchinardi.

Das Orchester hat mir viel Freude gemacht. Es spielt sicher; die nacheinander einsetzenden Instrumente treffen genau die richtige Note. Es spielt so sicher wie das Orchester des Odéon und lockerer als die Orchester von Wien: daher ist das Piano bei ihm klangvoller.

Sosehr das San Carlo durch seine ärmlichen Dekorationen und jämmerlichen Kostüme hinter der Scala zurückbleibt, so überragend sind die Neapolitaner durch ihr Orchester. Heute abend war ein *bellissimo teatro*, das heißt, alles war voll besetzt. Die Herzogin de C. . . macht mich darauf aufmerksam, daß zwischen all dem Glanz die

Kleider der Damen schmutziggrau und ihre Wangen bleifarben wirken. Die Theater müssen in grauen Farbtönen gehalten sein und nicht in glänzenden Farben.

Die Italiener haben eine merkwürdige Leidenschaft für Premieren *(prime sere)*. Selbst Leute, die das ganze Jahr über äußerst sparsam sind, geben ohne weiteres vierzig Louisdors für eine Loge an Premierenabenden aus. Heute abend waren bei der Herzogin ein paar Kunstliebhaber aus Venedig zu Gast, die morgen wieder zurückfahren. So geizig diese Leute in kleinen Dingen sind, so verschwenderisch sind sie im Großen; das ist das Gegenteil von Frankreich, wo es mehr Eitelkeit als *Leidenschaft* gibt.

9. Februar 1817. – Ich habe mir mit der jungen Herzogin die Bilder des Cavaliere Ghigi angesehen. Eigenartige Romansituationen, aber zu delikat, als daß man bei unseren Sitten darüber schreiben könnte. Fürst Norvi ist eifersüchtig, und da er das zärtliche Verhältnis zwischen der *contessina* Carolina, der Mutter der Herzogin, und dem Cavaliere P... nicht trüben kann, verrät er sie an den Gatten, einen biederen Mann, der von all dem nichts glaubt, und auch an ihre beiden reizenden, unschuldigen Töchter im Alter von fünfzehn oder sechzehn Jahren, die Freundinnen ihrer Mutter. Die armen Kleinen schwören sich, Nonnen zu werden: sie fühlen sich ihrer Mutter gegenüber nicht mehr frei, wagen nicht mehr, mit ihr zu sprechen. Endlich wirft sich die Ältere, in Tränen aufgelöst, ihr zu Füßen und bekennt ihr den Verrat des Fürsten Norvi und ihren Entschluß, ins Kloster zu gehen. Man stelle sich die Lage der Mutter vor, die ihren Liebhaber anbetet und doch auch Ehrgefühl besitzt! Sie bewahrt soviel Geistesgegenwart, zu leugnen.

Die reichen Italiener aller Städte kennen einander; sonst würde ich dreißig Geschichten erzählen und mir alle allgemeinen Gedanken über die Sitten und Bräuche verkneifen, denn auf diesem Gebiet ist alles *Vage* schon falsch. Der Leser, der nur die Sitten seines Landes kennt, versteht unter Worten wie *Anstand, Tugend* oder *Falschheit* etwas wesentlich anderes als das, was man damit meint.

So lernte ich zum Beispiel in Bologna bei Signora N... eine junge Frau namens Ghita kennen, deren Lebensgeschichte einen äußerst interessanten und schönen Roman ergäbe; aber es dürfte nichts verändert werden. Diese Geschichte nimmt elf Seiten meines Tagebuches ein. Welch lebendige Schilderung der Sitten des heutigen Europas und der italienischen Empfindsamkeit! Wie weit ist das den erfundenen Romanen überlegen! Welch überraschende und doch ganz natürliche Ereignisse! Der Fehler der Charakterkomödien liegt darin, daß man alles, was dem Helden begegnen wird, von Anfang an voraussieht. Der Held, den Ghita so sehr geliebt hat und vielleicht noch liebt, ist ein ganz durchschnittlicher Mensch, der eifersüchtige Gatte ebenfalls; die Mutter ist abscheulich; nur die junge Frau ist heroisch. Selbst wenn man alle gefühlvollen Frauen von Paris und London zusammennähme, man bekäme doch keinen solchen Charakter.

Die italienische Art zu *empfinden* ist für die Bewohner des Nordens widersinnig. Obwohl ich eine Viertelstunde darüber nachgedacht habe, weiß ich nicht, durch welche Erklärungen, welche Worte ich sie ihnen verständlich machen könnte. Wenn die vornehmsten Menschen einmal ihren gesunden Menschenverstand anstrengen, so begreifen sie höchstens, daß sie nichts begreifen können. Ihnen etwas beibringen zu wollen wäre ebenso widersinnig, wie wenn der Tiger dem Hirsch beibringen wollte, welch wonniges Gefühl er beim Bluttrinken verspürt.

Ich fühle selbst, was ich da geschrieben habe, ist lächerlich; es ist ein Teil jener Doktrin, die nur für Eingeweihte bestimmt ist und nicht weiterverbreitet werden darf.

54

10. Februar 1817. – Benefizvorstellung von Duport[87]. Er tanzt zum letztenmal.

Ich habe vergessen, die Dekorationen seines Balletts »Aschenbrödel« zu erwähnen. Sie wurden von einem Maler entworfen, der die wahren Gesetze des *Schrecklichen* kennt. Der Feenpalast mit den düsteren Lampen und jene über seine Kuppel hinausragende Riesenfigur, die die Augen geschlossen hat und mit dem Finger nach dem Schicksalsstern weist, hinterläßt in der Seele einen bleibenden Eindruck. Den Franzosen kann man diese Art Genuß nicht mit Worten erklären. Dieser schönen Ausstattung fehlt die Farbe und das Helldunkel (Schatten und Licht sind ohne Kraft).

Ein, Stonehenge nachgeahmter, Tanzsaal mitten im Wald, im selben Ballett »Aschenbrödel«, und der Feenpalast wären selbst in Mailand bemerkenswert. In der Lombardei versteht man weit mehr vom Zauber der Farbe; aber die Zeichnung erzielt zuweilen nicht die gewünschte Wirkung, weil der Reiz des Neuen fehlt. In Neapel sind die Bäume grün, in der Scala graublau. »Aschenbrödel«, wie auch »Giocondo«, ein Ballett von Vestris, werden fast wie in Paris getanzt. Die Mitwirkung von Marianna Conti und der Pallerini nimmt dem Ballett die gefühllose Kälte des französischen Tanzes. Diese Kälte und unsere Art der Anmut sind gut vertreten mit Signora Duport, Taglioni und Signorina Taglioni. Duport selbst habe ich schon immer bewundert, und ich tue es noch.

Heute abend wußte sich das Publikum in seinen Beifallsstürmen kaum zu lassen, der König gab das Beispiel. Ich hörte die Stimme Seiner Majestät von meiner Loge aus; die Begeisterungsausbrüche gingen bis zur Raserei, die eine dreiviertel Stunde anhielt. Duport tanzte mit jener Leichtigkeit, die wir schon in Paris im »Figaro« an ihm gesehen haben. Niemals ist eine Anstrengung zu spüren, ganz allmählich wird sein Tanz lebhafter und gipfelt schließlich in der Verzückung und Trunkenheit der Leidenschaft, die er darstellen will: das ist der höchste Ausdrucksgrad, dessen diese Kunst fähig ist. Vestris, Taglioni und all die anderen Durchschnittstänzer können erstens die Anstrengung nicht verbergen, die es sie kostet, und zweitens *steigert* sich ihr Tanz nicht. So erwecken sie niemals auch nur die geringste *Sinnenlust*, das vorrangige Ziel der Kunst. Die Frauen tanzen besser als die Männer. Die Bewunderung macht nächst dem sinnlichen Vergnügen fast den ganzen Bereich dieser eng begrenzten Kunst aus. Die durch glänzende Dekorationen und neuartige Gruppierungen verführten Augen müssen in der Seele lebhafte und zärtliche Anteilnahme wecken für die Leidenschaften, die die Tanzschritte darstellen sollen.

Ich habe den Unterschied der beiden Schulen sehr deutlich gesehen. Die Italiener erkennen ohne Zögern die Überlegenheit der unseren an, sind jedoch, ohne sich dessen bewußt zu sein, für die Vollkommenheiten ihrer eigenen viel empfänglicher. Duport kann zufrieden sein, denn heute abend wurde ihm viel Beifall gespendet; die wirklichen Begeisterungsstürme aber galten Marianna Conti. Neben mir saß ein Franzose, den die Leidenschaft hinriß, das Wort an mich zu richten. »Wie unanständig!« rief er alle Augenblicke. Er hatte recht, und das Publikum noch mehr, hingerissen zu sein. *Unanständigkeit* ist im Grunde nur eine Sache der Konvention, und der Tanz beruht nun einmal bis zu einem gewissen Grade auf der in Italien bewunderten Sinnenlust, die unsere Vorstellungen verletzt. Selbst bei den lebhaftesten Schritten kommt dem Italiener nicht der leiseste Gedanke an etwas *Unanständiges*; er genießt die künstlerisch vollendete Form wie wir die schönen Verse in »Cinna«[88], ohne an die lächerliche Einheit des Ortes zu denken. Bei flüchtigen Eindrücken existieren unbemerkt gebliebene Fehler nicht. Was in Paris *liebenswürdig* ist, gilt in Genf als unanständig: das hängt von der *Prüderie* ab.

Wo ist das Schönheitsideal des Tanzes? Bis jetzt gibt es noch keines. Diese Kunst hängt zu eng mit den klimatischen Einflüssen und unserer körperlichen Veranlagung zusammen.

Die französische Schule hat es bisher nur in der Ausführung zur Vollendung gebracht.

Jetzt müßte sich ein Genie diese vollendete Technik zunutze machen, etwa so, wie es Masaccio[89] in der Malerei getan hat. Der große Mann auf diesem Gebiet lebt in Neapel, aber er wird dort geringgeschätzt. Viganò[90] hat »Li Zingari« oder »Die Zigeuner« geschaffen. Die Neapolitaner bildeten sich ein, er wolle sich über sie lustig machen. Dieses Ballett hat eine seltsame Wahrheit offenbart, die niemand ahnte: daß nämlich die Volkssitten im Königreich Neapel exakt den Sitten der Zigeuner entsprechen. (Siehe die »Novellen« von Cervantes.) Da erteilt Viganò den Gesetzgebern schöne Lehren: so beziehungsreich sind die Künste! Zugleich ist es ein schöner Erfolg, eine so ausdrucksfeindliche Kunst gezwungen zu haben, nicht *Leidenschaften*, sondern *Sitten* darzustellen, und gut darzustellen! Ein bestimmter Tanz, zu dem man mit Wasserkesseln aufspielte, hat die Neapolitaner besonders empört. Die Geschichte um dieses Ballett war für mich eine Erleuchtung; sie brachte mich auf den richtigen Weg, dieses Land zu studieren. Noverre hatte, wie es heißt, dem Zuschauer sinnliches Vergnügen bereitet; Viganò hat allen Tanzarten mehr Ausdrucksstärke gegeben. Sein Kunstsinn hat ihn sogar den wahren Geist des Balletts erkennen lassen: das *Romantische* schlechthin. Alles, was das Sprechdrama in dieser Beziehung zuläßt, hat Shakespeare gegeben; aber die »Eiche von Benevent« ist ein ganz anderes Fest für die bezauberte Phantasie als der »Sturm« oder der 5. Akt der »Lustigen Weiber von Windsor«. Die durch die Freude am Neuen hingerissene Seele gibt sich ein und eine viertel Stunde lang dem Genusse hin; und wenn sich diese Freuden auch nicht in Worten ausdrücken lassen, so bleiben sie doch viele Jahre in Erinnerung. Ihre Wirkung ist nicht mit wenigen Worten zu schildern, man müßte lange reden und die Phantasie der Zuhörer anregen. Madame B. . ., die uns auf Schloß Vizille[91] in Frankreich das Ballett »Die Eiche von Benevent« erzählte, hielt uns damit bis in die Nächte hinein in Atem. Die von Erinnerungen an Romane und an das Theater erfüllte Phantasie des Zuschauers muß selbst alle Situationen entwickeln; sie muß auch der Entwicklungen durch das gesprochene Wort überdrüssig sein. Jede Phantasie läßt auf ihre Weise die stummen Personen reden. Dieses merkwürdige Genre wird vielleicht aussterben; zur schönsten Entfaltung war es in Mailand gelangt, und zwar in den glanzvollen Zeiten des Königreichs Italien. Dazu gehören aber große Reichtümer, und die arme Scala wird vielleicht keine drei Jahre mehr leben: Die Frömmigkeit hat die Spiele unterdrückt, durch deren Gewinn das Theater unterhalten wurde. Vielleicht geht selbst die Erinnerung an diese Kunst eines Tages verloren, und es bleibt nur noch der Name übrig, wie bei Roscius und Pylades[91a].

Wenn der Fremde keine malerische Phantasie besitzt, begreift er nicht die Begeisterungsausbrüche der Mailänder, wenn sie ihm von »Prometheus«, den »Zigeunern«, der »Eiche von Benevent« und von der »Samandria liberata« erzählen. Da eine malerische Phantasie nicht gerade die Stärke der Franzosen ist*, würde dieses Genre in Frankreich keinen Anklang finden. Unsere La Harpes können nicht einmal Metastasio verstehen. Ich habe nur drei oder vier Ballette von Viganò gesehen. Seine Einbildungskraft ist vom Schlage Shakespeares, dessen Namen er vielleicht nicht einmal kennt: in diesem Kopf vereinigen sich das Genie des Malers und das Genie des Musikers. Wenn es für

* Ich nehme an, daß man sie in Schottland hat.

das, was er ausdrücken will, noch keine Melodie gibt, komponiert er oft selbst. Zweifellos gibt es absurde Partien in »Prometheus«, aber nach zehn Jahren ist die Erinnerung so frisch wie am ersten Tag. Ein anderer, eigentümlicher Vorzug von Viganòs Genie ist die Geduld. Er studiert auf der Bühne der Scala mit achtzig Tänzern und einem Orchester von sechzig Musikern sein Ballett ein und läßt sie erbarmungslos einen ganzen Vormittag lang zwei Takte wiederholen, wenn sie nicht so getanzt werden, wie er es sich vorgestellt hatte.

Ich ließ mich von der Erinnerung an diese Ballette hinreißen. Es ist zwei Uhr; der Vesuv glüht; man sieht die Lava fließen. Die rote Masse hebt sich gegen einen wundervollen dunklen Horizont ab. Das ist auch ein Effekt à la Viganò; ich bleibe eine dreiviertel Stunde in diesen Anblick versunken.

13. Februar 1817. – Das Schönheitsideal des Tanzes wird künftig ein Mittelding sein zwischen dem Stile Duports und dem der Conti. Wir brauchten einen reichen und wollüstigen Fürstenhof: aber das werden wir nicht mehr erleben. Jeder versucht, ein paar Millionen auf die Seite zu bringen, um wenigstens als reicher Privatmann leben zu können, wenn er einmal in Ungnade fällt. Da die Fürsten im übrigen unbedingt der öffentlichen Meinung Widerstand leisten wollen, schaffen sie sich Unruhe fürs ganze Leben. Dieser Rechenfehler könnte im Laufe des 19. Jahrhunderts sehr wohl zum Niedergang der Künste führen. Im 20. Jahrhundert werden alle Völker von Politik reden und den ›Morning Chronicle‹[92] lesen, statt Marianna Conti Beifall zu klatschen.

Der Stil kalter Perfektion von Madame Gardel kann unter keinen Umständen in das Schönheitsideal des Tanzes eingehen, zumindest nicht außerhalb Frankreichs. Ich gestehe, hätte ich zwischen diesen beiden Anteilen des

Schönheitsideals zu wählen, ich würde der lebensvollen und strahlenden Sinnlichkeit der Conti den Vorzug geben*. Mademoiselle Millière kam vor acht oder zehn Jahren mit ihrem in Paris geschulten Talent nach Mailand: sie wurde ausgepfiffen. Sie tanzte mit mehr Leidenschaft: heute wird sie in der Scala mit Beifall überschüttet und würde in der Rue de Richelieu aus vollem Herzen ausgepfiffen werden.

14. Februar 1817. – Ich komme aus dem Ballett »Giocondo« von Vestris III, dem Enkel des *Gottes* des Tanzes[94]. Ein sehr armseliges Ballett. Das von Duport ist auch nicht viel besser: immerzu Girlanden, Blumen, Schärpen, mit denen die Schönen ihre Krieger schmücken oder die die Schäferinnen mit ihren Geliebten austauschen, und man tanzt aus Freude über die Schärpe. Wie anders dagegen der junge Ehemann in der »Samandria liberata«, der rasend vor Eifersucht in seinen Palast zurückkommt, sich aber herbeiläßt, zusammen mit dem für die Musik im Serail zuständigen Negersklaven und seiner Frau jenes schöne *Terzett* zu tanzen. Dieser Tanz riß alle Herzen mit, ohne daß man recht wußte warum. Es ist eine der großen Besonderheiten in der Geschichte der Liebe, daß die Gegenwart des geliebten Wesens alle Vorwürfe vergessen macht. Der französische Stil läßt an jene hübschen Frauen denken, die nicht wünschen, daß man in ihrem

---

* Signorina Bigottini gibt ein fast vollkommenes Beispiel dieses *Schönheitsideals*; Paul und Albert kommen ihm oft nahe, während Mademoiselle Fanny Bias den französischen Stil in seiner Reinheit verkörpert. Die Ballette Gardels haben aber auch nichts mit denen Viganòs gemein: das ist, als vergliche man Campistron[93] mit Alfieri. Viganò hätte uns um *Psyche* zittern lassen: indem Gardel sie von Teufeln martern läßt, verfällt er in den gleichen Fehler wie Shakespeare, der einen entthronten König auf offener Bühne blenden läßt. Die Phantasie, die nicht erregt genug ist, um dieses Maß an Entsetzen mitzufühlen, findet Vergnügen an der Häßlichkeit der Teufel und ihrer grünen Krallen. (Wiederaufnahme von »Psyche«, Juni 1817.)

Porträt die Farbe Schwarz verwendet: ein Bild von Boucher[95] im Vergleich zum »Pesthospital in Jaffa«[96] von Gros.

Wie ich heute abend hörte, hat Barbaja Viganò und die Pallerini für achtzehn Monate verpflichtet. Viganò bekommt sechzigtausend Francs und die Pallerini neunzehn. Die hübsche Tänzerin kam im Gefolge des großen Komponisten; jetzt ist sie es, die den großen Künstler drangsaliert. Aber ich glaube, daß er darauf brennt, in seine Lombardei zurückzukehren.

Zuweilen ziehe ich meine festesten Überzeugungen in Zweifel. Normalerweise ist meine Verachtung für die französische Musik keiner Steigerung fähig; dennoch hatten mich Briefe meiner französischen Freunde fast umgestimmt. Ich war beinahe bereit, ihnen die heitere und rein unterhaltsame Musik zu konzedieren. Mit dem Ballett »Giocondo« ist für mich der Streit ein für allemal entschieden. Nie habe ich deutlicher die Armseligkeit, die Nüchternheit, das *Unvermögen* unserer Musik empfunden, deren bekannteste und gefälligste Melodien hier vereint sind, eben die, welche mich einst rührten. Das Gefühl für wahre Schönheit setzt sich selbst gegen Jugenderinnerungen durch. Was ich da sage, wird denen als Gipfel des Absurden, vielleicht gar des Gehässigen erscheinen, welche nie *wahre Schönheit* gesehen haben. Der Vorzimmer-Patriotismus, wie Monsieur Turgot anläßlich der »Belagerung von Calais«[97] sagte, wird sich gegen mich erheben.

Durch seine Größe eignet sich das Teatro San Carlo hervorragend für Ballette. Die Bühne ist geräumig genug für eine Schwadron von achtundvierzig Reitern, wie sie in Duports »Aschenbrödel« mitwirken. Dieser Akt mit seinen Pferden und diversen Gefechten ist recht langweilig und altbacken. Die Pferde stürmen bis zur Rampe. Sie werden von Deutschen geritten, die Hiesigen würden das nie schaffen. Die Tanzschule von San Carlo berechtigt zu den schönsten Hoffnungen. Die Ältesten unter den Elevinnen, besonders die Peppina und die Mari, sind bereits anmutige Tänzerinnen. Vielleicht wird die Peppina eine Größe; ihr Tanz hat Charakter.

15. Februar 1817. – Reizender Ball beim König. Jeder mußte in einer Charaktermaske erscheinen; doch schon bald demaskierte sich alles. Ich habe mich von acht Uhr abends bis vier Uhr früh köstlich amüsiert. Ganz London war anwesend; die Engländerinnen schienen die Palme des Festes davonzutragen. Dabei gab es auch sehr hübsche Neapolitanerinnen, wie zum Beispiel die arme kleine Gräfin N. . ., die jeden Monat ihren Mann in Terracina besucht[98]. Lassen wir das; ich habe mir geschworen, nichts über die Orte zu sagen, die ich als Gast betrete: sonst wird der Reisende zum Spion.

16. Februar 1817. – Trotz meiner tiefen Verachtung für die moderne Architektur ließ ich mich heute morgen zu Signore Bianchi[99] aus Lugano führen, der ehemals auf Kosten Buonapartes[100] zum Studium nach Rom geschickt worden war. Seine Entwürfe sind fast frei von den vielen Verzierungen, Kanten und Gesimsen, die die moderne Baukunst so kleinlich machen und die man selbst bei Michelangelo tadeln könnte. Die heutige Generation kann sich nicht zu der Einsicht aufschwingen, daß die Alten niemals etwas geschaffen haben, um *zu schmücken*, und daß bei ihnen das Schöne nur eine Hervorhebung des Nützlichen war.

Signore Bianchi soll die Kirche San Francesco di Paolo gegenüber dem Schloß bauen. Mit der Ausführung wird der König Signore Barbaja beauftragen, und in zwei bis drei Jahren werden wir sie fertig vor uns sehen. Der Platz ist denkbar schlecht gewählt. Statt dort eine Kirche hinzubauen, sollte man lieber noch dreißig Häuser wegreißen. Der richtige Platz für die Kirche wäre auf dem *Largo di Castello*, aber da sich in ganz Europa die gefühllose Eitelkeit der Herzen bemächtigt hat, werden die großen Prinzipien des Schönen nicht mehr erkannt. Bianchi hat die runde Form gewählt, ein Beweis dafür, daß er einen Blick für die Antike hat; aber er hat nicht erkannt, daß die Alten mit ihren Tempeln einen dem unseren entgegengesetzten Zweck verfolgten. Ich begegne bei Bianchi den beiden fähigsten Männern des Königreichs, dem General Filangieri[101] und dem Staatsrat Cuoco[102].

17. Februar 1817. – Ich will ganz kurz mitteilen, was ich über die Musik zu sagen habe, die ich im San Carlo gehört habe. Ich kam voller Hoffnungen nach Neapel: was mir noch am meisten Freude gemacht hat, war die Musik in Capua.

Als erstes hörte ich im San Carlo Rossinis »Otello«. Nichts ist kälter. Es gehört schon viel *Geschicklichkeit* dazu, ein so fades Libretto aus der leidenschaftlichsten Tragödie des Theaters überhaupt zu fabrizieren. Rossini hat dem Librettisten dabei noch sehr geholfen. Fünfmal schweiften meine Gedanken ab: man beachte, daß Desdemona, Signorina Colbran, äußerlich Mademoiselle Maillard sehr ähnlich ist.

Eine besonders lächerliche Figur ist in Italien der Vater oder der Gatte einer großen Sängerin: einen solchen Typ nennt man *don Procolo*. Eines Tages reichte Graf Somaglia[103] der Colbran den Arm, um ihr die Scala zu zeigen; worauf ihr Vater gewichtig zu ihm sagte: »Sie haben Glück, Herr Graf! Wissen Sie, daß gewöhnlich nur gekrönte Häupter meiner Tochter den Arm reichen?« – »Haben Sie vergessen, daß ich verheiratet bin?« erwiderte der Graf. Das ist im Italienischen eine gepfefferte Antwort. Der Mann einer großen Sängerin hat in Mailand an diese Anekdote erinnert.

Nach dem »Otello« mußte ich die »Gabriella di Vergy«

über mich ergehen lassen; die Musik, von einem jungen Mann aus dem Hause Carafa, ist eine sklavische Nachahmung von Rossinis Stil. David hat mir in der Rolle des Coucy gefallen.

Ich habe mir den »Sargino« von Paër wieder angesehen: Signorina Chabran inspirierte David. Diese berühmte Musik langweilte mich zu Tode wie schon in Dresden. Paërs Talent ähnelt dem von Monsieur de Chateaubriand: ich habe es vergeblich versucht; ich habe kein Gespür dafür; mir erscheint das immer lächerlich.

18. Februar 1817. – Heute abend gab die Truppe von San Carlo den »Otello« im Teatro del Fondo. Mir fielen einige hübsche Motive auf, die mir bisher entgangen waren.

Das ist also die angemessene Grundrißform für ein Musiktheater: ein Kreis. Die Bühne erhebt sich senkrecht zum Kreisdurchmesser, an dessen Ende* oder noch besser nach zwei Dritteln seines Durchmessers.

Diese Rechenaufgabe wird über das künftige Geschick der dramatischen Musik entscheiden. Die großen Theater wie das San Carlo und die Scala sind der Verderb der Zivilisation und nicht ihre Krönung. Alle Feinheiten müssen übertrieben werden: von dem Augenblick an aber sind es keine Feinheiten mehr. Die jungen Sänger müßten vollkommen keusch erzogen werden; das ist aber heute nicht mehr möglich: dazu gehörten Kathedralen und Chorknaben. Seit zwanzig Jahren gibt es keine Stimmen mehr in Italien. Da die Frauen auf der Bühne wie auf dem Piedestal stehen, hat eine, die häßlich ist, aber einigermaßen singen kann, auf der Stelle zwanzig Gönner. Wir brauchen also unbedingt Theater von der Größe des Teatro dei Fiorentini, des Fondo, des Favart oder des Théâtre Feydeau.

Die italienische Sitte, eine zweistündige Oper durch

* Théâtre des Variétés in Paris.

eine Stunde Ballett zu unterbrechen, ist durch unsere geringe Aufnahmefähigkeit bedingt: es wäre widersinnig, zwei Akte hintereinander Musik zu spielen. Auf kleinem Raum wirkt Viganòs Ballett unmöglich und lächerlich: Damit steht das Problem der *Akustik* vor den Geometern; sie aber schieben es verächtlich beiseite, weil es zu schwierig ist. Könnten nicht zwei Bühnen in einem Saal errichtet werden? Vielleicht könnte man auch nach dem Ballett die Bühne durch eine ziemlich feste Zwischenwand teilen, die die Töne in den Saal zurückwirft. Zum Beispiel, indem ein eiserner Vorhang heruntergelassen oder eine Wand aus Holzkisten errichtet wird, die nach den Zuschauern hin mit Kalbfell überzogen sind.

Wenn im Theater von Parma im Hintergrund der Bühne ein Stück Papier zerrissen wird, so ist das Geräusch im ganzen Theater zu hören.

19. Februar 1817. – Das San Carlo ist in der Tat eine Parteiangelegenheit für die Neapolitaner: dorthin hat sich der verletzte Nationalstolz[104] geflüchtet. In Wahrheit ist das San Carlo als Musikstätte der Scala ganz und gar unterlegen. Wenn es erst getrocknet ist, mag es weniger dumpf sein; aber es wird allen Glanz seiner zu früh auf den Putz aufgelegten Vergoldung verlieren. Die Dekorationen wirken recht fade, und, was wichtiger ist, sie können gar nicht besser zur Wirkung kommen, denn der Kronleuchter macht sie zunichte. Aus demselben Grund sind auch die Gesichter der Schauspieler nicht zu erkennen.

20. Februar 1817. – Als ich heute abend das San Carlo betrat, lief mir ein Wächter hinterher und forderte mich auf, meinen Hut abzunehmen. Ich hatte nicht bemerkt, daß sich im Zuschauerraum, der zehnmal größer ist als die Pariser Oper, irgendein Fürst befand.

Paris ist die erste Stadt der Welt, weil einen dort niemand kennt. Der Hof stellt nur ein interessantes Schauspiel dar und macht lediglich durch seine Wohltaten von sich reden.*

Das San Carlo in Neapel ist nur dreimal in der Woche geöffnet und daher schon kein sicherer Treffpunkt mehr wie die Scala. Wenn man durch die Gänge geht, erinnern einen die in großen Lettern auf die Logentüren geschriebenen pompösen Titel immer wieder daran, daß man nur ein einfacher Bürger ist. Ihr behaltet, wenn ihr den Saal betretet, den Hut auf dem Kopf: sofort verfolgt euch einer der Helden von Tolentino[105]. Die Conti begeistert euch, und ihr wollt ihr Beifall klatschen: die Gegenwart des Königs hindert euch daran. Ihr wollt euern Platz im Parterre verlassen: ein mit Ordenssternen geschmückter Standesherr, an dessen Kämmererschlüssel ihr mit eurer Uhrkette hängenbleibt (wie es mir gestern passiert ist), murmelt etwas von Respektlosigkeit; und verärgert über soviel Größe, geht ihr hinaus und verlangt euern Wagen: die sechs Pferde irgendeiner Fürstin versperren die Tür; man muß warten und holt sich einen Schnupfen.

Ein Hoch auf die großen Städte, wo es keinen Hof gibt! Nicht wegen der Herrscher, die im allgemeinen sehr achtenswert sind und die vor allem gar keine Zeit haben, an irgendeinen Privatmann zu denken, sondern wegen der Minister und ihrer Stellvertreter, die alle nur befehlen und schikanieren wollen. Ich sage ganz offen: dergleichen kennt man in Paris überhaupt nicht**; in den kleinen Staaten Italiens aber wird einem so jeder Augenblick verbittert. Was sollen denn auch sonst acht oder zehn Minister machen, die alle zusammengenommen nicht einmal so viel Arbeit haben wie ein Präfekt?

---

* Unsere Fürsten haben gerade (1817) fünfzig Millionen dazu verwandt, das Los der Völker zu erleichtern.

** 1817 weniger denn je, unter dem Ministerium eines überlegenen Mannes[106].

Bei meiner Ankunft in Neapel erfuhr ich, daß ein Herzog Theaterdirektor sei: Sofort machte ich mich auf Engherzigkeit und kleinliche Schikanen gefaßt. Die Kammerherren aus den Memoiren von Collé[107] kamen mir in den Sinn.

Die Sitzplätze im Parterre sind numeriert; die *ersten elf Reihen* sind jedoch ausschließlich für die Herren Offiziere der roten Garde, der blauen Garde, der Leibgarde und so weiter reserviert oder für diejenigen, die als Gunstbeweis ein Abonnement erhalten. Auf diese Weise wird ein Fremder in die zwölfte Reihe verwiesen. Wenn man noch den breiten Raum hinzurechnet, den das Orchester einnimmt, findet sich der arme Fremde bis hinter die Saalmitte zurückgedrängt, wo er weder sehen noch hören kann. Nichts von alledem in Mailand, wo sich jeder seinen Platz aussucht. In dieser glücklichen Stadt sind alle einander gleichgestellt. In Neapel glaubt sich irgendein Herzog, der keine tausend Taler Rente hat, berechtigt, mich in unverschämter Weise mit dem Ellbogen beiseite zu stoßen, nur weil er acht oder zehn Orden hat. In Mailand treten acht- oder zehnfache Millionäre beiseite, um mir Platz zu machen, wenn ich es nur im geringsten eilig zu haben scheine; ja man erkennt kaum die Träger berühmter Namen, so einfach und bieder sehen sie aus. Heute abend ging ich verärgert über die Unverschämtheit des Wächters in meine Loge hinauf; dabei begegnete ich zu meinem Verdruß noch zwölf oder fünfzehn Trägern des Großkreuzes der Ehrenlegion oder Generälen, die in vollem Bewußtsein ihrer Bedeutung die Treppe herunterkamen. Mir kam der Gedanke, daß zweifellos dieser ganze Plunder von Erbadel, unverschämten Privilegien und Ordensbändern nötig ist, um eine mutige Armee zu haben.

Duports Ballett endet mit Aschenbrödels Apotheose. Sie ist in einem finsteren Wald: eine Leinwand wird herabgelassen, und man sieht einen riesigen Palast auf einem

Hügel, der von magischem weißem Licht angestrahlt wird, wie man es auch in Mailand macht; aber hier wird das Licht besser genutzt. Ich gehe hinaus; auf der Treppe drängt sich eine ungeheure Menschenmenge. Man muß drei steile Treppen hinunter, wobei man dem Vordermann fast auf die Fersen tritt. Das halten die Neapolitaner für schön. Sie haben das Parterre ihres Theaters in das erste Stockwerk verlegt: so etwas nennt man in der modernen Architektur eine geniale Idee. Und da es für die zwei- oder dreitausend Zuschauer nur diese eine Treppe gibt, die überdies stets von Bedienten und Stiefelputzern belagert ist, kann man ermessen, wie angenehm es ist, das Theater zu verlassen.

Alles in allem ist dieser Saal großartig, wenn der Vorhang geschlossen ist. Ich widerspreche mir nicht: der erste Eindruck ist bezaubernd. Aber wenn der Vorhang aufgeht, fallt ihr von einer Enttäuschung in die andere. Geht ihr ins Parterre, so verweisen euch die Herren Leibgardisten in die zwölfte Reihe. Zu hören ist nichts mehr; man kann auch nicht unterscheiden, ob der Schauspieler, der sich da vorn bewegt, alt oder jung ist. Geht ihr in eure Loge hinauf, so verfolgt euch blendendes Licht. Um euch von dem Geschrei der Colbran zu erholen, wollt ihr bis zum Beginn des Balletts Zeitung lesen: unmöglich, denn es gibt keinen Logenvorhang. Ihr seid erkältet und wollt euern Hut auf dem Kopf behalten: unmöglich, denn ein Fürst beehrt die Vorstellung mit seiner Gegenwart. Ihr flüchtet ins Café: es ist ein düsterer, enger Gang, ein abscheulicher Anblick. Ihr wollt ins Foyer gehen: eine steile, unbequeme Treppe bringt euch ganz außer Atem.

21. Februar 1817. – Der schwarze Kummer des Ehrgeizes verfolgt mich seit zwei Jahren und hat ganz und gar von mir Besitz ergriffen. Man muß es machen wie die Orientalen und auf den Körper einwirken. Ich schiffe mich ein, fahre vier Stunden übers Meer und bin in Ischia, mit einem Empfehlungsschreiben an Don Fernando.

Er erzählt mir, er habe sich 1806 nach Ischia zurückgezogen und seit der französischen Besetzung, die er verabscheut, Neapel nicht wiedergesehen. Um sich über das Fehlen eines Theaters hinwegzutrösten, hält er sich in prächtigen Volieren eine Unmenge Nachtigallen. »Die Musik, die kein anderes Vorbild in der Natur hat als den Gesang der Vögel, ist ebenso wie der Vogelgesang nur eine Folge von *Ausrufen*. Ein solcher Ruf ist jedoch stets ein Schrei der Leidenschaft und niemals des Denkens. Das Denken kann wohl Leidenschaft erzeugen, doch nur diese drückt sich im Ruf aus. Und so kann auch die Musik keinen trockenen Gedanken ausdrücken.«

Ich verbringe mit Don Fernando, der uns verabscheut, und mit den guten Einwohnern von Ischia vier sehr angenehme Stunden. Das sind afrikanische Wilde. Einfältige Sprechweise. Sie leben vom Ertrag ihrer Weinberge. Fast keine Spur von Zivilisation. Dieser Anblick und das Rauschen des Meeres bringen mich wieder zu Verstand.

22. Februar 1817. − Ich ärgere mich sehr, daß ich nicht über den reizenden Ball sprechen kann, den Mr. Lewis, der Verfasser des »Mönches«[108], bei seiner Schwester, Mrs. Lushington, gegeben hat. Inmitten der ungehobelten neapolitanischen Sitten erfrischt einem diese englische Reinheit das Blut. Ich tanzte die gleiche Ecossaise wie der vierzehnjährige Lord Chichester, der einfacher Seekadett auf der gestern hier eingelaufenen Fregatte ist. Die Engländer kennen die Wunder der Erziehung; sie werden sie nötig haben; auf den Gesichtern einiger anwesender Amerikaner lese ich, daß England sich in dreißig Jahren wird damit begnügen müssen, nur noch glücklich zu sein. Lord P . . . gab das zu. »Ihr seid überall verhaßt, vor allem bei den unteren Gesellschaftsklassen. Die gebildeten Leute unterscheiden Lord Grosvenor, Lord Holland[109] und die Masse des Volkes von eurem Ministerium. Aber selbst wenn der Haß Europas noch zwanzigmal glühender wäre, so änderte das doch nichts an der Tatsache, daß sich jeder Staat erst hundert Jahre lang vor Schmerzen windet, bis er sich seine Verfassung erkämpft hat; und keiner wird vor dem 20. Jahrhundert eine Flotte haben. Solltet ihr der Revolution entgehen, auf die euch die gekränkte Eitelkeit Cannings und Lord Castlereaghs[110] zutreibt, verabscheuen euch die Amerikaner und werden euch in zwanzig Jahren mit fünfhundert Korsarenschiffen erwarten. Ihr seht, die Franzosen sind nicht mehr eure natürlichen Feinde; Monsieur de Lavalettes Flucht[111] und die Anleihe[112] haben die Versöhnung angebahnt. Seid nett zu uns.«*

Lord P. . ., einer der aufgeklärtesten Männer Englands, stimmte dem allem seufzend zu. – Ich sehe die hübsche Gräfin wieder, die ihren Gatten immer in Terracina besucht. Die Engländerinnen haben, was Schönheit anlangt, entschieden den Vorrang. Lady Douglas, Lady Landsdowne.

23. Februar 1817. – Heute abend ist Maskenball. Ich gehe ins Teatro Fenice und um halb eins ins San Carlo. Ich erwartete, geblendet zu sein: nichts dergleichen. Der auf der Bühne errichtete Salon hat nichts von dem Prunk, den die Dekorateure der Scala bei dieser Gelegenheit zu entfalten lieben; ihn ziert lediglich ein schöner weißer, mit großen goldenen Papierlilien besteckter Vorhang. Die Eintrittskarte kostet nur sechs Carlini (zweiundfünfzig Sous). Komplettes Pack! Im Foyer allerdings, wo zwanzig vergoldete Tische stehen, ist die Gesellschaft schon besser

* Einige Engländer bemerkten 1815 die schöne Manufaktur von Monsieur Taissaire in Troyes; zwei Tage danach kam ein alliiertes Regiment und steckte sie in Brand.

zusammengesetzt. Mir macht es Spaß, einer hübschen Herzogin beim Spiel zuzusehen, mit der ich auf dem Fest beim König getanzt habe. Sie sitzt vier Schritt vom Tisch entfernt, und ihr Geliebter setzt ihr Geld und zieht es ein. Ihr schönes Gesicht hat nichts von der Häßlichkeit der Spielerinnen.

24. Februar 1817. – Heute abend sagte Gräfin R. . ., die schöne Schottin, zu mir: »Ihr Franzosen glänzt zwar im ersten Moment, versteht aber keineswegs, große Leidenschaften zu wecken. Am ersten Tag darf nur die Aufmerksamkeit erregt werden: strahlende Schönheiten, die zuerst blenden und dann mehr und mehr verlieren, herrschen nur einen Augenblick.« – »Das«, sagte ich, »erklärt mir, warum ich mich so leichten Herzens vom San Carlo trennen werde.«

Ein neapolitanischer Fürst, der bei uns sitzt, erhebt laut Einspruch. Er widerlegt unsere Einwände auf italienische Art, das heißt, indem er den Satz, auf den ihm geantwortet wurde, lauter wiederholt. Ich blicke in den Saal, in der Hoffnung, er werde aufhören, wenn niemand ihm mehr zuhört; plötzlich werde ich darauf aufmerksam, daß er immerzu das wunderliche Wort »Agadaneca« wiederholt. Das ist eine prächtige, vom Minister geförderte Oper, die schon im voraus dem König gewidmet ist; die Proben laufen bereits seit fünf Monaten. Alle Welt erklärt, daß nun endlich ein dem San Carlo würdiges Werk geschaffen sei.

25. Februar 1817. – Ich komme von Paestum zurück. Malerische Straße.

Wollt ihr die empörendsten Verhaltensweisen kennenlernen? Dann schaut einmal in die kalabrischen Familien hinein! Heute morgen wurden mir unglaubliche Geschichten erzählt. Letztes Jahr las ich alle *originalen* Autoren[113] des Mittelalters: Capponi, Villani, Fiortifiocca und so weiter. Ich fand alle Augenblicke Geschichten wie das Blutbad von Cesena durch Clemens VII[114], den Gegenpapst*. Und doch fühlt man sich am Ende erfüllt von Hochachtung und fast von Freundschaft für jene Riesengestalten, wie Castruccio, Guglielmino, den Grafen di Virtù[115]. In den Geschichten des 18. Jahrhunderts gibt es keine solchen Greuel, und auf die Dauer fühlt man, wie einem das Herz vor Verachtung schwillt**.

26. Februar 1817. – Das Merkwürdigste, was ich auf meiner Reise gesehen habe, ist Pompeji; man fühlt sich in die Antike versetzt; ich bin heute zum siebten Male nach Pompeji gekommen. Darüber zu sprechen ist hier jedoch nicht der rechte Ort. Zwei Theater sind entdeckt worden, ein drittes befindet sich in Herculaneum; diese Ruinen gehören zu den vollständigsten Funden. Ich verstehe den mystischen Ton nicht, in dem Herr Schlegel[116] über die alten Theater spricht; offensichtlich fehlt mir dafür der *innere Sinn.* Da die Welt für uns mit den Heldenrepubliken beginnt, ist es ganz verständlich, daß ihr Werk den durch die Monarchie geschwächten Seelen, wie zum Beispiel Racine, erhaben dünkt.

27. Februar 1817. – Ich komme aus dem Teatro Nuovo, wo »Saul«[117] gegeben wurde. Diese Tragödie muß unbedingt auf das *Nationalgefühl* der Italiener Eindruck machen. Sie erregt ihre Begeisterung. In ihren Augen ist Micol[118] von der zarten Anmut einer *Imogen*[119]. Da mir all das verborgen bleibt, knüpfe ich mit dem jungen liberalen Herzog, der mir seine Loge zur Verfügung gestellt hat, ein Ge-

---

* Poggii Historiae, lib. 2, *La Cronaca Sanese:* »E il Cardinale disse a messer Jovanni, etc.«
** Lacretelle, Duclos, Besenval, Saint-Simon, Ruhlière, Fürst de Ligne, Mackintosh, Belsham, Hobhouse.

spräch an. In unserer Gesellschaft befand sich ein junges Mädchen, dessen Augen so viel zärtliche, glückliche Liebe ausdrückten, wie ich es noch nie zuvor gesehen hatte. Drei Stunden sind mit Windeseile verflogen. Ihr *Verlobter* saß neben ihr, und ihre Mutter duldete, daß er ihre Hand küßte.

Mein Herzog erzählte mir, daß hier nur drei Tragödien von Alfieri gespielt werden dürfen, in Rom vier, in Bologna fünf, in Mailand sieben. Folglich ist Beifall Parteisache: wer Fehler an ihm bemängelt, ist ein *Ultra*.

Alfieri fehlte das Publikum. Die großen Männer brauchen die Masse wie der General die Soldaten. Alfieris Los war es, gegen die Vorurteile aufzubrüllen und sich ihnen am Ende zu unterwerfen. In der Politik begriff er niemals die ungeheure Wohltat einer Revolution, die Europa und Amerika die beiden Kammern gab und im übrigen *reinen Tisch* machte. Selbst auf seinem Gebiet der Kunst erkannte er nicht, worin Racine sündigte.

Alfieri war vielleicht der leidenschaftlichste Mensch unter den großen Dichtern. Aber erstens hatte er immer nur eine Leidenschaft, und zweitens waren seine Ansichten über Politik stets äußerst beschränkt. Er hat niemals begriffen (siehe die letzten Abschnitte aus seinem »Leben«[120]*), daß die Voraussetzung für eine Revolution neue Interessen, *id est* neue Besitzende sind. Für dieses Gebiet hatte er kein Verständnis; dazu kommt, daß er von Adel war, und zwar von piemontesischem Adel**. Die Unverschämtheit, mit der irgendwelche Beamte beim Zoll von Pantin seinen Paß verlangten, und der Diebstahl von

---

* Im Original; denn die Polizei Buonapartes hat die Übersetzung verstümmelt. Sein Porträt ist das aller großen Seelen des heutigen Italiens: mehr Zorn als Erkenntnis.
** Er hat niemals die Güte der Herrscher des edlen Hauses Savoyen zu schätzen gewußt. Herrscher wie jene, die augenblicklich auf dem Thron in Neapel und Sardinien sitzen, sind geschaffen, die vom Stolz irregeführten Geister mit der Monarchie auszusöhnen.

zwölf- oder fünfzehnhundert Büchern bestätigten all die Adelsvorurteile, die er in sich trug, und hinderten ihn, je Humes *Geschichte*[121] und den Mechanismus der Freiheit zu begreifen. Diese große Seele sah nicht, daß es, wenn man auf politischem Gebiet etwas Annehmbares schreiben will, eine *conditio sine qua non* ist, sich innerlich frei zu machen von all den kleinen persönlichen Reibereien, denen man vielleicht ausgesetzt ist. Gegen Ende seines Lebens sagte er, Genie könne überhaupt nur besitzen, wer adliger Geburt sei; bei all seiner bis zum Haß gesteigerten Verachtung der französischen Literatur hat er schließlich nur das enge System Racines noch übertrieben.

1. März 1817. – »Agadaneca«. Nie habe ich etwas gehört, was auf pompösere Weise nichtssagend gewesen wäre; es dauerte bloß von sieben bis halb ein Uhr ohne einen Augenblick der Erholung und ohne das kleinste bißchen Melodik: Ein Hoch auf die Stücke, die der Hof protegiert! Das Beste ist noch ein Saal in Fingals Wohnung (der Stoff stammt nämlich aus Ossian[122]), der mit all den kleinen modischen Möbeln ausgestattet ist, die in den letzten zehn Jahren in Paris erfunden wurden. Man gestattete mir, hinter die Bühne zu gehen. Die armen kleinen Balletteusen klagten: »Fünf Monate Arbeit und dann so ausgepfiffen werden!« Ich sprach der ersten Sängerin mein Beileid aus: »Ach, Monsieur, das Publikum ist doch sehr nett; ich war darauf gefaßt, daß man uns die Stühle an den Kopf wirft.« Tatsächlich sind die Verfasser, die ich nur für *geistlos* hielt, obendrein *Dummköpfe*. Sie zeigte mir die im Libretto abgedruckte Widmung an den König: sie erwecken ganz einfach die großen Wirkungen der griechischen Tragödie zu neuem Leben.

Die Musik des dritten Akts, eine Art von Ballett mit pyrrhischem Tanz, stammt von Herrn von Gallenberg[123], einem deutschen Adligen, der sich in Neapel niedergelassen hat. Er ist außerordentlich begabt für Ballettmusik. Die heutige taugt nichts, aber im »Cäsar in Ägypten« und im »Tempelritter« habe ich Musik von ihm gehört, die den vom Tanz hervorgerufenen Rausch noch verdoppelte. Derartige Musik muß eine glänzende Skizze sein, der Takt ist dabei von großer Bedeutung; sie läßt keine orchestralen Feinheiten zu, die Haydns Stärke sind; die Hörner spielen eine wichtige Rolle. Der Augenblick, wo Cäsar in Kleopatras Schlafgemach eingelassen wird, hat eine Musik, die der Houris Mohammeds würdig ist. Die Szene, wo der Geist vor dem Tempelritter erscheint, wäre ganz im Sinne von Tassos schwermütig-wollüstigem Genie. Er hat seine Geliebte getötet, ohne sie erkannt zu haben. Als er nachts durch einen Wald im Heiligen Lande irrt, gelangt er zu ihrem Grab: sie erscheint ihm; sie weist, als er in verzückten Taumel gerät, zum Himmel empor und entschwindet. Das edle, bleiche Gesicht der Bianchi, das leidenschaftliche Spiel Molinaris und die Musik Gallenbergs verbanden sich zu einem Ganzen, das mir unvergeßlich bleiben wird. In Mailand hört man auf allen Klavieren Gallenbergs Musik spielen.

2. März 1817. – Ich kann kaum sagen, wie traurig ich bin, daß ich Neapel verlasse, ohne einen einzigen musikalischen Genuß erlebt zu haben.

Ich gehe ins Teatro Nuovo. Die Truppe de' Marini gibt ihre einhundertsiebenundneunzigste Vorstellung. Der dicke Vestris[124] ist der beste Schauspieler Italiens; im »Burbero benefico« (Der wohltätige Geizhals)[125] ist er Molé und Iffland[126] ebenbürtig, genauso im »Ajo nell'imbarazzo«[127] und in unzähligen minderwertigen Stücken, die durch ihn sehenswert werden. Diesen Mann kann man zwanzigmal hintereinander sehen, ohne sich zu langweilen.

Nach Vestris kommt für mich Galli, der Sänger. Dieser Mann, der in einer einzigen Woche den ungarischen Für-

sten in der »Testa die bronzo«, den Leggerezza, einen kleinen römischen Dichter im Dienste eines mißgelaunten
Lords, in »Teresa und Claudio« und noch den gütigen
Schweizer Bauern in Weigels »Liebestollen« spielt, ist ein
begnadeter Komödiant.

Die Italiener und insbesondere die Italienerinnen zie-
hen Marini allen anderen vor. Ich habe ihn hier in den
»Freiherren von Felsheim«[128], einem Stück von Pigault-
Lebrun, und in den »Beiden Pagen« gesehen. Ich weiß
genau, warum den Italienern einfache Natürlichkeit in
Büchern nicht gefällt; sie brauchen immer Schwulst und
Pathos. Die »Lobgesänge« von Thomas[129], der »Genius des
Christentums«[130], das »Poetische Gallien«[131] und all jene
poetischen Schriften, die uns seit zehn Jahren zum
Ruhme gereichen, scheinen eigens für Italien geschaffen
zu sein. Die Prosa Voltaires, Hamiltons[132] oder Montesquieus dagegen könnte ihnen nichts bedeuten. Auf dieser
Einstellung beruht der grenzenlose Ruhm Marinis. Er
folgt der Natur, aber nur von ferne; das Pathos liegt ihm
noch mehr am Herzen. In der Rolle der jugendlichen
Helden hat er ganz Italien hingerissen; jetzt spielt er die
edlen Väter. Da die Schwülstigkeit zu diesem Genre eher
paßt, habe ich ihn oft mit Vergnügen gesehen.

Naivität ist in Italien etwas Unbekanntes, und dennoch
mag niemand hier die »Nouvelle Héloise«[133]. Wenn ich
überhaupt etwas Naivität begegnet bin, dann bei Signo-
rina Marchionni, einem von Leidenschaften verzehrten
Mädchen, das jeden Tag spielt, oft zweimal; gegen vier
Uhr unter freiem Himmel für das Volk; am Abend bei
Lichterschein für die gute Gesellschaft. Ich fand sie an-
rührend, ja ergreifend, um vier Uhr in der »Diebischen
Elster« und um acht in der »Francesca da Rimini«, einer
Tragödie von Signore Pellico[134]. Signora Tessari, die in
Marinis Truppe spielt, ist im Fach der Naiven nicht
schlecht. Ihr Mann, Tessari, ist ein guter Tyrann.

Blanès war, ehe er durch eine Heirat reich wurde, der Talma Italiens. Er besaß in seinem Auftreten sowohl Natürlichkeit als auch Wucht; als Almachilde in »Rosmunda«[135] war er schrecklich. Die Königin, diese so unglückliche und so leidenschaftliche Frau, wurde von Signora Pellandi gespielt, die mich stets gelangweilt hat, die aber starken Beifall erhielt.

Pertica, den ich heute abend gesehen habe, ist ein guter Komiker, vor allem in den Chargenrollen. Im »Poeta fanatico«, einem der langweiligsten Stücke Goldonis, das aber ohne Unterlaß gespielt wird, hat er mich kräftig zum Gähnen gebracht. Mit der Rolle des Brandt[136] erntete er großen Beifall; sein Erfolg war verdient, besonders am Schluß, wenn er zu Friedrich II. sagt: »Ich werde Euch einen Brief schreiben.«

Aufgefallen ist mir das Publikum: niemals bemerkte ich tiefere Aufmerksamkeit und – für Neapel ganz unglaublich – niemals vollkommenere Ruhe. Heute morgen um acht Uhr gab es keine Karten mehr, ich mußte das Dreifache bezahlen.

Der Vorzimmer-Patriotismus, wie ihn Monsieur Turgot[137] nannte und den es in Frankreich nur noch auf musikalischem Gebiet gibt, ist das Lächerlichste an Italien. Wütend verteidigt eine jede Stadt ihre schlechtesten Schriftsteller. Baretti[138] machte seinem Land diesen Vorwurf schon vor dreißig Jahren. Zwei Ausnahmen sehe ich allerdings: die Überlegenheit, welche die Italiener dem französischen Tanz zugestehen, und die kindliche Neugier, mit der sie die Übersetzungen aller sentimentalen Albernheiten des deutschen Theaters schlürfen.

Dem französischen Tanz Beifall zollen bedeutet in Paris gewesen sein. Die Italiener haben ein so tiefes und echtes Gefühl und lesen so wenig, daß irgendein dialogisierter Roman, wenn nur etwas darin geschieht, ihrer ganzen Sympathie sicher sein kann. Seit dreißig Jahren ist in

Italien kein Liebesroman erschienen. Ich habe bemerkt, daß ein Mensch, der von einer Leidenschaft erfüllt ist, auch für die liebenswürdigste Schilderung dieser Leidenschaft unempfänglich ist. Sie haben keine Literaturzeitschrift. Signore R… sagte zu mir: »Geben Sie mir eine Festung, und ich werde es wagen, den Schriftstellern die Wahrheit zu sagen.«

Als kleines Stück wurde »Die Jugend Heinrichs V.«[139] gegeben. Pertica brachte den Prinzen Don Leopold[140], der der Aufführung beiwohnte, sehr zum Lachen; aber großer Gott! welche Charge im Vergleich zu Michaut! Neben mir saß ein italienischer Geistlicher; er konnte nicht begreifen, warum dieses Stück in Paris ein Erfolg war. »Ihr haltet euch an den Worten fest und dringt nicht bis zu den Charakteren vor: Heinrich V. ist läppisch.« Graf Giraud aus Rom hat zwei, drei Komödien geschrieben: »L' Ajo nell'imbarazzo« (Der Hofmeister in Verlegenheit), »Il Disperato per eccesso di buon cuore«. Der Advokat Nota, Sografi, Federici[141], sie verfallen ständig ins Drama, und selbst die komischen Komödien sind für eine Gesellschaft geschrieben, die weniger entwickelt ist als unsere. Molière ist im Verhältnis zu Picard[142], was Picard im Verhältnis zu Goldoni ist.

Außerdem wird es in Italien eine richtige Komödie erst geben, wenn das Land die *beiden Kammern* hat. Sie wagen nicht, sie selber zu sein, und sind noch nicht weiter als bis zu Bossus Traktat[143] über das epische Gedicht gelangt. Das Komische der Italiener wird von der Art des »Philinte« von d'Eglantine[144] sein.

Neapel, 5. März 1817. – Dreißig Meilen habe ich umsonst zurückgelegt. Caserta ist nur eine Kaserne und ebenso unschön gelegen wie Versailles. Wegen der Erdbeben sind die Mauern fünf Fuß dick: daher ist es dort, wie in der Peterskirche in Rom, immer warm. Heute zeigten die

Thermometer in den Räumen sechzehn Grad an. Murat hat versucht, den Palast fertig bauen zu lassen: die Gemälde sind noch schlechter als die in Paris, aber der Dekor ist großartiger.

Um mich dafür zu entschädigen, fahre ich nach Portici und Capodimonte, zwei so herrlich gelegenen Orten, wie sie kein König auf Erden noch einmal fände. Portici ist für Neapel das, was Monte Cavallo[145] für Rom ist. Obwohl die Italiener der festen Überzeugung sind, daß wir in jeder Beziehung Kunstbarbaren sind, und obwohl sie dieser Überzeugung immer wieder Ausdruck geben, werden sie nicht müde, die Frische und Eleganz unserer Inneneinrichtungen zu bewundern.

Als ich aus dem Museum der antiken Malerei in Portici kam, begegnete ich drei Kapitänen der englischen Marine, die es besichtigen wollten. Es besteht aus zweiundzwanzig Sälen. Ich fuhr im Galopp nach Neapel zurück; aber noch ehe ich den Ponte della Maddalena erreicht hatte, holten mich die drei Engländer ein. Sie sagten mir, daß diese Bilder wunderbar seien und zu den merkwürdigsten Dingen der Welt gehörten. Sie haben sich drei oder vier Minuten im Museum aufgehalten.

Diese in den Augen der Gelehrten so bedeutenden Fresken sind aus Pompeji und Herkulaneum hierher gebracht worden. Da gibt es kein Helldunkel und nur wenig Farbe, dafür aber ziemlich viel Zeichnung und große Leichtigkeit. Die Erkennungsszene zwischen Orest und Iphigenie auf Tauris und der Dank der jungen Athener an Theseus für die Befreiung vom Minotaurus haben mir gefallen. Darin liegt viel edle Schlichtheit und gar nichts Theatralisches. Diese Darstellungen ähneln den schlechten Bildern von Domenichino, mit der Einschränkung, daß Verzeichnungen, wie sie hier vorkommen, bei dem großen Manne nicht zu finden sind. In Portici gibt es neben vielen kleinen, verwaschenen Fresken fünf oder sechs Haupt-

werke von der Größe der »Heiligen Cäcilie« Raffaels. Diese
Fresken schmückten ein Bad in Herculaneum. Man
müßte schon so töricht sein wie ein Gelehrter, wollte man
behaupten, daß diese Kunstwerke dem 15. Jahrhundert
überlegen seien: das ganze ist lediglich überaus merkwürdig.

6. März 1817. – Der »Giornale di Napoli« verteidigt das San
Carlo gegen die »Gazzetta di Genova«. Ich glaube, alle
Götter und Göttinnen der Mythologie und alle lateinischen Dichter werden in diesem sehr erfolgreichen Artikel
aufgeboten: er ist ein rechtes Lügengewebe.

Der »Martinus Scriblerus« von Arbuthnot[146] ist in London vergessen, weil ihn inzwischen keiner mehr zum Lachen findet. Der »Scriblerus« ist von 1714. Für Italien
käme diese Komödie jetzt – 1817 – gerade zur rechten
Zeit. Ich habe also recht, wenn ich behaupte, daß Italien
auf allen Gebieten außer der Kunst um hundert Jahre
hinter England zurück ist.

Der Abate Taddei[147] (Herausgeber des »Giornale delle
Due Sicilie«) ist viel lachhafter als die Herren M... und
F... in Paris[148]; aber er ist nicht gehässig. Der österreichische General hat ihm untersagt, die Leute als *schlechte
Bürger* zu bezeichnen. Der germanische gesunde Menschenverstand dieses tüchtigen Österreichers hat Neapel
dieses Mal vor großen Greueln bewahrt.

7. März 1817. – Ich gehe wieder ins Teatro Nuovo zur
Truppe de' Marini. Die Schauspieler haben prächtige Kostüme, die gesamte Garderobe der Senatoren und Kammerherren Napoleons. Diese Gewänder machen die Hälfte
des Erfolges aus; alle meine Nachbarn schreien laut auf.
Ich bekomme komische Geständnisse zu hören. Augenblicklich ist es die beste Empfehlung in Italien, Franzose
zu sein, und zwar Franzose ohne Amt.

Gegen Mitternacht gehe ich mit einigen Griechen, die hier Medizin studieren, Tee trinken. Wenn ich Zeit gehabt hätte, wäre ich nach Korfu gefahren. Allem Anschein nach prägt die Opposition dort die Seelen.

Was der Entfaltung der Kunst nutzt, schadet oft dem Glück der Nationen. Außerdem ist die Herrschaft der Kunst nicht von Dauer, denn sie erfordert viel Muße und starke Leidenschaften; aber durch Müßiggang entsteht die Höflichkeit, und die Höflichkeit vernichtet die Leidenschaften.

Also ist es unmöglich, eine für die Künste prädestinierte Nation zu schaffen; vor diesem Problem stehen offenbar die Leute, die Griechenland wiedererstehen lassen wollen. Die Erinnerungen an Athen und Sparta würden der törichten nationalen Eitelkeit nur eine besondere Färbung geben. Würde man Grichenland neu schaffen, erhielte man lediglich New Yorks und Philadelphias, ebenso kunstfeindlich wie diese. Wer hätte das gedacht! Diese Griechen sind schon eitel. Eitelkeit ist bei jungen Leuten Rost, der sie hindert zu wachsen. Diese armen lächerlichen Barbaren gestehen Europa Überlegenheit nur in der Technik zu.

8. März 1817. – Ich reise ab. Ich werde die Via di Toledo ebensowenig vergessen wie die Aussicht, die man von allen Stadtvierteln Neapels aus genießt: das ist in meinen Augen die unvergleichlich schönste Stadt auf Erden. Wer es wagt, Genua mit ihr zu vergleichen, kann nicht den geringsten Sinn für Naturschönheiten haben. Neapel wirkt trotz seiner dreihundertvierzigtausend Seelen gleichsam wie ein Landhaus inmitten einer schönen Landschaft. In Paris ahnt man nicht, daß es Wälder oder Berge in der Welt gibt; in Neapel überrascht euch an jeder Straßenbiegung eine eigenartige Aussicht auf die Höhe von Sant' Elmo, den Posilipo oder den Vesuv. Am Ende aller Straßen der alten Stadt sieht man im Süden den Vesuv und im Norden Sant' Elmo.

Diese schöne Bucht, wie zur Augenweide geschaffen, die dicht mit Bäumen bewachsenen Hügel hinter Neapel, die sich am Meer hinziehende, allmählich ansteigende, unter Joachim[149] angelegte Promenade, die nach dem Orte Posilipo führt – all das kann man ebensowenig beschreiben wie vergessen. Joachim wird trotz seiner Dummheit sehr vermißt (Gespräch mit meinem Kutscher); aber dem Geist des Ministers, der die Lösung des Knotens in dieser Komödie herbeiführte, läßt man Gerechtigkeit widerfahren.

In Neapel störte mich die Roheit dieses halbnackten Volkes, das uns bis in die Cafés verfolgte; an tausend Einzelheiten spürt man, daß man inmitten von Barbaren lebt. Diese Barbaren sind *Schurken*, weil sie arm sind, aber sie sind nicht bösartig; in Italien sind nur die Piemontesen wirklich bösartig und gallig; das ist einer der tiefsten Eindrücke, die ich je gehabt habe. Die Piemontesen sind ebensowenig Italiener, wie sie Franzosen sind; sie bilden ein Volk für sich. Ich habe eine unter dem schwarzen Zelt des arabischen Beduinen beobachtete Charaktereigenschaft wiedererkannt. Wenn der Piemontese einmal zu euch gesagt hat: »*Sem amiz*«[150], so könnt ihr alles von ihm erwarten. Piemont und Korsika können noch große Männer hervorbringen; Alfieri ist ihr Urbild. Sein Diener reißt ihm beim Kämmen ein Haar aus; Alfieri versetzt ihm einen Messerstich; am Abend schläft er Seite an Seite mit dem gleichen Kammerdiener ein.

Capua, 9. März 1817. – Ich habe meinen Wagen verkauft, um nicht mehr der Versuchung zu erliegen, in Gesellschaft meines Kammerdieners zu reisen. Ich bin in einem Mietwagen zusammen mit drei Engländern, meinen Reisegefährten, allen Gaunereien des neapolitanischen Genius ausgesetzt.

Velletri, 12. März 1817. – Gespräch mit einem angeblich geistreichen Mann. Das ist die Lächerlichkeit des Adels, der wir auch in Frankreich manchmal begegnen; man fragt die Leute, was sie sind, und sie antworten, was sie waren; er langweilt mich unerträglich mit dem, was Valletri unter den Römern war.

Rom, 13. März 1817, abends. – Bei der Ankunft erlangte ich die Gewißheit, daß sich ein allmächtiger Mann in einem der mächtigsten Staaten Europas eines Verbrechens enthalten hat, das ihm jede Annehmlichkeit verschafft hätte, und das aus folgender Überlegung: alles ist voll von Toren, die ihre Memoiren schreiben.

Mir kam der Gedanke, dieses Tagebuch drucken zu lassen. Ich habe erlebt, wie in Modena[151] kleine despotische Minister versuchten, sich in den Augen durchreisender Engländer zu rechtfertigen. Wer hätte Napoleon und seinen Höflingen vorausgesagt, daß sie sich ganz lebensnah in dem ausgezeichneten Bande: »Buonaparte, sein Hof und seine Familie«[152] abgedruckt finden würden! Es ist mehr als wahrscheinlich, daß es all den Ministern von 1817 im Jahre 1827 genauso geht.

14. März 1817. – Einer der gelehrtesten römischen Literaten hatte keine Ahnung davon, daß Alfieri über sein Leben geschrieben hat. Dabei sind diese Memoiren das einzige moderne italienische Buch, das ich bei den Buchhändlern in London und Paris in Übersetzungen gefunden habe. Eine angesehene Persönlichkeit gab dem Maler Camuccini[153] den Auftrag, ein Bild zu malen. »Man bewilligt mir in Paris von meinem Budget zweihunderttausend Francs für die römischen Künstler. Für das Bild, das Sie mir liefern sollen, bezahle ich Ihnen dreißigtausend Francs.« – »Und was wird Europa dazu sagen, wenn es erfährt, daß Camuccini ein Bild für dreißigtausend Francs malt?«

15. März 1817. – Um ein Uhr nachts läßt Signora C . . .
mich eiligst zu sich rufen. Ich denke schon, daß die Polizei
mich mit ihrer Aufmerksamkeit beehrt. Da Rom ringsum
von einer Einöde von vier Meilen umgeben ist, scheint es
mir nicht schwer zu entkommen. Ich bin angenehm überrascht, als mir Signora C . . . sagt, sie wolle mir das Werk
von Macirone[154] vorlesen lassen, einen Roman, für den
man zweihundert Francs bezahlt, der vielmehr nicht zu
bekommen ist, soviel man auch dafür bietet. Es sind
schlechte handschriftliche Kopien voll entstellender Fehler, die da für zweihundert Francs verkauft werden. Wir
haben die Nacht damit zugebracht, das Original zu lesen;
es ist ein in London gedruckter, hundertsechsunddreißig
Seiten starker Band in französischer Sprache. Signore
Macirone, ein gebürtiger Engländer und Adjutant Murats, schildert das letzte halbe Lebensjahr seines Herrn*.
Ich weiß nicht, ob alles wahr ist: aber der Bericht ist
spannender als irgendein Roman. Die Erkennungsszene
in einem Landhäuschen bei Marseille wird den künftigen
Shakespeares Stoff liefern, und wir werden sie auf der
Bühne sehen, wenn unser Haar weiß geworden ist.

Wie kann man verlangen, daß wir unseren Vätern gleichen! Vor dreißig Jahren hätte ein Mann, der mitten in der
Nacht zu einer schönen Frau gerufen worden wäre, gewiß
an alles andere gedacht als an einen falschen Paß, Gold,
Pistolen und einen Dolch; vor dreißig Jahren hätte aber
auch eine schöne Römerin nicht ohne Wissen des ganzen
Hauses drei junge Leute um sich versammelt, um ein
politisches Pamphlet vorzulesen. Wir vier zusammen waren noch nicht hundert Jahre alt.

16. März 1817. – Keine Musik in Rom während der Fa-
stenzeit. Ich finde in meinem Tagebuch nur Bemerkungen

---

* Gebe Gott, alle Thronräuber hätten die gleiche Strafe erlitten!

über Theaterstücke und die Sitten, die allzu eng mit der Politik verknüpft sind. Meine Achtung und meine Bewunderung für K. C...[155] nehmen um so mehr zu, je besser ich erkenne, von welch verworfenem Pack er umgeben ist. Gott! Warum hat England nicht einen solchen Minister?

Der Papst denkt an sein Seelenheil: und da er ernstlich glaubt, daß Kardinal C... mehr Talent zum Regieren besitze als er, hat er ihm die weltliche Herrschaft überlassen. Der kirchliche Despotismus liegt in den Händen der Reaktion, deren Haupt der tugendstrenge Kardinal P...[156] ist. Diese Partei setzt dem Papst, mit dem sie in Glaubensdingen eng zusammen arbeitet, zwei- oder dreimal im Monat auseinander, daß die Maßnahmen des Kardinals C... dazu führen, die *Anzahl der Verdammten* unter den Untertanen der Kirche zu vergrößern. Daraufhin stellt der Papst mit Tränen in den Augen seinen Minister zur Rede.

Dieser antwortet mit der Maxime: »Ich beurteile die geheimen Verbrechen nach dem, was den Gerichten darüber bekannt ist, und nicht nach den Aussagen der Beichtväter. Ein Herrscher ist vor Gott für alle Verbrechen verantwortlich, die seine Gesetze zulassen. Die Verbrechen und die allgemeine Unredlichkeit gingen unter der französischen Herrschaft um zwei Drittel zurück. Unter der reaktionären Regierung, die der meinen vorausging, griff die Verderbtheit jedoch wieder um sich. Ich kehre zu den französischen Maßregeln zurück. Die Zahl der Morde hat sich bereits um dreihundert pro Jahr verringert. Demzufolge gibt es wahrscheinlich sechshundert Verdammte weniger.«

Da nichts über die Bescheidenheit und die Uneigennützigkeit dieses großen Ministers geht, umarmt ihn der ehrwürdige Pontifex schließlich weinend und legt ihm die Seelen seiner Untertanen ans Herz.

Drei Viertel der Kardinäle sind sehr fromm; aber sie

sind ebenso *weltfremd* wie unsere großen Staatsmänner. Was sie über die Menschen wissen, haben sie aus der Geschichte des 16. Jahrhunderts gelernt. Von der Geschichte ihres eigenen Jahrhunderts haben sie keine Ahnung; die römische Jugend dagegen fühlt sehr deutlich, daß dem religiösen Prinzip eine andere Form gegeben werden muß. Wenn die Form weiter den Inhalt beleidigt, wird die Quelle versiegen; sie wird nach verborgenen Abflüssen suchen und zum krassesten Aberglauben führen. Die schon weit herumgekommenen jungen Prälaten waren mit mir einer Meinung, daß England das einzige Land der Welt sei, das noch gläubig ist.

Ich weiß nicht ob K. C. . . diese Dinge von einer so hohen Warte aus betrachtet. Eines aber ist sicher: wenn er Papst wird, wird die Religion wieder an Lebenskraft gewinnen; werden jedoch Pater Fontana[157] oder Kardinal Pacca Papst, so hätten die frommen Seelen unter den verkehrtesten Maßnahmen zu leiden. K. C. . . wird von seinen Amtsbrüdern verabscheut, weil er Laien in der Verwaltung zuläßt, mehr aber noch wegen der berüchtigten Präambel zu seiner Kabinettsorder. Im übrigen gleicht sie einem prachtvollen Portikus vor einer Strohhütte.

Ein Prälat, den ich zuerst für einen gemeinen Streber hielt, überzeugt mich schließlich, daß eine liberale Verfassung hier das Signal für die blutigste Anarchie wäre. Er stimmt mit mir darin überein, daß dieser tugendhafte Mann nur zu tadeln ist, weil er es nicht mit einer Verfassung in drei Artikeln versucht:

»Von den siebzehn Provinzen ernennt eine jede zehn Abgeordnete, von denen die Regierung fünf zur Bildung der Deputiertenkammer auswählt.

Die Mitglieder der Pairskammer werden jedes Jahr von der Regierung ernannt; sie setzt sich zusammen aus zwei Dritteln der Kardinäle und aus zehn reichen Grundbesitzern.

Diese beiden Kammern stimmen über die Steuern ab.«

Aber die Unwissenheit der Aufgeklärten ist so haarsträubend und die Schurkerei im Volke so tief verwurzelt, daß selbst die Verfassung vielleicht eine Unvorsichtigkeit wäre. Sie brauchten einen Titus, der Delolme[158] gelesen hat.

Die Toren, die nur das wissen, was in gewöhnlichen Büchern gedruckt steht, glauben, in Frankreich und Italien herrsche das gleiche Christentum.

In Europa gibt es ebenso viele Religionen wie Staaten. In Rom und Neapel ist die Religion das einzige geltende Gesetz. Unparteiische! Beurteilt den Geist des Christentums nach dem, was er in Rom und Neapel ist.

Frankreich, England und Preußen verdanken neunzehn Zwanzigstel der Zivilisation der Pressefreiheit; hier aber verbreitet die Presse nur Lügen. Ich fand die ganze Gesellschaft Roms mit einem neuen Wunder beschäftigt. Ein Diener Gottes erscheint eines Freitags in einem Wirtshaus. Man setzt ihm einen gebratenen Kapaun vor; er betet, macht das Zeichen des Kreuzes, und der Kapaun verwandelt sich in einen Karpfen. (Siehe das »Diario di Roma«, Nummer . . .) Seine Heiligkeit, die durch dieses Zeichen göttlicher Zuvorkommenheit tief bewegt war, sprach den frommen Mann, der den Karpfen verzehrt hatte und inzwischen tot ist, selig. Der berühmte Maler Landi[159] erhielt den Auftrag, dieses Wunder für den Papst zu malen; ich habe das Bild im Vatikan gesehen.

Ich mache mich darauf gefaßt, daß man mir in der Gesellschaft die Geschichte mit dem Kapaun nicht abnehmen wird, und ich rechne damit, große Wetten zu gewinnen.

Denken ist mühevoll; die Gesellschaft müßte sich durch Lob dafür erkenntlich zeigen. Hier ist Denken gefährlich; und wenn man, wie in unseren Provinzstädten, einmal in dem Ruf steht, ein geistreicher Mann zu sein, wozu dann noch neue Anstrengungen unternehmen? In der Liebe kann es jeder so toll treiben, wie er will; aber man darf unter keinen Umständen einen ketzerischen Witz erzählen können. Was wäre Rom ohne Religion!

Aus dem gleichen Grunde kann man von einem römischen Arbeiter alles erwarten, nur keine Arbeit. Er ist gewohnt, von barmherzigen Spenden zu leben; er sieht, wie man durch Intrigen zu großem Reichtum gelangt. Die Hauptsache ist für ihn nicht, sich eine nützliche Werkstatt einzurichten und sie auf einen grünen Zweig zu bringen, sondern der Vetter eines Lakaien des Papstes oder des Kardinal-Ministers zu sein. Diese Hoffnungen wären 1817 wenig begründet, das weiß ich; aber das Regime der letzten beiden Jahrhunderte hat diesem schlauen Volk solche verderblichen Verhaltensregeln eingeimpft. Alle Handwerker, die in Rom ihr Glück machen, sind Ausländer.

Es gelingt mir nicht, die Kellner des Cafés im Palazzo Ruspoli dazu zu bewegen, daß sie den Tisch abwischen, auf dem mir das Essen serviert wird, obwohl ich *jedesmal gut zahle*. Die Kellner bedienen gleichsam aus Gnade; sie halten sich für die unglücklichsten Menschen, weil sie gezwungen sind, sich zu bewegen. All das hindert die Römer nicht, diese Höhle als das vornehmste Café Europas zu bezeichnen, weil es siebzehn verräucherte Säle hat, die das ganze Erdgeschoß eines großen Palastes einnehmen. Ein Pariser kann sich gar keine Vorstellung von dem römischen Schmutz machen. In diesem Café gibt es Büsten, Marmorfiguren, vergitterte Fenster, die auf einen Garten hinausgehen, in dem die Orangenbäume voller Früchte hängen (Februar 1817). Diese ganze von Spinngeweben und Staub bedeckte Pracht erfüllt die Seele mit Tragik.

Die römischen Paläste sehen einander alle gleich, daher stehen sie in schroffstem Gegensatz zum Palazzo Montecavallo, den die Franzosen möbliert und wieder hergerichtet haben. »Da seht ihr«, erklärte ich den Römern, »wozu uns eure Bilder[160] nütze waren. Schaut unsere Münzen an und unsere Geldscheine; nie werden eure Seelen aus diesen Meisterwerken etwas Neues schaffen. Die Qualität des Bogens genügt nicht, den Korpus des Instruments gilt es zu erneuern.« Die Bilder, die man aus Paris hergeschafft hat, sind alle im Borgia-Saal des Vatikans ausgestellt.

17. März 1817. – Ich bin ganz überrascht, daß ich nicht jeden Morgen um drei Uhr von einem schauderhaften Konzert geweckt werde, in dem sich die Töne eines Dudelsacks und einer kleinen Langflöte vereinigen. Wie ich erfahre, sind die Musikanten Bauern, die vierzehn Tage vor Weihnachten aus den Abruzzen kommen. Da sich solche Musikanten in dem Stalle befanden, in dem das Jesuskind geboren wurde, bezahlen die Frommen sie dafür, daß sie das ganze Stadtviertel wecken. Im Grunde ist ihre eintönige Musik sehr originell und sehr richtig; aber es ist ärgerlich, geweckt zu werden. Kaum ist man wieder eingeschlafen, wecken einen die Schnapshändler mit ihren merkwürdig schrillen und abgehackten Schreien von neuem. Ein Kardinal sagte mir, daß dies wahrscheinlich die gleichen Melodien und die gleichen Instrumente seien, die früher schon die Römer in den Atellanen[161] entzückten; das gleiche gilt für zwei Charaktere: Harlekin und Pantalone. Sogar so etwas wie das *Arm- und Beinzeug* unserer mittelalterlichen Rüstungen ist in den griechischen Gräbern Kalabriens neben etruskischen Vasen zu finden.

Apropos etruskische Vasen: ich habe in Neapel im Palazzo degli Studi die Sammlung von Madame Murat gesehen. Sobald eine Vase gut gezeichnet ist, handelt es sich um eine moderne Nachahmung. – Die üblichen Lügen der Zeitungen! Vor zwei Jahren wurden tausend Dukaten angewiesen für die Schränke, in denen die Vasen ausgestellt werden sollen. Der Konservator hat bisher nur sechshundert ergattern können; aber Taddei fügt dem ein paar Nullen hinzu; und warum sollte ein Taddei nicht lügen? Ich hätte in Neapel etwas über die Gewandstatue des *Aristides* sagen sollen; das Verlangen nach neuen Eindrücken treibt einen bis zur Erschöpfung; wenn man nach Hause kommt, ist man tot.

Bei diesem wirklich bewundernswerten *Aristides* handelt es sich um eine Statue in nicht-idealisierendem Stil, wie bei der Büste des *Vitellius* in Genua. Er ist etwas beleibt und in ein Gewand gehüllt. Im übrigen hat die Lava von Herkulaneum den Ärmsten fast zu Kalk gebrannt. Er steht auf einem Sockel. Die Engländer pflegen, wenn sie vom Essen kommen, mit einem Satz auf den Sockel zu springen: eine falsche Bewegung, sie halten sich an der Statue fest – und sie zerfällt zu Staub. Ich erfuhr, daß dieses Problem die Direktoren in große Verlegenheit brachte: wie sollte man eine derartige Besorgnis vorbringen? Schließlich hatte man den glücklichen Einfall, sich nach der Essenszeit der Herren zu erkundigen: man erfuhr, daß sie nie vor zwei Uhr speisten, und so wurde der Palazzo degli Studi statt um vier schon um zwei Uhr geschlossen. Ich habe mich vergewissert, daß dies alles stimmt: mehrere Aufseher zeigten mir den von Stiefeln beschädigten Rand des drei Fuß hohen Sockels.

Hier in Rom sah ich den *Seneca* des Prinzen de la Paix in der Villa Mattei. Hier zeigt sich der berühmte Philosoph, den ich durchaus nicht schätze, ohne das abstoßende Gesicht, das wir von ihm kennen; es ist das – durchaus schön zu nennende – Gesicht eines galanten Mannes. Er sieht wie ein Grandseigneur des alten Hofes aus.

Ich habe Thorvaldsen[162] gesehen, einen Dänen, den man gegen Canova ausspielen wollte; dieser Mann hat die Kraft des verstorbenen Chaudet[163]: sein Fries im Palazzo

Quirinale ist nicht übel; einige Basreliefs, unter anderen der »Schlummer«, befinden sich in seinem Besitz. Dem Marchese Canova verdanken wir hundertdreißig Statuen und die Erfindung einer neuen Art von Schönheit. Er opfert die Oberlippe, die er sehr schmal macht, der Schönheit der Nase: was er dadurch an Physiognomie verliert, versucht er durch die Schönheit der Stirn und die Größe der Kinderköpfe wiederzugewinnen.

Aber Canova ist zu groß, als daß es nicht eine Gegenpartei gäbe. Er hat zum Beispiel das Unglück, den jungen französischen Künstlern sehr zu mißfallen. Er hatte die Güte, mir den Stich eines Bildes[164] zu zeigen, das er für die Kirche des Dorfes, in dem er geboren wurde (Possagno, 1757), gemalt hat. Er hat nicht nur ein neues Schönheitsideal für die Gestalt des höchsten Wesens erfunden, das nun nicht mehr als Greis dargestellt wird, sondern er hat auch ein eigenartiges, sehr richtiges Mittel gefunden, seine Unendlichkeit auszudrücken. Dieses Mittel beschreiben würde zu weit führen. Ich gehe schlafen: kauft euch den Kupferstich.

Und da ist noch etwas, über das nicht geschrieben zu haben ich mir seit langem vorwerfe. In unserer Geckenhaftigkeit haben wir keinen blassen Schimmer von den Alten. Einzigartige Unanständigkeit eines Grabmals im Hof des Palazzo degli Studi; ein Priapusopfer auf einem Grabmal! Andere Beispiele: »Der Faun und der junge Flötenspieler« und »Der Faun und die Ziege«, der jetzt aus Palermo zurückkommt, wo er sechzehn Jahre lang zusammen mit den Bildern Correggios verpackt gelagert hat. Es gibt nichts Lustigeres als all unsere Überlegungen über die Alten und ihre Künste. Da wir nur seichte, von der Zensur benagte Übersetzungen lesen, entgeht uns, daß bei ihnen die *Nacktheit* Gegenstand kultischer Verehrung war; bei uns aber wirkt sie abstoßend. Der Durchschnittsmensch in Frankreich bezeichnet nur das Weibliche als schön. Bei den Griechen keinerlei Galanterie, dafür immer wieder eine Liebe, die den Modernen widerwärtig ist. Was würde unsere Kunst wohl einem Bewohner von Tahiti bedeuten, der für all das, was bei uns mit der Galanterie zusammenhängt, keinen Blick hätte?

Wer das Altertum kennenlernen will, muß eine Menge mittelmäßiger Statuen sehen und studieren. Andernorts als in Rom und Neapel ist dieses Studium völlig illusorisch. Und gleichzeitig muß man Plato und Plutarch lesen, und zwar ungekürzt.

Das drolligste dabei ist, daß wir behaupten, in Kunstfragen griechischen Geschmack zu haben, während uns doch die Hauptleidenschaft fehlt, die die Griechen für die Künste empfänglich machte.

Rom, 18. März 1817. – Ich begreife absolut nicht, weshalb de Brosses* und Duclos[166] die römische Gesellschaft so reizvoll finden. Keine Spur von Geselligkeit. Heute abend war ich gezwungen, mit einigen Engländern Whist zu spielen.

Die *Rechte*, die jeder einzelne in der Gesellschaft geltend macht, sind wohl mit der Zeit so selbstverständlich geworden, daß es graziös ist, mit ihnen zu spielen; die Langeweile zwingt dazu. Heutzutage ist es infolge des allgemeinen Umsturzes gar nicht so leicht, seine Rechte zu wahren.

Der Kardinal mit seinen beiden mageren Kleppern und seiner alten rot angestrichenen Karosse möchte gern in der Gesellschaft ebenso angesehen sein, wie es die Bernis[167] und die Acquaviva[168] waren. Der Fürst, der sechshunderttausend Livres Jahreszinsen bezieht, macht sich über ihn lustig. Dafür kommt er mit dem Oberst eines päpstlichen

---

* Drei Bände in 8°, Ponthieu, rue des Mathurins, n° 330, im Jahre VII (gestohlenes Manuskript[165]).

Regiments zusammen; früher war das eine Art Lakai, heute ist es der Oberst, der an der Moskwa[169] und bei Montmirail[170] gekämpft hat. Man betrachtet sich genau; niemand ist sicher, ob er den Rang behaupten kann, den er einnimmt. Von einem Ende Europas zum anderen herrscht allgemeine Unzufriedenheit.* Ich hörte die gleichen Worte aus dem Munde eines Batavers und eines Römers; überall enden die Gespräche mit den Worten: »Wer kann voraussehen, was in den nächsten zwanzig Jahren geschehen wird?« Die römische Geselligkeit unter Benedikt XIV[171] war ein Vergnügen für Müßiggänger; die Völker aber werden erst zwanzig Jahre, nachdem sie die von ihnen geforderten Freiheiten errungen haben, müßig sein.

Frankreich verliert viel, Italien aber fast gar nichts. Hier gibt man sich noch immer der Liebe hin, und zwar mit mehr Leidenschaft als vor dreißig Jahren.

Sonntag, 20. März 1817. – Frauen können dem Papst nicht vorgestellt werden; aber jeden Sonntag um ein Uhr ergeht sich der Heilige Vater im Garten des Vatikans und begegnet bei seinem Spaziergang den fremden Damen. Heute waren sechzig Engländerinnen da, darunter drei oder vier von erlesener Schönheit; sie wirkten sehr unnatürlich. Alles ging sehr gut. Ich meinerseits liebe den Papst[172] und wünsche ihm – ganz unabhängig von meiner Achtung vor der Regierung des Kardinals C. . .[173] –, daß er hundert Jahre leben möge.

Gestern ging ich mit einem befreundeten Prälaten im Garten des Vatikans spazieren. Wir begegneten Seiner Heiligkeit: ich beugte ohne allen Widerwillen das Knie. Zwanzig Schritte von uns entfernt, sahen wir einen Scheinheiligen sich vor dem Papst auf die Knie werfen; ich

* »Mercure« vom 15. Juni 1817.

glaubte, er bitte um Gnade für irgendeinen Verurteilten. Keineswegs: die schwarze Gestalt bat nur um seinen Segen. So etwas macht keinen Eindruck mehr. Mein Prälat sagte gleich: »Dies ist ein alter Brauch, aber Seine Heiligkeit sieht ihn nur sehr ungern, denn jedesmal, wenn ihr jemand vorgestellt worden ist, veranstaltet ihre Dienerschaft am nächsten Tage mit der Person, der diese Ehre widerfahren ist, ein Trinkgelage. Diese Zeremonie erregte bei einer bestimmten Nation großes Mißfallen; es gab Abonnements. Jede vorgestellte Person zahlt eine feste Summe für die Dienerschaft; aber die Verteilung wird demjenigen überlassen, der vorstellt.« Ich erkannte, daß in Rom nichts geheim bleiben kann.

Ich kenne in Paris einen sehr klugen Mann; wird er um eine Auskunft gebeten, so läuft er eine Meile weit, um sie mündlich zu geben. Wenn sich jemand darüber wundert, antwortet er kalt: »Man darf niemals etwas aufschreiben.« Das ist den Römern abgeguckt. Mein Prälat sagte mir, sobald sich ein Geschäft biete, sei die erste Frage und zugleich die am schwersten zu entscheidende: »*E un affar da scrivere, sì o no?*«[174]

Ich tröste mich, daß von all dem, was in meinem Tagebuch mit Politik zusammenhängt, nichts gedruckt werden wird. Ich begegnete heute Mister H . . ., einem englischen Parlamentsmitglied. Mister H . . . wäre viel befähigter als ich, dieses Problem zu behandeln. Nur in England kann man einen liebenswürdigen jungen Mann mit sechzigtausend Livres Rente finden, der seine Zeit und sein Vermögen der Leidenschaft opfert, die Wahrheit zu erkennen, *wie immer sie auch beschaffen* sein mag. Wir lernten uns bei einem Buchhändler kennen: wir suchten beide nach gedruckten Akten der Regierung des Generals Miollis[175]. Anscheinend ist der gleiche Gedanke vielen Leuten gekommen, denn sie wurden uns sehr teuer verkauft. Es handelt sich um folgende Frage: Welchen Einfluß übte Buonaparte auf Italien aus? Über die Summe, die er für die Verschönerung Roms bewilligt hat, sind Mister H . . . und ich uns einig: zwölf Millionen. Gleichzeitig aber stahlen die ihm untergebenen kleinen Finanzbeamten Privatpersonen drei bis vier Millionen und brachten sie dadurch zur Verzweiflung. Da Buonaparte mit niemandem sprach, konnte er auch die ihm untergebenen Leute nicht kennen: Florenz hatte aus reinem Zufall liebenswürdige Beamte; die von Hamburg und Rom hätten selbst einen Titus verhaßt gemacht.

Ich bin eben einem langen Zuge von zweiundsechzig kleinen Prämonstratensern begegnet; sie waren weiß gekleidet und hatten Dreispitze auf dem Kopf; der älteste war noch keine fünfzehn Jahre alt, die meisten waren kaum zehn, einige sieben oder acht. Ohne diese Art, die Jugend einzufangen, würden die Mönchsorden aussterben.

Heute zum Sonntag wäre ich fast verhungert. Ich hatte mich dazu verleiten lassen, mir in der Umgebung des Kolosseums die Kapelle von San Gregorio und die reizenden Fresken von Guido Reni, vor allem das »Engelkonzert«, anzusehen. Ich kehre halb verhungert in das bewohnte Rom zurück; ich lange vor dem großen Café Ruspoli an: geschlossen, denn es ist Vesperzeit. »Wann wird es geöffnet?« – »Um fünf Uhr.« Die Gefahr war groß, ich war am Umfallen; alle Bäcker, alle Speisewirte hatten geschlossen. Glücklicherweise forderte mich mein Kutscher auf, mit zu ihm zu kommen; bei ihm gab es Johannisbrot (mit diesen Früchten füttert man die Pferde) und eingeweichtes Brot, das mir köstlich schmeckte. Ich bemerkte bei diesem Kutscher, daß die *Befana*[176] in Rom den Werwolf ersetzt. Die Kinder zittern bei dem bloßen Wort. Die *Befana* bringt, so heißt es, den Kindern zum Neujahrstag Geschenke.

22. März 1817. – Von allen nicht am Meer gelegenen Städten, die ich kenne, hat Rom nächst Smolensk die hübscheste Lage. Zugleich aber sind die Römer das unzivilisierteste Volk. Auf Grund von zweihundert Anekdoten, die ich absichtlich nicht aufschreibe, glaube ich fest, daß es weniger Mühe erfordern würde, die Wilden vom Eriesee zu einem zivilisierten Volk zu machen als die Bewohner des Patrimoniums Petri.

Der Gesandte von . . ., den ich heute abend beim Herzog Torlonia[177], dem Bankier, traf und dem ich diese wohlmeinenden Gedanken anvertraute, meinte dazu, daß mir Spanien noch ein weit größeres Ärgernis wäre, und immerhin habe Spanien einen Auguste Arguelles[178] hervorgebracht. Und was Kühnheit anlangt, so gab es in der französischen Armee rund hundert römische Offiziere, die eines Fabius oder Scaevola würdig waren, Oberst Ner . . ., General Pal . . .[179]

Rom, 26. März 1817. – Mit Vergnügen würde ich fünfzig Meilen zurücklegen, um einen Mann so stark für den *Feudalismus* eintreten zu sehen wie Mister Brougham[180] für die liberalen Ideen. Die Unterhaltung mit diesem großen Staatsmann macht mich glücklich; aber er spricht nicht oft; der römische Scharfsinn weiß ihn zu schätzen. Die bedeutenden Männer Englands haben wunderbar einfache und natürliche Umgangsformen. Sobald bei uns ein Mann eine Schlacht gewonnen hat, fühlt er sich verpflichtet, eine Rolle zu spielen. Ich werde dem Marschall . . . vorgestellt; ich war ganz durchdrungen von seinen Siegen, er aber überfällt mich mit politischen Ideen und Verwaltungsangelegenheiten. Als ich ihn verlasse, habe ich von ihm den Eindruck: ein kleiner Mann, der sich auf die Zehenspitzen stellt, um ebenso groß zu wirken wie jene Leute, die das Zeug zum Minister haben.

Città Castellana, 27. März 1817. – Ohne Freiheit wird Rom zugrunde gehen. Die *aria cattiva* breitet sich mit jedem Jahr weiter aus. Die Gegenden, die noch vor dreißig Jahren als die gesündesten galten, sind heute bereits in Mitleidenschaft gezogen: die Villa Borghese, der Gipfel des Monte Mario, die Villa Pamphili. Im Jahre 1791 zählte Rom hundertsechsundsechzigtausend Seelen, im Jahre 1813 waren es nur noch hunderttausend. Diesen Unterschied will man der Regierung Pius' VI[181] zugute halten. Ich halte nichts davon: dieser Papst war ein Fürst wie Ludwig XIV.; wenn es sich um Pomp handelte, war alles bestens; aber *Gerechtigkeit,* das wichtigste Bedürfnis der Völker, gab es nicht. Man mache sich die Mühe und untersuche die Macirone-Affäre[182]. Gegen die *Malaria* hilft nur die Freiheit oder ein überragender Despot. 1813 wollte Monsieur Prony[183] die Pontinischen Sümpfe wieder zu dem machen, was sie unter den Römern waren; die römische Campagna sollte bepflanzt werden. Solche Züge bewirken, daß sich die Italiener in bezug auf den fürchterlichen Mann Illusionen hingeben*.

Perugia, 29. März 1817. – Als wir Perugia verließen, schlug ein englischer Geistlicher andächtig die Augen gen Himmel auf und erflehte von ihm, daß die Erde sich öffnen und die Einwohner von Neapel und Rom verschlingen möge, und er tat dies in vollem Ernst. Warum will man nicht einsehen, daß die Zivilisation in Florenz aufhört? Rom und Neapel sind nichts weiter als europäisch ausstaffierte Barbarenländer. Man sollte dorthin reisen, wie man nach

* Ein Mann denkt mit Pope, daß »the proper study of man is mankind«[184]. Er registriert die unterschiedlichen moralischen Neigungen der Völker. Oft sind diese *Neigungen* in seinen Augen Symptome einer moralischen Krankheit. Wird man den Arzt vorwerfen, die Krankheit zu haben, die er beobachtet? Wenn er durch Zufall Jakobinern[185] begegnet, kann man ihm vorwerfen, er denke wie Marat, weil er feststellt: »Da sind Jakobiner«?

Griechenland oder Kleinasien reisen würde, nur mit mehr Vorsichtsmaßregeln, da die Türken sehr viel redlicher sind als die Europäer von Neapel.

Florenz, 30. März 1817. – Ich komme aus »Evelina«[186]; gesungen haben die Schwestern Mombelli[187]. Diese göttliche Musik hat die düstere Stimmung verjagt, in die mich meine englischen Reisegefährten und die Politik versetzt hatten. Ein köstlicher Abend, obwohl ich sehr müde war.

31. März 1817. – Gewöhnlich hört man erhabene Musik schlecht gesungen. »Evelina« ist eine Episode aus Ossian[188]; dazu eine – eher mittelmäßige – Musik in Rossinis Manier (von Coccia), aber so göttlich gesungen, daß sie die größten Wirkungen erreicht, die diese Kunst hervorbringen kann.

Esther Mombelli spielt die Tochter des Königs einer der schottischen Inseln. Er gibt sie dem Häuptling einer Nachbarinsel, einem blutdürstigen, mächtigen Krieger, zur Frau und befiehlt ihr, den jungen Sivar zu vergessen. Anna Mombelli, die den Liebhaber spielt, landet, sie wird von dem Nebenbuhler überrascht und zum Tode verurteilt. Die Liebenden begegnen einander. Anna Mombelli singt, zu ihrer Schwester gewandt:

> »Non è ver, mio ben, ch'io mora
> S'io rivivo in te.«[189]

Es sind die schönsten und zartesten Regungen einer edlen Seele, die in den Tod geht, dargestellt mit einer Genauigkeit, ja Klarheit, von der ich mir keinen Begriff machte: das allein lohnt schon die Reise nach Italien. Ich vermag das lebhafte und tiefe Glücksgefühl, das mich durchdrang, kaum zu schildern.

Ich bin zutiefst überzeugt, daß man außerhalb Italiens, wie mir das Beispiel meiner Engländer zeigte, von den

Schwestern Mombelli sagen würde: »Und das ist alles?«
Müßten sie sich vor dem Publikum in acht nehmen, fänden diese armen Mädchen nicht zu ihrem hingebungsvollen Elan. Ich habe sie auf Gesellschaften gesehen; wie Mozart sind sie recht schmächtig und hager und bleiben stets schweigsam und zurückhaltend.

7. April 1817. – Seit acht Tagen verbringe ich meine Abende ausschließlich in der Oper, um »Evelina« und »Demetrio e Polibio«[190] zu sehen. Anna Mombelli singt die Arien: »Pien di contento il core«[191] und »Questo cor ti giura amore«[192].

Ihrer Schwester Esther liegen vor allem die großen Wallungen der Leidenschaft. Erst bei der fünften oder sechsten Vorstellung übt die Musik ihren ganzen Zauber auf mich aus. Ich suche mir ihre Macht zu erklären.

Diese Stimmen entrücken mich den gemeinen Niederungen des Lebens.

Sie haben die Reinheit Raffaels in seinen ersten Madonnenbildern, oft auch seine Schwäche. Die Stimmen der Mädchen sind nicht sehr kräftig, sie bringen all ihre Wunder durch die Art hervor, wie sie geführt werden.

Im Vergleich zu den anderen Sängerinnen unserer Zeit ist dies der Stil Fénelons[193] und die Phrasierung Demoustiers[194]. Ich habe allen Anlaß zu glauben, daß dies die Gesangstechnik ist, wie sie vor dreißig Jahren gepflegt wurde, als die Musik unumschränkt alle Herzen beherrschte. Ich hörte einmal den unvergleichlichen Pacchiarotti; ich erkannte den Stil der Mombellis wieder. Sie haben bei ihrem Vater gelernt, jenem berühmten Mombelli, dem man in alten Reiseberichten aus Italien begegnet; er hat die Schwäche, noch immer zu singen. Die Musik zu »Demetrio e Polibio« stammt von Rossini und ihm.

8. April 1817. – In der Loge der Ghita, man nennt nämlich in Italien auch die vornehmsten Damen bei ihrem Taufnamen, Unterhaltung mit Monsignore L. D. B. . .[195]

Der Philosoph, der das Unglück hat, die Menschen zu kennen, verachtet immer das Land, in dem er sie kennenlernte, am meisten. Die Mundart meiner Heimat vergegenwärtigt mir alle niedrigen Gedanken: eine unbekannte Mundart ist für mich nichts weiter als eine Fremdsprache. Diese zweite Regel macht viele Italiener, besonders die hochherzigen Seelen, ungerecht gegen ihr Vaterland. Auf den ersten Blick könnte der Fremde sie haßerfüllt finden, aber sie hassen nur aus Übermaß an Liebe. Die Erniedrigung dessen, was sie verehren, läßt sie aufschreien.

10. April 1817. – Ich bin drei Stunden lang mit geistreichen Leuten in den Cascine[196] spazierengegangen. Ich bin vor ihnen geflüchtet, um meine Gedanken nicht zu verlieren.

Im 14. Jahrhundert sprach man in verschiedenen Ländern Italiens – in Venedig, Florenz, Rom, Neapel, Mailand und Piemont – verschiedene Sprachen. Das freieste Land hatte die schönsten Gedanken, das ist ganz natürlich, und seine Sprache errang den Sieg. Unglücklicherweise vernichtete dieser Sieger seine Feinde nicht. Die Schriftsprache Italiens ist nur in Florenz und Rom zugleich die Umgangssprache. In allen anderen Gegenden wird heute noch der alte einheimische Dialekt benutzt; sich auf *toskanisch* zu unterhalten wäre lächerlich.

Wenn jemand einen Brief schreibt, schlägt er sein Wörterbuch auf, und kein Wort ist ihm pomphaft und stark genug. Daher sind Schlichtheit, Einfachheit und die feinen Abstimmungen der Natürlichkeit im Italienischen unbekannt*. Sobald jemand Gefühle dieser Art hat,

---

* Eine Ausnahme sind die alten toskanischen Geschichtsschreiber[197]: »Istorie Pistolesi«; »Vita di Castruccio«; Ammirato, »Cronica Sanese«, »Cronica Pisana«; die drei Villanis, Capponi, Buoninsegni, Fortifiocca.

schreibt er venezianisch oder mailändisch. Mit den Ausländern wird immer toskanisch gesprochen. Aber sobald euer Gesprächspartner einen kraftvollen Gedanken ausdrücken will, bedient er sich eines Dialektausdrucks. Drei Viertel der Aufmerksamkeit eines italienischen Schriftstellers gelten dem Sprachmaterial. Es handelt sich darum, kein Wort zu gebrauchen, das sich nicht bei den von der *Crusca* zitierten Verfassern findet. Das ist teuflisch, wenn es gilt, Ideen auszudrücken, die den Florentinern des 15. Jahrhunderts unbekannt waren. Die italienischen Schriftsteller verfallen dann in einen maßlos lächerlichen Stil. Signore Botta[198] bezeichnet in seiner »Geschichte Amerikas« den Kongreß der Bewohner von San Domingo stets als *il convento de Domenicani* (der Konvent der Dominikaner).

Man hat nur dann einen feurigen Stil, wenn man so schreibt, wie man mit seiner Geliebten und mit seinen Nebenbuhlern spricht. Zu allem Unglück ist jedoch das eine der beiden Länder, in denen das Toskanische heimisch ist, nämlich Rom, seit drei Jahrhunderten zu ewiger Unmündigkeit verdammt. Selbst bei philosophischen Büchern ist es ein ungeheurer Nachteil, nicht in der Sprache zu schreiben, die man spricht; es gibt keine Klarheit mehr.

Ein unheilbarer Fehler des Italienischen ist, daß man es nicht schnell sprechen kann. Dazu kommt noch, daß diese Sprache im wesentlichen dunkel ist: erstens, weil seit drei Jahrhunderten niemand Interesse daran hat, klar über schwierige Gegenstände zu schreiben, und zweitens, weil jede besiegte Sprache die Siegersprache durch Synonyme bereichert hat, und Gott weiß was für Synonyme! Sie haben oft einen entgegengesetzten Sinn. Die Provinzler reden selbst dann noch im Dialekt, wenn sie glauben, italienisch zu sprechen. Die einfachsten Dinge haben verschiedene Namen. Straße heißt in Rom *via*, in Florenz *strada*, in Mailand *contrada*. *Villa* bedeutet in Rom Landhaus, und in Neapel bedeutet es Stadt. Aber auch die Wendungen, die bestimmte Gefühlsschattierungen wiedergeben, werden ganz unterschiedlich ausgedrückt: so redet mich in Mailand ein Freund mit *tu*, in Rom mit *voi* und in Florenz mit *lei* an. Hätte mich mein Mailänder Freund mit *voi* angeredet, so hätte ich daraus geschlossen, daß er mir böse sei.

Selbst Alfieri hat in einer (für ihn) toten Sprache geschrieben*; daher seine Superlative. Er hat den Schwulst, dessen Ursache wir gesehen haben, noch verstärkt. Es muß hinzugefügt werden, daß ein Venezianer, ein Bologneser, ein Piemontese all seinen Ehrgeiz dareinsetzt, gutes Toskanisch zu schreiben. Und das lächerlichste dabei ist, daß ernsthafte Schriftsteller das Toskanische an den *canti carnavaleschi*[200], an der »*Tancia*«[201] von Buonarotti und an anderen Büchern studieren, die einst das schändlichste Pack der Republik Florenz ergötzten. Das ist ungefähr so, wie wenn Montesquieu sich der Sprache der Pariser Perückenmacher bedient hätte**.

---

* Ed io gliel dico, che il verbo ›vagire‹ / Non è di Crusca: usò il Salvin ›vagito‹: / Ma, a ogni modo, ›vagir‹ non si può dire. Sat. »I Pedanti«[199]

** Signora Botta, ein Staatsbeamter, der in ganz Europa Achtung verdient und der eine Rente von nicht einmal tausend Talern bezieht, schreibt »l'imbeccare« und »il dare la spogliazza« für »predare«.

Er spricht von den »Ghiribizzatori che vanno girandolando arzigogoli per trar la pecunia dalla borsa del popolo«.

Er schreibt »conficcare« und »ribadire«, um »ostinazione« auszudrücken; »pecunia« statt »moneta«, »il moiniere« statt »il cortigiano«, »tamburini« statt »parlamentari«, »petizioni infiammative« statt »scritti sediziosi«, »il ben vogliente« statt »benevolo«, rinfuocolare« statt »inasprire«, »confortarsi cogli aglietti« statt »confortarsi con baje«; und schließlich »le parti deretane dell'isola«, um zu sagen: der Norden der Insel. Ständig wird der Gedanke, der beeindrucken soll, in die gemeinsten Ausdrücke gekleidet. Ich fürchte, dies ist doch allzu lächerlich für das 19. Jahrhundert. Ich hüte mich wohl, dreißig Zeilen lange Sätze von mir zu geben: Signore Botta würde dazu sagen, daß man daran eben sehen könne, daß ich ein Ausländer sei und daß die Italiener doch den längeren Atem hätten. Ich würde unseren großen Schriftstellern in Frankreich sogar sagen: Was ist widersinniger, als Neuerungen in einem Bereich einführen zu wollen, der allein auf Konventionen beruht!

Ein Venezianer oder ein Bologneser schreibt zwar italienische Wörter, aber die Wendungen stammen aus seinem Land. Das wurde mir heute abend von zwei oder drei *cruscanti* (Sprachreinigern)[202] bewiesen. Die Klügsten ahmen die Klarheit der französischen Sprache nach; sie werden am tiefsten verachtet; zum Beispiel ist die »Geschichte Toskanas« von Pignotti[203] das einzige Buch seit Alfieri, das der Übersetzung standhält. Aber nein, man hebt die »Römischen Nächte« und das »Leben des Herostratos« von Graf Verri[204], dem Chateaubriand Italiens, in den Himmel.

Man sieht nun, warum die akademische Kälte die Bücher des leidenschaftlichsten Volkes der Welt so eisig macht. Dieses Volk kann es in bezug auf Geist durchaus mit den Franzosen aufnehmen; aber sein »gedruckter Geist« würde sogar auf dem Boulevard ausgepfiffen werden. Verglichen mit dem italienischen Geist, ist Scarron[205] äußerst edel; es wäre unmöglich, Fénelons[206] Dialoge ins Toskanische zu übersetzen: doch nichts ist leichter, als sie ins Venezianische oder ins Mailändische zu übertragen. Die lyrische Prosa unserer großen Tagesschriftsteller dagegen ist reinstes Italienisch.

Darüber in Florenz sprechen hieße jedoch, im Hause des Gehenkten vom Strick reden. Ich finde, Florenz ist im Verhältnis zur Lombardei zurückgeblieben. Einerseits tyrannisiert der *pretismo*[207], wie auf dem Spaziergang immer wieder betont wurde, die kleinen Städte wie Prato, Pistoja, Arezzo oder Siena, während er in der Lombardei schon durch Joseph II. und den Grafen Firmian[208] unterdrückt worden war. In der Lombardei war also der Boden schon bereitet: Beccari[209] und Parini[210] sind ihren Florentiner Zeitgenossen bereits weit überlegen. Andererseits, Florenz als französisches Département[211] – das empörte die Bewohner zu Recht. In der Hälfte aller Gespräche kommt der Stolz auf die Sprache zum Ausdruck. Was also hätte sie mehr empören können als französische Maueranschläge!

Florenz hat also nicht einmal das akzeptiert, was an den Maßnahmen Buonapartes liberal war; ganz anders die Lombardei. Im Augenblick gibt es in Pisa eine Art Pressefreiheit. Pignotti, der sich in seiner Erregung über die von ihm beschriebenen Verbrechen so weit hinreißen läßt, die Päpste zu schmähen, wäre in Turin und vielleicht auch in Mailand nicht erlaubt worden, sein Buch drucken zu lassen; aber niemals hätte ein Bologneser so etwas geschrieben wie die »Geschichte der Paläste Toskanas« von Signore Anguillesi[212]*.

Was wird aus dem Italienischen? Eine äußerst schwierige Frage. Wenn dieses Volk sogleich die beiden Kammern erhielte, würden die Diskussionen im Parlament vielleicht das Italienische retten; die Literatur der Hauptstadt käme dem auch zu Hilfe; andernfalls wird der Haß zwischen der französischen Klarheit und der Sprache des 13. Jahrhunderts von Tag zu Tag giftiger werden. Die Prosa der meisten gegenwärtig veröffentlichten Bücher ähnelt der lyrischen Prosa von Bernardin de Saint-Pierre[213] oder von Marchangy[214], die noch mit von Ronsard[215] ausgegrabenen gallischen Wörtern gespickt wäre. Ein Mailänder, ein reizender Mann, den ich bei Signora Albany[216] traf, versicherte mir, es sei zwecklos, französische Bücher in Mailand zu übersetzen. Der »Wiener Kongreß«[217] wurde übersetzt, und es sind nicht einmal zwanzig Exemplare verkauft worden; alle Leute kauften die französischen Nachdrucke, die in Lugano erscheinen**. So greift die verfluchte französische Klarheit auf die Lombardei über.

---

* Siehe den Auszug in der »Bibliothèque universelle«. Ein merkwürdiges Beispiel von Kriecherei! Dieser Autor schmeichelt dem seit hundert Jahren erloschenen Hause Medici.

** Man kann nebenbei bemerken, wie vorteilhaft es ist, wenn der Gouverneur ein Mann von Geist ist. Man entsinnt sich, was in dem Buch von Monsieur de Pradt über Österreich und Italien gesagt wird. Graf Saurau[218] hat nicht gezögert, den Verkauf und die Übersetzung zu erlauben. Man sieht deutlich, daß es in diesem Lande keine *Gerechtigkeit* gibt.

Dieses Land ist Rom und Neapel um ein Jahrhundert und Florenz um mindestens dreißig Jahre voraus. In zwanzig Jahren, wenn die noch von den Jesuiten erzogene Generation nicht mehr am Leben ist, wird der Unterschied noch krasser sein; andererseits veröffentlicht man im Mailänder Dialekt erstklassige Werke*. Was wird also aus dem armen Italienisch, das zwischen drei verschiedenen Triebkräften hin und her gezerrt wird: der Nachahmung Dantes und des 13. Jahrhunderts, der Liebe zur französischen Klarheit und der Freude an der Natürlich-

---

* *El di d'Incoeu.* Vision

L'era ona nocc di piu indiavolaa / Scur come in bocca al loff: no se sentiva / Ona pedana . . . / . . . / E'l pover merit che l'è minga Don / Te me l'hann costringiuu là in d'on canton[219].

Dieses Werk besitzt mehr wahre Poesie als alles, was man in Frankreich seit den »Metamorphosen« des Herrn Lemercier[220] veröffentlicht hat. Nie war eine Satire gegen die Regierung ätzender, verdienter und, man kann sagen, gefährlicher. An diesem Gedicht beeindruckt das Pittoreske der Fabel (der Geist Prinas erscheint einem Bürger, der über den Friedhof geht, auf dem er ruht, und fragt ihn, was Mailand damit gewonnen habe, daß man ihn umbrachte) ebenso wie die Schärfe der Epigramme, und so kursierte es innerhalb von acht Tagen in zweitausend Abschriften.

»Wenn die Polizei«, so hieß es, »dem unglücklichen Dichter etwas nachweisen kann, dann wird er für den Rest seines Lebens in einem Kerker in Modena vermodern.« Der Autor, ein sehr junger Mann, spielte in der Öffentlichkeit, so gut er konnte, den Harmlosen. Er begann aufzuatmen, als man eines Tages zwei seiner Freunde festnahm. Sie werden überführt, die ersten Abschriften des Werks verbreitet zu haben, und sollen als dessen Verfasser bestraft werden. Der Gouverneur läßt daraufhin den armen jungen Mann zu sich kommen und gibt ihm geschickt zu bedenken, wie niederträchtig es von ihm wäre, seine Freunde ins Gefängnis zu schicken. Er legt auf der Stelle ein volles Geständnis ab. »Ich glaubte«, sagte er in meinem Beisein am selben Tage, »daß ich mich damit für den Rest meines Lebens ins Gefängnis gebracht hatte. Wie überrascht war ich aber, als Seine Exzellenz mir sagte: ›Mein Herr, die Regierung ist nicht so bösartig, wie Sie glauben: Ihr Gefängnis wird die Stadt sein; ich selber werde in Wien versuchen, im Kronrat Gnade für Sie zu erwirken.‹« Zwei Monate später wird der junge Dichter wieder vorgeladen. In der Meinung, er werde nicht zurückkommen, trifft er seine Vorkehrungen. Ganz bleich tritt er vor den Gouverneur, der ihm erklärt: »Seine Majestät verzeiht Ihrer Jugend und legt Ihnen nahe, künftig besseren Gebrauch von Ihrem Talent zu machen.«

keit und Lebendigkeit der Heimatsprache! Es gibt (1817) mindestens zwanzig verschiedene Dialekte in Italien. In Neapel geht das sogar so weit, daß es besondere Dialekte für jedes Stadtviertel gibt, so groß ist dort der Empfindungsreichtum. Der König spricht nur neapolitanisch; ich finde, er hat recht: warum soll man nicht so sein, wie man ist?

Kein Italiener ist so eng mit mir befreundet, daß ich wagte, ihn über die vorangegangenen Überlegungen um Rat zu fragen: sie sind wirklich überaus heikel. Bei Signora ... wollte ich eines Nachts um halb ein Uhr, als nur noch sieben oder acht Gäste anwesend waren, der Frage eine literarische Wendung geben. Ich brachte vor, daß man, um zu einem neuen Dante zu gelangen, erst Leute wie Delolme[221] und Benjamin Constant[222] fördern müsse, daß nie ein Mensch mehr er selbst gewesen sei als Dante, daß Alfieri in der Sprache nicht er selbst gewesen ist und daß er sogar in den Gedanken weniger er selbst war, als er geglaubt hat. Ich wurde im Quartett ausgepfiffen: vier von den sieben Personen vereinigten sich, um mich niederzudonnern; nachdem ich mich also versichert hatte, daß es wirklich unmöglich war, einen solchen Versuch zu unternehmen, habe ich ganz schnell zugegeben, im Unrecht zu sein.

Das Schreckliche ist, daß durch dieses Fehlen einer gemeinsamen Sprache das Komische unmöglich wird. Es gibt keine noch so unnatürliche Wendung, die nicht in irgendeinem Winkel Italiens natürlich wäre*. Es blieb nur

* Kritik, wie sie von de la Motte gepflegt wurde und wie sie bei uns seit hundert Jahren veraltet ist, wäre in Italien um fünfzig Jahre voraus. Die Witze mit Begriffen wie »Esel«, »Tier« und solche über das Geld wiederholen sich ständig. Siehe die literarischen Blätter und die Streitschriften von 1816 und 1817. Man brachte mich dazu, daß ich mir in Florenz Genovesi[223], Vico[224], Longanos »L'Uomo universale«, die »Saggi Politici« von Mario Pagano, der für seine Überzeugungen starb, Cuocos »Platone in Italia« und die »Monarchia costituzionale« eines Mailänder Professors kaufte. Ich wäre entzückt gewesen, hätte ich das alles gut gefunden.

die arme *commedia dell'arte* mit Harlekin und Pantalone; aber die Wohlanständigkeit hat auch sie vertrieben*.

Bologna, 12. April 1817. – Ich kehre in die Zivilisation zurück und bin darüber so entzückt, als kehrte ich aus der Provinz nach Paris zurück. Meine erste Frage bei der Ankunft in Bologna: »Wird in der Oper etwas gegeben?« – »Ja, *La Clemenza di Tito.*«[230] Ich fliege ins Theater; die Ouvertüre beginnt, als ich eintrete.

Ronconi spielt den Titus, ein ausgezeichneter Sänger, die gleiche Schule wie Mombelli und Pacchiarotti; dieser Ton geht zu Herzen! Warum ist er nicht zwanzig Jahre jünger! In einem kleinen Saal wirkt er noch sehr angenehm. Die Güte des Titus rührt mich zu Tränen. Welch ein Tragödie ergäbe »La Clemenza di Tito« in einer Überset-

---

Es gibt ein Dutzend lateinischer Zitate, die immer wieder angeführt werden: »Quandoque bonus dormitat Homerus«; »Quousque tandem« usw., usf. Hier ein Satz, den man – wie Geoffroy[225] – pikant formulieren wollte und der genau der Geistesart des Florentiner Packs im 14. Jahrhundert entspricht:

»Ei roda pure i chiavistelli, che i muccini hanno aperto gli occhi, e i cordovani sono rimasi in Levante, anzi non è più tempo che Berta filava, e i paperi menavan l'oche a bere.«

Das ganze spielt auf Ideen an, die durch die Romane des 12. Jahrhunderts in Mode gekommen waren. Man sieht, es steckt Gelehrsamkeit darin.

Legt man auf einem Tisch die besten Werke zusammen, die seit 1770 in englisch, deutsch, französisch und italienisch erschienen sind, wird man sehen, daß damit die Gleichung schon gelöst ist. Die italienische Literatur ist die am wenigsten ernst zu nehmende, und dennoch:

La pianta uomo nasce più robusta in Italia che in qualunque altra terra; gli stessi atroci delitti che vi si commettono ne sono una prova. Alfieri[226]

Ich zähle in meinem Tagebuch elf Anekdoten von Leuten der höchsten Kreise, die in den letzten fünf, sechs Jahren ihre Geliebte und anschließend sich selbst getötet haben: und Italien besitzt keinen Roman. Die »Lettere di Jacopo Ortis«[227] sind nur eine Nachahmung von »Werther«. Das kalte Schottland, und nicht die schöne Lombardei, hat »Waverley« und die »Tales of my Landlord«[228] hervorgebracht.

* Verordnung Leopolds, des Großherzogs von Toskana. Man lese auch in dem Werk »Influenze morali« von Schedone[229] über diese gepriesene Maßnahme nach. Daran kann man ermessen, bis zu welchem Grad von Torheit die italienische Literatur herabgesunken ist.

zung von Racine! Für mich drücken die Modulationen Ronconis die mit Macht gepaarte Güte noch besser aus, als es der Wohlklang von Racines Versen vermöchte, besonders an der Stelle:

»Questo, o Romani, è fabbricarmi il tempio.«[231]

Einige werden wie ich spüren, daß diese Worte, würden sie von einem Baß statt von einer schönen Tenorstimme gesungen, das Himmlische, das ihnen eigen ist, verlören. Ein Dichter, der sehr gute französische Verse zu schreiben verstünde, aber keine Tragödie erfinden könnte, der sollte sich dieses Stoffes annehmen. Er hätte großen Erfolg; denn wir wissen alle, daß Augustus ein gemeiner Schurke war. Man würde die – in einer Tragödie fade wirkende – Rolle des Anio ersetzen durch einen Thrasea[232], einen Corbulo[233], einen alten, ergrauten General, der Titus nicht lieben könnte, weil er Kaiser ist, der aber seinen großen Taten Gerechtigkeit widerfahren läßt. Er wäre gescheit genug zu sehen, daß die Republik nicht möglich ist. Er gäbe den Göttern die Schuld für die Freiheitsliebe, die ihn verzehrt, ohne daß er Wege finden könnte, die Interessen zu erzeugen, aus denen die Freiheit erwächst. Der Titus von Metastasio übt auf mich die gleiche Wirkung aus wie eine gute Komödie über den »Optimisten«[234]: er kühlt das Blut.

Vitellia, Corneilles Emilie[235]: die Bonini, eine junge Elevin des Mailänder Konservatoriums. Sie besitzt Spielfreude, Methode und eine recht hübsche Kopfstimme (*primo soprano*), die sie auch behalten wird; sie ist nämlich häßlich.

Endlich erscheint Cinna (Sesto); ihn spielt Tramezzani, von dem ich in London so viel gehört habe und den zu sehen mir nie gelungen war. Die Engländerinnen vergaßen alle Regeln der Prüderie, wenn sie von diesem schönen Manne sprachen. Hier wäre der Ausdruck: er *macht Furore*, zu schwach; unmöglich kann einer mehr Grazie entwickeln als er; er ist immer in Bewegung, immer gespreizt, immer anmutig, bis zur übertriebensten Ziererei. Er drückt wütendsten Haß mit dem zärtlichsten Augenaufschlag aus. Ich sehe ihn mir gerne an, aber lieber noch die Damen in den Logen. Er ist ein sehr hübscher Mann von vierzig Jahren, der noch etwas Stimme hat. Er braucht eine gewisse Anlaufzeit. Die letzte Arie des zweiten Akts singt er sehr gut. Die Damen finden seine Stimme großartig, und sie meinen es ehrlich.

Tramezzani macht alles vergessen, sogar den Haß. Eine recht schmeichelhafte Lebensweise hat ein schöner Sänger. Er sagte heute abend, ein Auftritt strenge ihn nicht mehr an als eine Unterhaltung. Der Applaus hört nur notgedrungen auf, denn man muß ihn ja hören; und da es trotzdem immer einige Neider gibt, hat jeder Abend für ihn den pikanten Reiz eines Dramas. Ich antwortete ihm, daß ich, vor die Wahl gestellt, lieber er sein möchte als der Held, den er spielt. Das war keineswegs ein Kompliment.

20. April 1817. – Endlich habe ich einen Italiener entdeckt, der etwas originellen Geist besitzt. Das Wort *nachahmen* scheint eigens für dieses Land geschaffen worden zu sein. Seit die Italiener das Feuer erkalten ließen, das die Freiheit im 14. Jahrhundert in ihren Herzen entzündet hatte, und seit jene *Jugend der Seelen* dahinwelkte, die nach tausendjähriger Barbarei wieder Sinn für Schönheit hatte – ein einzigartiger Vorgang, der sich nie wiederholen wird –, sind sie auf die unterste Stufe geistiger Entkräftung zurückgesunken. Der Dichter ahmte Dante, der Prosaschriftsteller die Perioden Boccaccios, der Historiker den Stil Machiavellis nach*. Der Mann, den ich kennengelernt habe, schreibt ganz einfach Libretti** für die Thea-

---

* Monti, Verri, Botta[236].
** Dieser Ausdruck paßt besser als »Dichtung«.

ter. Gewöhnlich erleben seine Stücke nur zwei Vorstellungen, weil sie bei der zweiten von der Polizei verboten werden. Seit dreißig Jahren macht er die Leute über alles lachen, was in Italien lachhaft ist. Anfangs machte er sich über die Franzosen lustig, welche die Statuen fortschleppten. Er hat keinen Ruf, denn seine Darstellungsart erlaubt keine Pedanterie. Ich wäre heute abend bei Signora M . . . fast gesteinigt worden, als ich wagte, die Hälfte von dem zu sagen, was ich gerade niedergeschrieben habe. In Gedanken aber sage ich noch viel mehr. Dies verkannte Genie ist der Advokat Anelli[237] aus Desenzano. In seiner Art liegt etwas von Dancourt[238], von Gozzi[239] und ein wenig Shakespeare. Die Franzosen, und vor allem diejenigen, die durch La Harpe[240] geformt worden sind, würden ein solches Stück nur für eine gemeine Posse halten. So grenzenlos ist unsere *Eitelkeit*: ehe wir über einen lustigen Streich lachen, wollen wir uns vergewissern, ob die Leute, die den Ton angeben, ihn auch so spaßig finden. Aber gerade das *Unvorhergesehene* ist ja die Hauptbedingung für das Komische. Was tun? Nur noch in den Theatern lachen, wo Lachen unverfänglich ist. Dies ist das ganze Erfolgsgeheimnis der Variétés. Das bißchen Komödie, das in Frankreich noch vegetiert, hat sich in das Theater geflüchtet, wo im Jahr dreihundertfünfundsechzig neue Stücke gespielt werden. Das Vergnügen, das junge Leute im Théâtre-Français finden, ist nicht die Freude am Theater, sondern das Vergnügen an einem guten Literaturunterricht, das Vergnügen an klassischen Reminiszenzen. Diese jungen Leute müssen sich mit den Freuden alter Pedanten begnügen.

Niemals wird ein Durchschnittsfranzose das Talent Anellis begreifen; das ist die Muse des Komischen, die gegen die mißtrauischste Monarchie *Sturm läuft*.

Hatte er nicht die Kühnheit, sich sogar unter Buonaparte über die Nichtigkeit des italienischen Senats lustig zu machen? Dies ist das ganze Geheimnis der langen *Papatacci*-Szenen in der »Italiana in Algeri«*.

Heute zog er Tramezzani und seinen Triumph in Italien ins Lächerliche. Das zeugt in diesem Lande von Geist, aber mehr noch von Mut. Manche Frau wird ihn dafür noch in zehn Jahren hassen.

Nach meinen Engländern zu urteilen, verlassen die Fremden Italien, ohne die leiseste Ahnung von den Sitten dieses Landes zu haben. Wer jedoch bereits eine schwache Vorstellung davon hat, muß die »Virtuosi di teatro« lesen, eine *opera buffa* in einem Akt. Es geht um die Theatersitten Italiens. Sie haben keinerlei Ähnlichkeit mit den unseren, da die Truppen hier nur drei Monate bestehen. In dem Schwank von Anelli hat der Bruder der Primaballerina einen Streit mit dem Vater der Primadonna. Er bleibt mit dem jungen Mädchen, das er schön findet, allein. Um ihr näherzukommen, schlägt er ihr vor, ein Duett aus berühmten Oper »L'Eroe smorfioso« (Der zuckersüße Held) zu singen. Hier beginnt die drolligste Kritik an dem Helden Tramezzani. Dieser saß heute abend in einer Loge und machte gute Miene zum bösen Spiel. Paccini, der den Liebhaber der Sängerin spielt, ahmt die Gesten des Helden bis ins kleinste nach. Bei einer sehr pathetischen Stelle unterbricht er sich und sagt zu seiner Schönen: »Meine Liebe, weil ich dir meine Seele nicht zeigen kann, zeige ich dir meine Zähne.« Tramezzani kokettiert nämlich sehr oft mit seinen herrlichen Zähnen. Ich glaube, ich habe in meinem Leben noch nie so gelacht. Die Musik ist von Mayer. Die »Virtuosi di teatro« werden im Wechsel mit »La Clemenza di Tito« gespielt. Die Frauen sind wü-

---

* »Mangiar, bere e lasciar fare.«[241]
Diese Szenen streicht man in Paris, wo diese arme Oper im übrigen auf jede denkbare Weise verdorben wird. 1816 spielte man sie in Mailand mit orientalischem Pomp. Galli in der Rolle des Bey mußte man gesehen haben; Pacini, Caimacan und die Marcolini in der »Italiana«.

tend, und vielleicht stecken sie mit ihrem Zorn die Polizei an. In Paris ist ein Spaß nur ein Spaß; bei einem durch die absolute Monarchie *geschwächten* Volk ist ein Mensch, der einen Spaß duldet, ein verlorener Mann und wird vom *Pascha* fallengelassen.

21. April 1817. – Letzte Vorstellung der »Clemenza di Tito«. Im ganzen eine schwache Gegenprobe von Mozarts Genie. Ich sehe immer wieder mit Vergnügen, daß dieser große Mann nicht ständig einen *gespannten* Stil durchhält wie unsere langweiligen Tragiker. Es finden sich mehrere heiter-gelöste Motive darin. – Es gibt Seelen, die schon der kleinste Aufwand abschreckt und die sich in der »opera seria« langweilen. Sie können das Zarte nur mitfühlen, wenn es mit dem Komischen einhergeht. Michaut rührt sie mit »Heinrich V.«[242] immer wieder zu Tränen.

22. April 1817. – Wie soll ich über Musik sprechen, ohne die Geschichte meiner Empfindungen schreiben? Man wird sie mir absprechen. Ich glaube, daß meine Gegner oft guten Glaubens sind: um so schlimmer für sie.

23. April 1817. – Die vornehme Gesellschaft von *Bologna* ähnelt ein wenig derjenigen von Paris; sie wird durch einige jener reizenden Wesen belebt, bei denen sich Geist mit Schönheit und Fröhlichkeit paart. Signora Martinetti wäre selbst in Paris eine Sensation.

24. April 1817. – In Frankreich lassen die Leute aus der Provinz nichts auf die *Moral ihrer Stadt** kommen. In Italien ist man nicht ganz so einfältig: dort ist es ein Sakrileg, durch die leiseste Kritik den *Ruhm der Stadt* zu

---

* Prozeß von Mademoiselle Aniche aus Bordeaux gegen den »Mercure«, Juni 1817.

schmälern. Ich wollte diesen Gedanken im Salon von Signora M . . . entwickeln, vor Leuten, die sich für Philosophen halten. Ich merkte aber, daß sich Nationen untereinander wie reiche, schlecht erzogene junge Leute benehmen. Die Italiener werden überdies durch die Schmeicheleien von Vorzimmer-Patrioten à la De Belloy[243] verdorben. (Siehe die »Biblioteca italiana«[244] in Mailand.) Frühestens in fünfzig Jahren wird diese Nation die Wahrheit vertragen. Ich glaube, es gibt nicht viele Reisende, die Italien so lieben wie ich; heute abend blickten alle auf mich wie auf einen Feind.

Bologna, 30. April 1817. – Ich verbrachte vier Tage in der »villegiatura«[245] beim Fürsten V. . .

In Italien sind die Ehemänner nicht ein Hundertstel so eifersüchtig wie in Frankreich. Ich habe die Ursache für den *cicisbeismo* nirgendwoanders finden können als in der Natur. Einige Philosophen, die mit uns zusammen waren, erzählten mir, daß es im ausgehenden Mittelalter in Italien eine Menge kleiner Tyrannen gegeben hätte, die ihren Höfen Würde zu verleihen suchten, indem sie die spanische Etikette nachäfften. Nach ihrem Vorbild nahmen die reichen Privatleute die Gewohnheit an, ihren Frauen einen Kavalier zuzugestehen.

Soll ich wagen, von den Hintergründen der Sitten zu sprechen? Nach den Berichten meiner Freunde zu urteilen, glaube ich, daß es in Paris und in Berlin ebenso viele unglückliche Ehemänner gibt wie in Bologna und in Rom. Der einzige Unterschied besteht nur darin, daß man in Paris aus Eitelkeit sündigt und in Bologna, weil die Sonne so heiß brennt. Eine Ausnahme bilden nur die mittleren Klassen Englands und alle Klassen in Genf. Aber meiner Treu: der Ausgleich besteht in allzu viel Langerweile; ich ziehe Paris vor, heißa!

Bologna, 1. Mai 1817. – Ich steige vom Pferd; in diesem Lande kann man sehr gute Pferde mieten; sie sind klein und ruppig, aber schlau, boshaft und – was mich am meisten entzückt – schnell. Ich komme von San Michele in Bosco, einem Kloster, das wie alle italienischen Klöster sehr malerisch gelegen ist. Dieses weiträumige Gebäude krönt den schönsten Hügel des bewaldeten Höhenzuges, an den sich Bologna schmiegt; es ist vergleichbar mit einem von hohen Bäumen beschatteten Vorgebirge, das in die Ebene hineinragt. Meine Freunde führten mich dahin, um mir die alten Gemälde der Bologneser Schule zu zeigen; sie legen großen Wert auf die *Priorität* in den Künsten, und sie möchten am liebsten Cimabue entthronen, den ältesten Farbenkleckser der Florentiner Schule. Gott bewahre euch davor, je seine Werke zu sehen!

Auf jenem Hügel wehte ein frisches Lüftchen, die *aura* der Prokris[246], deren Reiz man nur in südlichen Ländern schätzen lernt. Wir lagen unter großen Eichen und genossen schweigend eine der weitesten Aussichten der Welt. Alle eitlen Interessen der Städte scheinen zu unseren Füßen zu erlöschen; die Seele erhebt sich gleichsam zusammen mit unserem Körper; Heiterkeit und Reinheit erfüllt die Herzen.

Im Norden haben wir die langen Bergketten von Padua vor uns, über denen die steilen Gipfel der Schweizer und der Tiroler Alpen aufragen. Im Westen wird der einem unendlichen Ozean gleichende Horizont nur durch die Türme von Modena unterbrochen; nach Osten zu verliert sich das Auge in grenzenlosen Ebenen; sie werden erst begrenzt durch die Adria, die an schönen Sommertagen bei Sonnenaufgang zu erkennen ist; im Süden stoßen die Hügel um uns herum zur Stirnseite des Apennin vor; ihre Gipfel, die von Waldgruppen, Kirchen, Villen und Palästen gekrönt sind, entfalten alle Herrlichkeiten der Natur, vervollkommnet durch das, was die italienische Kunst an

Hinreißendstem zu bieten hat. Das dunkle Blau des Himmels wurde nur durch einige strahlende weiße Wölkchen unterbrochen, die dicht am Horizont dahinzogen.

Bewegten Herzens genossen wir schweigend so viel Schönheit, als sich plötzlich einer unserer Gefährten erhob und in feurigem Ton das folgende Sonett vortrug, das ein Bürger Bolognas bei der Nachricht vom Übergang der Reservearmee über den Sankt Bernhard[247] gedichtet hat.

> Vidi l'Italia col crin sparso, incolto,
> Colà dove la Dora in Po declina,
> Che sedea mesta, e avea negli occhi accolto
> Quasi un orror di servitù vicina.
>
> Nè l'altera piangeva: serbava un volto
> Di dolente bensì, ma di reina:
> Tal forse apparve allor che il piè disciolto
> A' ceppi offrì la libertà latina.
>
> Poi sorger lieta in un balen la vidi,
> E fiera ricomporsi al fasto usato
> E quinci e quindi minacciar più lidi.
>
> E s'udia l'Appenin per ogni lato
> Sonar d'applausi, e di festosi gridi:
> Italia, Italia, il tuo soccorso è nato!*[248]

Und Rufe wurden laut auf diesem letzten Ausläufer des Apennin; aber wie verschieden waren sie von jenen, die 1800 ertönten! Die Italiener haben recht: Marengo hat die Zivilisation ihres Landes um ein Jahrhundert vorwärtsgebracht, wie eine andere Schlacht[249] sie für ein Jahrhundert aufgehalten hat. – Ein Fürst in Bologna, der an die Befreiung Italiens durch Joachim Murat glaubte, hob in vierundzwanzig Stunden ein Regiment von tausendfünf-

---

* Sammlung des Padre Ceva, S. 264. Manfredi.

hundert Husaren aus, stellte eine Summe von zweihunderttausend Francs bereit, rüstete die Soldaten innerhalb von drei Tagen aus und rückte am vierten Tage an der Spitze seiner Truppe aus.

Das und die Weigerung, das Stempelsteuergesetz anzunehmen, als Buonaparte auf der Höhe seiner Macht stand – das sind Züge, zu denen sich Frankreich nie aufschwingen wird.

Bologna, 2.Mai 1817. – Als ich heute abend von einem Konzert bei Signora G... zurückkam, wo Velluti gesungen hatte, schüttete mir einer meiner neuen Freunde sein Herz aus; er hielt mich in dem schönen, zum Theater führenden Säulengang bis zwei Uhr morgens zurück. Vor einem Jahr hat er seine Geliebte verlassen; er ist verzweifelt und kann sie nicht vergessen; es tat ihm wohl, mir die kleinsten Umstände ihrer Liebe zu erzählen. Ich staunte, daß ein fünfunddreißigjähriger reicher, gutaussehender Mann und Offizier so schwach oder so verliebt sein konnte: dabei ist in Italien nichts alltäglicher. Nach unseren französischen Ehrbegriffen würde er sich höchst lächerlich machen, wenn er seine Geliebte zurückholte; er aber wird es tun oder wahnsinnig werden. Sie ist beleidigt über diesen aufsehenerregenden und nur allzu berechtigten Bruch und wird ihm die härtesten Bedingungen auferlegen. Ich bin bereits sieben oder acht Menschen begegnet, die sich in einem solchen Zustand der Verzweiflung befanden. Mir scheint, das gibt der italienischen Liebe Würde.

Ein Roman interessiert nur, wenn man Zeit hat, ihn ausführlich zu erzählen; da ich aber vor Müdigkeit umfalle, schreibe ich nur folgende philosophische Beobachtungen nieder:

1. Nichts gleicht dem zurückhaltenden und einfachen Benehmen des Mannes, der mit mir sprach, und doch hat er in der Liebe und im Kriege unerhörte Tollheiten began-

gen. In Paris wird niemand je die *Biederkeit* der italienischen Gesellschaft begreifen, und vor allem nicht das schlichte Benehmen des Militärs. Die egoistische und gemeine Großsprecherei, die wir bei den Unteroffizieren im Regiment Aufschneiderei nannten und die einen ins rechte Licht setzte, ist hier völlig unbekannt.

2. Hält sich ein Fremder in einer Großstadt Italiens auf, so wird er weniger durch seinen eigenen Namen bekannt als durch den der Dame, der er *dient*. Man bezeichnet dies als *essere in servitù*, wie man auch das Wort Liebe durch *amicizia*[250] und die Wendung »einer Dame den Hof machen« durch *avvicinare una donna*[251] wiedergibt.

3. Der Mann, der das allzu offensichtliche Unglück meines Freundes verschuldet hat, ist ein Florentiner; wenn er ihm eine Szene machte, würde ihn ihrer beider Geliebte nie wieder ansehen. Mein Bologneser sagte zu mir: »Waren Sie einmal in Florenz in dem kleinen Theater Ognissanti?« – »Ja.« – »An einem Tage, als Stenterello[252] spielte?« – »Gewiß.« – »Haben Sie sich diesen Typ genau angeschaut? Einen dünneren Mann und ein trockneres Gesicht hat man wohl nie gesehen; er trägt seinen durchlöcherten Anzug mit größtmöglicher Eleganz; die Hauptgrundlage seiner Ernährung sind Gurkenscheiben auf Eis; im übrigen ist er stolz wie ein Kastilier und kümmert sich wenig darum, ob er verhungert, wenn es nur niemand erfährt. Wenn ihm das *ella** nicht zugebilligt wird, ist er verzweifelt. Vor allem ist er ein Schönredner und setzt seine Ehre darein, sich nur rein toskanischer Ausdrücke zu bedienen. Er braucht drei Sätze, will er jemanden nach der Uhrzeit fragen.

»Die Florentiner werden Ihnen gesagt haben, dies sei der Charakter des einfachen Volkes: in Wahrheit sind alle Florentiner so. Nehmen Sie zum Beispiel M. . . usw.«

---

* Die ehrerbietigste der vier Anredeformen im Italienischen: »tu«, »voi« und »lei« sowie in Florenz »ella«.

Dieser Ausbruch des unglücklichen Liebhabers erinnerte mich wieder an mehrere Beobachtungen, die ich in Florenz gemacht hatte. Alle Florentiner sind mager; man sieht sie im Café ihre einzige Mahlzeit einnehmen, bestehend aus einem Glas Milchkaffee und einem winzigen Brötchen, das sie drei *gratz* kostet (einundzwanzig Centimes). Abends speisen sie bei Vigne für zweieinhalb oder drei Paoli (der Paolo gilt fünfundfünfzig Centimes). Ihre Art sich zu kleiden ist recht merkwürdig: ihr Anzug ist eher gut gebürstet als neu zu nennen. Alles an ihnen atmet strengste Sparsamkeit. Kurz, sie sind das genaue Gegenteil der Mailänder: niemals jene freudestrahlenden, glücklichen Gesichter. In Mailand ist die Hauptsache, gut zu speisen, und in Florenz, so zu tun, als habe man gut gespeist. Von vielen Leuten in der Stadt, die bei Hofe erscheinen, heißt es, daß sie zu Hause nur zwei Gerichte essen; aber in Paris hat die Dienerschaft keines Gesandten irgendeiner anderen Macht so viele Tressen an den Livreen.

Die in Florenz stationierten Franzosen hatten dem Limonadenverkäufer des Militärcafés gegenüber der Reiterstatue zeigen lassen, wie man *la bistecca* (Beefsteak) macht; sie nahmen dort ihr Frühstück ein, und das Volks sah sie schon am frühen Morgen Fleisch essen und mit großartiger Geste dreiundzwanzig Sous ausgeben. Nichts hat vielleicht mehr zum Ansehen der Franzosen beigetragen. Ich hörte in Florenz noch das Sprichwort: *Gran Francesi, grandi in tutto*[253]. Ein Florentiner erinnert sich noch nach einem Jahr in Dankbarkeit daran, wenn ihn jemand zu einer Tasse Schokolade eingeladen hat. Diese außerordentliche Sparsamkeit ist durch die Geschichte sehr gut zu erklären. Im Mittelalter war Florenz durch seinen Handel ungeheuer reich; als aus der unruhigen Republik eine absolute Monarchie wurde, verlor es seinen Handel; die Sparsamkeit aber, die höchste Kaufmannstugend, behielt es bei.

Das heutige Florenz ist ein offener Hafen für zugrunde gerichtete Leute. Venedig ist viel lustiger und viel liebenswürdiger, aber man muß sich daran gewöhnen, zum Spazierengehen nur vier Fuß breite Straßen zu haben und einen einzigen Park, nicht größer als zwei Drittel des Jardin des Tuileries.

3. Mai 1817. – Ich muß einen großen Irrtum eingestehen. Der Fremde, der zuerst nur Literaten kennenlernt oder Leute, die für geistreich gelten, ist erstaunt über die Dummheit dieses Volkes. Dabei ist keines auf der Welt so fein und geistreich. Geistreich sind nur diejenigen, die es nicht zu ihrem Geschäft machen, geistreich zu sein. Sobald sie sich bilden wollen, werden sie zu Pedanten. Junge Leute, die sich durch Klugheit und Scharfsinn auszeichnen, legen sich Sammlungen *klassischer Autoren* an, das heißt solcher, die von der Crusca zitiert werden, und ihr ganzes Streben geht dahin, im Gespräch nur noch Wörter zu gebrauchen, die sie in den *canti carnavaleschi* oder anderen im 15. Jh. gedruckten Plattheiten nachweisen können. Anfänglich muß man diese ganze Wissenschaft über sich ergehen lassen. Bei meiner ersten Reise hatte mich dabei der Mut verlassen; seither habe ich festgestellt, daß diese Leute, wenn sie *natürlich* sind und nicht mehr geistreich sein wollen, gottvoll sind.

In Paris fehlt dem Geist der Scharfsinn, und oft ist er sogar nichts als leeres Geschwätz über die großen Lebensfragen; er will sich allzusehr präsentieren. Ein kleiner Autor ist bei uns am ersten Tage reizend, am zweiten aber zeigt er bereits seine ganze *Hohlheit*. Bei einem Diner schwatzt er mit euch über alles, worüber man reden kann. Hier ist ein junger Mensch am ersten Tage pedantisch, und er wirkt bezaubernd, sobald er nicht mehr daran denkt, es zu sein. Voltaires Satiren sind flach, wenn man sie mit den kleinen satirischen Gedichten vergleicht, die in letzter

Zeit in Bologna, Venedig und Mailand kursieren: sie vereinen die Naivität und die Kraft eines Montaigne mit der Phantasie Ariosts.

Bologna, 4. Mai 1817. – Hier halten sich sieben oder acht reizende Polinnen auf. Für mich ist dies das Ideal der Weiblichkeit. Sie laufen den ganzen Tag von einem Gemälde zum anderen; sie sind auf den Gedanken gekommen, sich von einem Dänen *Vorlesungen über die Malerei* halten zu lassen; leider erscheint er der Schönsten von ihnen viel zu liebenswürdig. Die Lektionen finden in der Galerie des liebenswürdigen Grafen Marescalchi statt, der uns in seinem Hause an den Champs-Elysées so nette Feste gegeben hat. Ich bin heute in die Vorlesung gegangen, aber nicht wegen des Lehrers; doch um mich gut mit ihm zu stellen, habe ich ihn um die Abschrift seines Vortrages gebeten. Nachdem er fünf oder sechs Seiten vorgelesen hatte, begann er uns die wunderschönen Bilder Signore Marescalchis zu erklären. Die zur Galerie gehörenden Räume sind mit Pariser Möbeln ausgestattet; in dem einen Zimmer befinden sich nur Meisterwerke.

»Die Florentiner Schule[254] erkennt man, wie Sie wissen, an der kühnen Zeichnung, die im Gefolge Michelangelos die hervortretende Muskulatur etwas übertreibt.

Raffael beherrschte den Ausdruck, die Zeichnung und die Nachahmung der Antike. Vollkommenheit erreichte er in den Antlitzen von Aposteln und Madonnen. In seinen Anfängen war er etwas frostig und trocken wie sein Lehrer Perugino. Fra Bartolomeo lehrte ihn das Helldunkel, was nie seine Stärke war. Er besaß eine große Seele.

Correggio zeichnet sich durch verführerische Grazie, das Helldunkel und die Verkürzungen aus; seine Seele war dazu geschaffen, die Antike neu zu erfinden; aber er hat sie kaum nachgeahmt. Seine Bilder, Meisterwerke der Sinnlichkeit, befinden sich in Dresden und Parma.

Tizian, und mit ihm alle Venezianer, kannte den wahren Wert der Farbe. Giorgione, ein großer Mann, der zu Beginn seines Schaffens dahingerafft wurde, beherrschte ihr Ideal.

Die Bologneser Schule ist in allen Gattungen beinahe die Vollendung in der Malerei.

Domenichino beherrschte den Ausdruck, besonders den schüchterner Zärtlichkeit, das Kolorit, das Helldunkel, die Zeichnung. Was die Ausdruckskraft angeht, so kommt gleich nach Raffael und ihm Poussin.

Guido Reni, eine französische Seele, malte Frauenantlitze von himmlischer Schönheit. Seine wenig ausgeprägten Schatten, seine süßliche Malweise, der leichte Faltenwurf und seine feinen Konturen bilden den vollkommenen Gegensatz zu Michelangelo da Caravaggio.

Guercino war ein Handwerker, der mit einem eigenartigen Blick für das Helldunkel begabt war. Er malte ganz einfach die Bauern des Borgo von Cento, wo er arbeitete. Seine Figuren scheinen sich von der Leinwand abzuheben und gefallen denen, die in der Malerei Wert auf die *Illusion* legen.

Die Farnese-Galerie in Rom erhebt Annibale Carracci in den Rang der allergrößten Maler. Viele rechnen dazu Raffael, Correggio, Tizian und Annibale Carracci. In Bologna zieht man ihm Lodovico Carracci vor.

Albani[255], ein kalter Mensch, konnte gut Kinder malen und die Körper von Frauen, aber nicht ihre Seele. Er selber hatte keine; Neid beherrschte ihn in hohem Maße.«

Bologna, 6. Mai 1817. – Mit drei Wagen sind wir nach Correggio gefahren, um die Heimat des großen Mannes[256] zu besuchen. Alles, was wir von ihm fanden, waren seine Madonnen mit ihren schönen sanften Augen, die als junge Bäuerinnen verkleidet durch die Straßen gehen. – Ich habe festgestellt, daß ich in Bologna für höchst unliberal gelte. Der Sturz des Tyrannen hat Italien nicht unsere bewundernswerte Verfassung von 1814 gebracht, dieses Meisterwerk von Genialität und Güte, dessen Autor die Völker des Auslands Bewunderung zollen; sondern im Gegenteil die Wiederherstellung aller *veralteten* Zustände. Deshalb findet jener im höchsten Grade gleisnerische Mann[257], der die Freiheit so sehr verabscheute, daß er sich nicht einmal dann mit ihren Farben zu schmücken verstand, als sie seine einzige Rettung gewesen wäre, in Italien noch immer Parteigänger unter den leidenschaftlichsten Verehrern eben dieser Freiheit. Bedeutende Italiener haben mir wiederholt erklärt, die Literaten seien die würdelosesten Menschen*. Davon ausgehend, kümmern sie sich weder um Bücher noch um das Studium des Mechanismus der Freiheit. Sie stellen sich vor, ein Engel werde sie ihnen eines schönen Tages bringen.

Obwohl viele junge Leute erlebt haben, wie das englische Oberhaus blindlings das Kabinett unterstützte, das sich in Genua über sie lustig gemacht hat[258], träumen sie noch immer von der Republik. Darüber gerate ich mit ihnen immer wieder in Streit. Die Republik ist der sicherste Weg zu einer Militärdiktatur. Um eine Republik zu bewahren, muß man zuerst zu einer Insel werden. Verderbt, wie die modernen Völker sind, ist die unerläßliche Triebkraft der Freiheit: ein König; siehe Bern.

Wüßte ich einen Winkel auf Erden, wo man nicht mehr über Politik spräche, als man es 1770 tat, ich verlöre keinen Augenblick, dorthin zu eilen, und sei es bis zu Armidas Zaubergarten[259]. Das Gespräch in unserer kleinen Gesellschaft, die sich nur aus jungen Frauen und Offizieren zusammensetzte, endete bei der Politik; das heißt, statt zu lachen und uns unseres Lebens zu freuen, vergnügten wir uns damit, empört zu sein.

---

* Das stimmt nicht: sie sind die Husaren der Freiheit, sie sind täglich im Feuer; da müssen sie manchmal zurückweichen.

Bologna, 8. Mai 1817. – Wünscht man das Porträt einer unserer schönen Myladies von Meisterhand?

»Lady R... ist 26 Jahre alt und nicht häßlich; sie ist sehr sanft und von sehr feinen Umgangsformen; es ist nicht ihre Schuld, wenn sie nicht amüsanter ist; es liegt daran, daß sie nichts gesehen hat; sie besitzt nämlich Verstand und ist dabei keineswegs eingebildet und sehr natürlich: ihre Stimme ist sanft, naiv und sogar etwas kindisch. Hätte sie in Frankreich gelebt, wäre sie liebenswürdig. Ich bitte sie, mir von ihrem Leben zu erzählen. Sie widmet sich ganz ihrem Gatten und ihren Kindern, ohne Verbissenheit und ohne Aufhebens zu machen: würde sie mich nicht langweilen, könnte sie mir recht gut gefallen.«

Bologna, 9. Mai 1817. – Bewundernswerte Porträts von Signore Palagi[260]. Ein ehemaliger Stallmeister des Königs von Italien, ein millionenschwerer Bankier, ließ sich in entsprechender Uniform malen. Der Gouverneur erteilte ihm einen groben Verweis; worauf der andere erwiderte, er könne sich malen lassen, wie es ihm passe, und er würde sich im übrigen nie der Uniform schämen, an die durch sein Porträt erinnert werde.

Bologna, 10. Mai 1817. – Nichts kann die Italiener und vor allem die Bologneser von ihrem wütenden Politisieren ablenken, außer Alfieri. Ich verbrachte den Abend mit zwei Leuten, die auf sehr vertrautem Fuße mit ihm gestanden hatten oder, besser, die in den letzten Jahren seines Lebens sehr oft in seiner Nähe gewesen waren, denn seine *Erhabenheit* hatte niemals Vertraulichkeit aufkommen lassen. Der eine dieser beiden Herren sieht ihm ähnlich; er spielte – was eine große Gefälligkeit war, denn er war krank – eine Viertelstunde lang vor uns Alfieri; er ist ein großer, schlanker Mann mit rotem Haar; sein Gesichtsausdruck und vor allem seine Augen sind die eines römischen Diktators. Er trat in den Salon, und was man ihn auch fragte – er antwortete auf nichts, sondern pfiff nur vor sich hin. Alles schrie auf über die erstaunliche Ähnlichkeit.

Als Graf Neri dann wieder hereinkam, erzählte er uns hunderterlei Dinge, die von der Originalität, dem Hochmut und dem Lebensüberdruß Alfieris zeugten. Unter anderem erzählte er, Graf Alfieri habe, als er Signora d'Albany[261] in der Florentiner Galerie vorgestellt wurde, bemerkt, wie sie freudig vor dem Porträt Karls XII. verhielt; sie sagte sogar, sie finde, die eigenartige Uniform sei außerordentlich kleidsam. Zwei Tage später erschien Alfieri zur großen Bestürzung der friedlichen Einwohner in den Straßen von Florenz von Kopf bis Fuß genau wie der schwedische König gekleidet.

Obgleich Graf Neri anscheinend allen Schwächen der italienischen Sitten erliegt oder, um es noch deutlicher zu sagen (denn warum zum Teufel sollte ich mich zieren?), obgleich er der sklavischste *cavaliere servente* ist, und noch dazu einer Frau, die ihn oft betrügt, ist er ein Philosoph. Wahrscheinlich weiß er über seine Geliebte ebensoviel wie wir; aber für ihn ist sie nun einmal so, wie sie ist, mit all ihren Fehlern, die liebenswürdigste Frau der Welt, und nichts könnte ihm das Glück ersetzen, jeden Tag acht Stunden mit ihr zusammen zu sein; im übrigen ist ihr Gatte der beste Mensch in einer Stadt, die voller Menschen dieses Charakters ist. Ich verstehe Graf Neris Glück sehr gut, und trotz der französischen Eitelkeit würde ich mein Los gern gegen das seine tauschen: seine Geliebte ist eine der hübschesten Frauen Italiens, und sie ist so kapriziös und hat so viele lustige Einfälle, daß nur ein Tor Langeweile bei ihr empfinden kann.

Graf Neri nahm mich beiseite und führte mich ganz hinten in den Garten, weil ich ihm an Hand der Karte den Moskaufeldzug erklären sollte. Ich nahm zwei Offiziere mit, die ihn mitgemacht haben. Ich sagte ihm, alles sei im Grunde ganz einfach gewesen und ich hätte erst in Paris begriffen, daß ich einer großen Gefahr entronnen war. Bis zur Beresina haben wir zwar entsetzlichen Hunger gelitten, aber es war wenigstens noch nicht allzu kalt; später, als es anfing, Stein und Bein zu frieren, fanden wir Nahrung in den polnischen Dörfern. Wenn im übrigen Fürst Berthier[262] den geringsten Ordnungssinn und Buonaparte den Mut gehabt hätte, jeden Tag zwei Soldaten erschießen zu lassen, so wären auf dem Rückzug nicht sechstausend Mann umgekommen. Ich rede geschlagene zwei Stunden.

Um sich mir für diese Gefälligkeit, die mir so schmerzliche Erinnerungen ins Gedächtnis rief, erkenntlich zu erweisen, sagte Graf Neri: »Sie scheinen gern wissen zu wollen, wie Alfieris Tragödien auf italienische Herzen wirken; morgen bringe ich Ihnen ein kleines *compendio* (Kompendium), das ich noch niemandem gezeigt habe, nicht einmal Gina.«

Bologna, 11. Mai 1817. – Übersetzung aus den Aufzeichnungen des Grafen[263]:

»In seiner Jugend haßte Alfieri die Könige, weil er nicht als König geboren war. Als er zu lesen und sich zu bilden begann, blieb er seinem Haß getreu und täuschte sich über dessen Herkunft.

Er hielt sich für einen Republikaner, aber in Wahrheit wünschte er nur eine Republik nach dem Muster Altroms herbei, in der es sowohl Patrizier wie Plebejer gab und ein Mann von Talent stets hoffen konnte, Diktator zu werden. Die Könige haßte er als die einzigen, denen er nicht ebenbürtig war; aber für den Adel empfand er stets die höchste Verehrung, erstens, weil er selbst Aristokrat war, und zweitens, weil die absolute Macht, die dieser Stand in Piemont über das Volk hatte, ihm sehr gelegen war. Als er unter die Philosophen ging, setzte er noch hinzu: weil diese Macht, von einer großen Seele ausgeübt, den niederen Ständen nützlich sein könnte.

Nachdem ihn die Lektüre Plutarchs aus dem düsteren Lebensüberdruß seiner Jugend aufgerüttelt, nachdem er die maßvolle Regierung der savoyischen Könige mit Ausbrüchen wildesten Hasses bedacht hatte, nachdem er in die Welt gesetzt hatte, daß es eines freien Mannes unwürdig sei, sich zu verheiraten und sich unter dem Joche solcher Tyrannen dem auszusetzen, Kinder zu haben; nachdem er hundertfältig beteuert hatte, daß er Tränen der Wut darüber vergösse, im Schoße eines geknechteten Volkes geboren zu sein, nachdem er seinen Besitz seiner Familie überlassen hatte, um nicht umgeben von solchen Sklaven zu leben, kurz, nachdem er das wilde Buch »La Tirannide«[264] geschrieben hatte, führte ihn der Zufall auf das Schlachtfeld, wo ein Volk voll hochherziger Empfindungen* und für alle Tugenden begeistert, seine Freiheit zu erringen suchte. Man sollte annehmen, daß er die Begeisterung aller hochherzigen Seelen teilen würde: weit gefehlt! In diesem für seinen Charakter entscheidenden Augenblick, wo die Majestät des Thrones ihn nicht mehr verletzte, brach der *Edelmann* bei ihm durch, und Alfieri ist nur noch ein *Ultra*. Seine Verachtung, oder vielmehr sein in Verachtung gekleideter Haß auf das Heldenvolk, das sein Herz enthüllt hat, findet keinen Ausdruck schroff genug. Fortan haßt er Frankreich und die Franzosen noch mehr als die Könige. Selbst wenn es diesem Lande gelungen wäre, sich die Freiheit zu schenken, hätte er den »Misogallo«[265] geschrieben.

Lebensüberdruß in Verbindung mit Haß auf die Glücklichen ist der Hauptzug im Leben Alfieris; auf dem Throne wäre er ein Nero geworden. Von der Wildheit abgesehen, hat Miß Edgeworth[266] sein Bildnis in ihrem »Count of

* 1789.

Glenthorn« vorweggenommen. Im übrigen war dieser sonderbare Mann seinen Neigungen derart unterworfen, daß sich sein ganzes Leben auf ein paar Worte zusammendrängen läßt: Er war das Opfer seiner Pferdepassion, seiner literarischen Ruhmsucht und seines wütenden Königshasses, den er Freiheitsliebe nannte. Das alles betrieb er mit einer Energie, die vielleicht seit dem wildesten Mittelalter nicht mehr in einem Menschenherzen geglüht hat.

Zu »Alfieris Memoiren« wäre zu sagen: »Die Bulletins Buonapartes sind interessant, weil er in ihnen etwas vom Ton der Würde abweicht.«

Es wäre wenig taktvoll, die Anekdoten aus Alfieris letzten Lebensjahren in Florenz, in denen oft der Name einer hochgeborenen Dame vorkommt, die geruht hatte, ihm ihre Hand zu reichen, vor der Öffentlichkeit auszubreiten. Es gibt ausgezeichnete Bildnisse Alfieris von der Hand eines jungen französischen Malers, der im selben Hause wohnte: Monsieur Fabre[267].

Literarische Beurteilung

Durch die Einfachheit der Fabel, die geringe Personenzahl, den raschen Verlauf der Handlung, die Geschlossenheit und wuchtige Schwere der Komposition stehen Alfieris Tragödien von allen modernen der Antike am nächsten. Ungleich weniger deklamatorisch als die französischen Tragödien, weniger glänzend und abwechslungsreich, besitzen sie anderseits mehr wahre Würde und Natürlichkeit. Da Alfieri die erhabenen Chorlieder des griechischen Theaters fallenließ, so sind seine Tragödien im ganzen weniger poetisch. Gleichwohl spürt man in allen Einzelheiten die Hand eines Künstlers. Ja, man kann sogar sagen, daß Alfieri in dem heißen Bemühen, sich vor bloß pathetischen Gestalten zu hüten, und in seinem tiefgewurzelten Widerwillen gegen die anspruchsvolle Rhetorik, die einen durch ein tiefes Interesse getragenen oder von Ausbrüchen glühender Leidenschaft erfüllten Dialog nach seiner Meinung herabwürdigte, seinen Ausdruck oft zu sehr zugespitzt hat. Immerfort begegnet man Stellen, die mit schwerer Hand und ersichtlicher Mühe geschrieben sind. Er hat zu oft daran gedacht, daß die erste Pflicht des Dramatikers darin besteht, seine Figuren von ihren Zielen und Absichten nicht abschweifen zu lassen. Durch den Haß gegen ein benachbartes Volk geblendet, bei dem die Personen ihre dringendsten Interessen im Stiche lassen, um sich in moralischen oder poetischen Schilderungen der sie erfüllenden Empfindungen zu ergehen, vergißt er bisweilen, daß manche Leidenschaften, z. B. die Liebe, in der Natur ebenso zum Deklamieren neigen wie auf der Bühne, daß sie sich nicht stets in kurzen deutlichen Worten Luft machen, sondern oft Ausdrücke hervorstammeln, die in den Augen des kalten Philosophen voller Übertreibung, ja sogar verkehrt sind.

Die Hauptschönheit und auch der Hauptmangel von Alfieris Tragödien ist der, daß jedes Wort gewissenhaft dazu verwendet wird, die Handlung des Stückes durch einen bündigen Grund, einen notwendigen Bericht oder den genauen geometrischen Ausdruck einer natürlichen Empfindung vorwärts zu treiben. Er kennt keine Abschweifungen, keine episodenhaften Erzählungen, keine Lebensregeln, außer solchen von schneidender Kürze. Diese bis aufs äußerste getriebene Tendenz gibt der ganzen Struktur seiner Tragödien eine gewisse Einförmigkeit, die den Durchschnittsleser langweilt; der geistvolle Leser sieht schon voraus, was man sagen wird. Nichts Glänzendes, Hinreißendes ist in ihnen: sobald man drei oder vier gelesen hat, bereiten die anderen keine Überraschung mehr. Es ist ein Buch wie Milton[268]; man liest es aus Pflichtgefühl und legt es ohne Mühe aus der Hand.

Das Vorstehende schrieb ich als geschulter Literaturkenner; mein persönliches Empfinden geht dahin, daß die, welchen es gegeben ist, Shakespeare zu verstehen, den Schöpfungen jedes anderen Dramatikers gegenüber in gewissem Grade kalt bleiben werden. Shakespeare ist mit Alfieri sowenig zu vergleichen wie mit irgendeinem anderen Dichter. Alfieri, Corneille und alle anderen betrachten eine Tragödie als eine Dichtung. Shakespeare sah sie als Darstellung der menschlichen Charaktere und Leidenschaften, die das Mitgefühl der Zuschauer erregen soll, aber nicht eitle Bewunderung für das Talent des Dichters. Bei den anderen Tragikern ist die Hauptsache der Stil und die Grundfarbe des Dialogs, der Aufbau und die Ökonomie der verschiedenen Teile des Dramas: für Shakespeare ist es die Wahrheit und die Kraft der Naturnachahmung. Die klassischen Dichter sind zufrieden, wenn ihre Werke so viel Handlung und Charakterschilderung besitzen, daß das Stück keine Längen hat, und daß die eleganten Dialoge, aus denen es besteht, sich natürlich abwickeln. Shakespeare war zufrieden, wenn seine Fabel so angelegt war, daß sie das Illusionsbedürfnis, das der Theaterbesucher mitbringt, nicht zu sehr auf die Probe stellte. Er glaubte für den Stil genug getan zu haben, wenn er alles vermied, was die Lächerlichkeit streifte. Macht uns im Leben, wenn wir mit unseren Freunden oder Nebenbuhlern sprechen, das, was sie uns sagen, Eindruck, oder die mehr oder minder große Eleganz ihrer Kleidung?

Alfieri sah die Dinge nicht aus solcher Höhe. Er sah einerseits die menschlichen Handlungen nicht und andererseits nicht die verschiedenen Arten ihrer Darstellung, welche die verschiedenen dramatischen Schulen schufen. Er ging vom französischen Stil aus, dem einzigen, den er kannte. Er hielt seine Erinnerungen für das Ergebnis seiner Beobachtungen. Bei etwas mehr Geist hätte er sich sagen müssen, daß er nie beobachtet hatte. Die Schule, der er sich anschloß, gestattet viel weniger, *aus der Natur zu schöpfen*, wie es mir bei dem englischen Dichter so gefällt. Auf diesem beschränkten Gebiet ist Alfieri groß. Seine Fabeln sind prachtvoll gestaltet und so geistreich wie möglich entwickelt. Alle seine Charaktere äußern natürliche Empfindungen mit großer Schönheit und oft mit großer Energie im Ausdruck. Für mich ist es ein Fehler, wenn die Fabel zu einfach und die Zwischenfälle zu selten sind; ein Fehler, wenn alle Charaktere ihre Gefühle mit gleicher Kraft und Eleganz ausdrücken, wenn alle ihre widerstreitenden Interessen und Ansprüche mit gleich tiefem Geschick vertreten. Meine Seele vergißt es nie, daß ein genialer Schriftsteller diese tadellosen Dialoge und diese eines Tacitus würdigen Reden in Verse gebracht hat. Nicht einen Augenblick habe ich die Illusion, daß ich wirkliche Menschen höre, die ihre vermeintlichen teuersten Wünsche gegeneinander verfechten. Alfieris System mag größere Beredsamkeit und Würde besitzen; Shakespeares System besitzt den ganzen Zauber der Illusion. Ich habe manche Nacht lang Shakespeare gelesen; Alfieri lese ich des Nachts nur dann, wenn ich auf die Tyrannen ergrimmt bin.

Ich verstehe nicht, warum die Pariser Poeten dem Beispiel Lemerciers[269] nicht gefolgt sind. Wenn man eine Tragödie Alfieris glättet, so bleibt immer noch ein französisches Trauerspiel ersten Ranges übrig. Seine »Merope« z. B. ist weit besser als die Voltaires*.

Bei seinem Stil merkt man stets, daß er einem höchst genialen Menschen große Mühe gekostet hat. Durch fortwährende, ebenso gedrängte wie prächtige Ausdrücke bemüht er sich, seinen Versen eine Art künstlicher Kraft und Energie zu geben. Um viel Sinn in wenig Worte zu fassen, häuft er Ausrufe, Antithesen und kurze Sentenzen, die er im umgekehrten Sinne des Sprachgebrauches anwendet.

---

* Siehe im Anhang die Liste von Alfieris Tragödien.

Durch alles dies: durch die gravitätische Korrektheit der Gefühle wie durch die vollendete Eigenart und die weise Mäßigung im Schildern aller Leidenschaften, sind seine Tragödien das strikte Gegenteil dessen, was man nach dem leidenschaftlichen und freiheitsdurstigen Charakter ihres Schöpfers erwarten könnte. Nach allem, was er im Laufe seines Lebens getan und was er in seiner gewissenhaften Selbstbiographie gestanden hat, mußte man sich in seinen Tragödien auf große Vehemenz der Handlung und auf eine ebenso regellose wie erhabene Beredsamkeit des Dialogs gefaßt machen, auf maßlose, aber durch ihre Energie und Neuheit entzückende Gefühlsausbrüche, auf Leidenschaften, die sich bis zur Raserei steigern, und auf eine Poesie, die der glänzenden Emphase des Orients nahekommt.

Statt dieser hinreißenden Neuheit – und das neunzehnte Jahrhundert verlangt von den Künsten vor allem neue Empfindungen – gibt er uns eine genaue und bündige Wiederholung der berühmten Katastrophen der Weltgeschichte, energische Reden, nicht glänzende, aber tiefe Leidenschaften, und dies in einem Stil, der so kleinlich korrekt ist, dessen Ausdruck sich mit dem Gedanken so haarscharf deckt, daß auch der unaufmerksamste Leser die ungeheure Arbeit, die er gekostet hat, spüren muß. Seinem Patrizierstandpunkt getreu, wähnte Alfieri sich *mehr geachtet*, wenn er diesen Weg einschlug. Vielleicht wäre er größer und jedenfalls originaler gewesen, wenn er er selbst geblieben wäre. Und doch: welch ein Mann, wenn er sich bei solcher Wahl vergreifen und doch der erste aller klassizistischen Dichter werden konnte!«

Imola, 15. Mai 1817. – Ich fahre bei Mondschein in der *sediola*. Ich liebe den Anblick des Apennin beim Scheine des Nachtgestirns. Eine *sediola* ist, wie der Name sagt, ein zwischen zwei sehr hohen Rädern befestigter Sitz. Man kutschiert selbst; das Pferd läuft immer im Trab und legt drei Meilen in der Stunde zurück. Der Weg muß aber sehr gut sein, so wie der von Arona nach Ancona, sonst stürzt man um. Gestern bin ich dreimal umgekippt, aber es war mein Fehler und lag nicht an der Straße. Mein Pferd lief fast vier Meilen in der Stunde. Da man so notgedrungen auf die Landschaft achtgeben muß, kann man das Land, durch das man mit der *sediola* gefahren ist, nicht mehr vergessen. Mein Pferd war aus Padua.

Ferrara, 17. Mai 1817. – Ich mußte mich gewaltsam von Bologna losreißen; ich hatte schon vierzehn Tage länger als geplant dort verbracht. Paccini ist ein ausgezeichneter Buffo voller Verve. Jeden Abend ändert er seine Rolle ein wenig um. Bologna ist die geistvollste Stadt Italiens. *Die großen Gedanken kommen aus dem Herzen*[269a].

Jetzt bin ich in Ferrara, das einst eine große Stadt war, solange es seine Selbständigkeit zu wahren wußte; seit diese Stadt dem Papst gehört, könnte der Legat ein halbes Kavallerieregiment von dem Gras ernähren, das auf den Straßen wächst. Die Reichen verkaufen ihre Ländereien und siedeln nach Mailand über. Für hunderttausend Francs kann man sich hier Leibrenten kaufen, die einem zwölftausend Livres Jahreszinsen einbringen. Wenn ein Mann allerdings allzuoft in ein Haus geht, in dem sich eine schöne Frau befindet, so läßt der Legat ihn zu sich rufen, um ihn an das neunte Gebot zu erinnern. Ist ein Lakai unzufrieden mit seiner Herrschaft, so geht er freitags zum Legaten und bringt ihm einen Hühnerknochen; und der Legat befiehlt den Gottlosen augenblicks zu sich*. Im übrigen gibt es hier keine Theatervorstellungen. Ich verlasse diese liebenswürdige Stadt in aller Eile. Fast hätte ich das Grabmal Ariosts vergessen; ich fahre mit der

---

* Historisch.

sediola hin. Hat der große Mann wirklich hier am Hofe des Fürsten die Geschichte von Jocondo[270] vorgetragen.

Cesena, 20. Mai 1817. – Während meiner Reise durch Italien empfinde ich ein Glücksgefühl, wie ich es noch nirgends verspürt habe, selbst an den glücklichsten Tagen meines Ehrgeizes nicht. Ich ertappe mich fünf- oder sechsmal am Tage bei dem vagen Gedanken, meinen Abschied zu nehmen und mich in diesem Lande niederzulassen. In den ersten Monaten war ich ein wenig überrascht von all dem Neuen; jetzt ist meine Seele ruhiger. Ich überschaue deutlich die Gesamtheit der italienischen Sitten; mir scheint, sie tragen mehr zum Glück bei als die unseren. Mich berührt besonders, glaube ich, die allgemeine Gutmütigkeit und Natürlichkeit.

Hier eine kleine, unbedeutende Einzelheit, die ich in Bologna aufzuschreiben vergaß. Die kapriziöseste und schönste Frau der Stadt geht oft auf der Montagnola, der beliebtesten Promenade, in einem bescheidenen englischen Kleid für achtzehn Francs spazieren. Dabei hat sie in ihrem Schrank zwanzig überaus kostbare Kleider hängen. Jeden Monat läßt sie sich zwei oder drei neue anfertigen, die sie nie trägt. »Es ist so langweilig, Toilette zu machen!«

Signore P. . ., der berühmteste Geck von Bologna, sagte zu mir: »Auf mein Wort, ich binde mir morgens meine Krawatte und ziehe mich dann den ganzen Tag nicht mehr um. Wenn ich jemandem nicht gefalle, hat er eben Pech.«

Rimini, 21. Mai 1817. – Wie jedes Stadtviertel von Neapel eine eigene Sprache hat, so hat jede der kleinen benachbarten Städte: Ravenna, Imola, Faenza, Forli und Rimini andere Sitten. Die einen sind hitzig, jähzornig, rachsüchtig und ausschweifend, die anderen ordentlich, ruhig, deutsch. Nirgends jedoch unterhält man sich in einem so wichtigtuerischen Ton, wie ihn unsere Provinzler annehmen, wenn sie über Liebesskandale seufzen oder über die Schwierigkeit, treue Dienstboten zu finden; dort spricht nicht ein jeder ständig über seine Geldinteressen; Liebe und Musik bringen ein wenig Abwechslung in die stumpfsinnigen Provinzgedanken. Im übrigen paßt dort wie bei uns einer auf den anderen auf. Dank diesem traurigen Mittel ist es dort vielleicht ein wenig besser um die Sittlichkeit bestellt als in den großen Städten. – Es gibt viel *Charakter*. Da die Gesetze früher, unter der Herrschaft der Pr. . .[271], nur ein schlechter, für Dummköpfe bestimmter Spaß waren, verschaffen sich die Leute hier selbst ihr Recht. Daher sind sie nicht ganz so läppisch wie unsere Kleinstädter, und Körperkraft ist bei den jungen Leuten ein sehr geschätzter Vorzug.

Republik San Marino, 22. Mai 1817. – Goethe traf während seiner italienischen Reise in diesen Bergen einen Offizier der päpstlichen Truppen, einen schlichten Mann, der im Laufe des Gesprächs zu ihm sagte: »Man versichert uns, daß euer Friedrich der Große, den jedermann für einen Ketzer hält, in Wirklichkeit gut katholisch sei und von unserem Heiligen Vater die Erlaubnis habe, seine Religion zu verheimlichen. Er betritt nie eine eurer ketzerischen Kirchen. In einer unterirdischen Kapelle hört er täglich die Messe, mit zerknirschtem Herzen, daß er seine heilige Religion nicht öffentlich bekennen darf; denn freilich, wenn er nur seinem Glaubenseifer gehorchte, würden ihn seine Preußen, die ein Volk wütender Ketzer sind, auf der Stelle totschlagen.«*

Der italienische Klerus geht auch heute noch so schlau vor. Drei oder vier Anekdoten, die ich soeben in San Marino hörte, haben mir das bewiesen. Diese Anekdoten werde ich aber nicht erzählen.

* »Aus meinem Leben«, 1816, Band IV[272].

Pesaro, 24. Mai 1817. – Hier verbringen die Leute ihr Leben nicht damit, ihr Glück *abzuschätzen. Mi piace* oder *non mi piace*[273], das ist bei allen Dingen das ausschlaggebende. Das wahre Vaterland ist das Land, wo man die meisten Menschen trifft, die einem gleichen. Ich fürchte, in Frankreich immer eine frostige Grundstimmung in allen Gesellschaften zu finden. Ich empfinde in diesem Lande einen Zauber, über den ich mir keine Rechenschaft geben kann: es ist wie die Liebe, und doch bin ich in niemanden verliebt. Der Schatten schöner Bäume, die Schönheit des Nachthimmels, der Anblick des Meeres, all das hat für mich einen Reiz, eine Kraft des Eindrucks, die mich an ganz vergessene Gefühle erinnert, wie ich sie mit sechzehn Jahren hatte, als ich meinen ersten Feldzug mitmachte. Ich sehe, ich kann meine Gedanken nicht ausdrücken; alle äußeren Umstände, die ich heranziehe, um ihn darzustellen, sind schwach.

Die ganze Natur geht mir hier mehr zu Herzen; sie erscheint mir völlig neu; ich sehe nichts Plattes und Abgeschmacktes mehr. Oft, wenn ich in Bologna um zwei Uhr morgens auf dem Heimweg durch die großen Säulengänge schritt, noch ganz von all den schönen Augen verfolgt, die ich gesehen, wenn ich an den großen Palästen vorbeiging, deren riesige Umrisse der Mond in großen Schatten nachzeichnete, geschah es, daß ich, vor Glück fast erstickend, stehenblieb, um mir zu sagen: »Wie schön!« Wenn ich diese bewaldeten, unter dem sternenfunkelnden Himmel friedlich im Mondlicht daliegenden Hügel betrachtete, erschauerte ich, und Tränen traten mir in die Augen. Es kommt vor, daß ich mir ohne besonderen Grund sage: »Mein Gott! Wie gut, daß ich nach Italien gekommen bin!«

Urbino, 25. Mai 1817. – Eigenartige Lebhaftigkeit der Bewohner dieser kleinen Bergstadt; sie ist voll großer

Denkmäler. Sie hatte einst einen Fürsten, den Herzog Guidobaldo, der ein Rivale der Medici war.

In Frankreich besteht der gute Ton meist darin, beständig auf scheinbar natürliche Art daran zu erinnern, daß man an nichts Anteil zu nehmen geruht. Die armen Italiener sind weit davon entfernt, an die Genüsse der Eitelkeit zu denken; da sie weder Recht noch Gesetz kennen (hier spricht man nur von dem, was früher war), suchen sie wenigstens Sicherheit. Ist es ihr Fehler, wenn sie blutgierig sind? Wären die Menschen nicht blutgierig gewesen, unter Regierungen, die oft grausam waren, weil sie immer Angst hatten, und so schwach, daß sie nur durch Hinterlist stark waren, dann wären sie zertreten worden, wenn nicht vom Pascha, so zumindest vom Unterpascha oder vom Kadi.

Wie bei den unglücklichen Fellachen in Unterägypten, drängt das Mißtrauen jeden Augenblick auch die lebhafteste und glühendste Sympathie zurück. Daher kommt es, daß sie beim Anblick von Leid und Ungerechtigkeit plötzlich ihre scheinbare Kälte durchbrechen und Taten voll rasender Glut begehen.*

Ancona, 26. Mai 1817. – Dieses ganze Land, das erst unter der französischen Herrschaft eine Vorstellung davon bekam, was Zivilisation ist, ist weit hinter der Lombardei zurück. Man sagt hier, nichts sei schlimmer als die Herrschaft der Pr. . .[274] Die Grundbesitzer von Bologna und Ferrara würden zwanzig Millionen geben, um Graf S. . .[275] als Gouverneur zu bekommen. Signore G. . . war der beste Mensch auf der Welt, und es gab keine noch so entwürdigende Intrige, die unter seiner Herrschaft nicht erfolgreich hätte gesponnen werden können. Die Zeit der has-

---

* Die Mißbräuche, an die ich hier erinnern muß, um die Dinge wahrheitsgetreu zu schildern, sind nicht mehr vorhanden, aber ihre Folgen sind noch für ein Jahrhundert in den Sitten lebendig.

senswerten Tyrannen ist vorbei; es gibt nur noch Schwachköpfe, die jeden Unrecht tun lassen, der ein Interesse daran hat. – Die Wildheit nimmt hinter Ravenna rasch zu. Durch den ständigen Wechsel der Regierungen und der Regenten wird das *Mißtrauen*, diese unveränderliche Grundhaltung des italienischen Charakters, immer größer, und das mit Recht. Hier kann man nicht mißtrauisch genug sein. Dieser Umstand begünstigt die Musik. Ein Italiener kann im Gespräch weder Freude noch Zerstreuung finden; ein belangloses Wort, das er heute ausspricht, kann ihn in zehn Jahren ins Unglück stürzen. Das wirft ein Licht auf die Tiefe des Problems.

Ancona, 27. Mai 1817. – Bei San Ciriaco, dem Dom und einstigen Venustempel, dessen schöne Aussicht auf das Meer ich bewunderte, traf ich einen russischen General, einen alten Freund aus Erfurt, der aus Paris kam. – Wenn in Frankreich ein Minister alle Besuche abgestattet und alle Liebenswürdigkeiten gesagt hat, zu denen ihn der Anstand verpflichtet, dann ist der arme Mann am Ende seiner Kraft. Er unterzeichnet mechanisch vierhundert Depeschen; ihren Inhalt zu besprechen, ja auch nur zur Kenntnis zu nehmen wäre ihm unmöglich, selbst wenn er ein Engel wäre.

Mein Russe hat vor allem an einer körperlichen Eigenart der Franzosen Anstoß genommen: an der erschreckenden Magerkeit der meisten Pariser Balletteusen. In der Tat, wenn ich es mir recht überlege, muß ich zugeben, daß viele unserer beliebtesten Frauen sehr schlank sind; sie haben dieses Merkmal in die Vorstellung von *Schönheit* eingehen lassen. Magerkeit gehört in Frankreich notwendigerweise zur *Eleganz*. In Italien ist man jedoch der Meinung, und mit Recht, daß die erste Bedingung der Schönheit ein gesundes Aussehen sei; ohne das gäbe es keine Sinnenlust.

Mein Moskowiter findet, daß weibliche Schönheit in Frankreich die größte Seltenheit ist; die schönsten Frauen, die er in Paris sah, so versichert er, waren Engländerinnen.

Wer sich einmal die Mühe macht, im Bois de Boulogne die Frauen zu zählen, wird zu dem Ergebnis kommen, daß von hundert Französinnen achtzig sehr liebenswürdig sind, aber kaum eine ist schön. Von hundert Engländerinnen sind dreißig grotesk, vierzig entschieden häßlich, zwanzig ziemlich hübsch, wenn auch mürrisch. Die restlichen zehn gleichen durch die Frische und Unschuld ihrer Schönheit auf Erden wandelnden Göttinnen.

Von hundert Italienerinnen wirken dreißig mit ihrem geschminkten und gepuderten Gesicht und Busen wie Karikaturen; fünfzig sind schön, aber ohne anderen Reiz als ihre Sinnlichkeit; die übrigen zwanzig sind von hinreißendster antiker Schönheit und stechen, meiner Meinung nach, die schönsten Engländerinnen noch aus. Die englische Schönheit erscheint armselig, seelenlos, leblos neben den göttlichen Augen, die der Himmel den Italienerinnen geschenkt hat.

Die Pariser haben einen häßlich gebildeten Schädel: er erinnert an den des Affen, und das macht es den Frauen auch so schwer, den ersten Anzeichen des Alterns zu trotzen. Die drei schönsten Frauen Roms sind bestimmt über fünfundvierzig Jahe alt. Paris liegt weiter nördlich, und dennoch ist dort nie ein solches Wunder gesehen worden. – Ich halte also meinem russischen General entgegen, daß Paris und die Champagne die Gegenden Frankreichs sind, wo die Schädelform am wenigsten schön ist. Die Frauen aus der Gegend von Caux und die Arlesierinnen dagegen kommen den schönen italienischen Formen schon viel näher: hier findet man selbst in den entschieden häßlichsten Gesichtern stets einen großartigen Zug. Davon vermitteln die Köpfe der alten Frauen bei Leonardo da Vinci und Raffael eine Vorstellung. Aber Frankreich ist und bleibt doch das Land mit den meisten annehmbaren Frauen. Sie verführen durch die zarten Freuden, die ihre Art, sich zu kleiden, verspricht, und diese Freuden vermag auch die leidenschaftsloseste Seele zu würdigen. Gefühllosen Seelen flößt die italienische Schönheit Furcht ein.

Was die männliche Schönheit betrifft, so geben wir nach den Italienern den jungen Engländern den Vorzug, wenn sie ihre Schwerfälligkeit ablegen können.

Ein junger italienischer Bauer wirkt, wenn er häßlich ist, abstoßend, ein französischer albern und ein englischer roh.

Loreto, 30. Mai 1817. – Als ich vorgestern mit Hilfe des Kompasses ein Kroki der Schlacht von Tolentino[276] anfertigte, bemerkte ich, wie ein ebenfalls berittener Offizier meine Bewegungen beobachtete. Abends trafen wir uns in der Herberge von Macerata wieder, und die Langeweile, diese große Triebfeder geistreicher Leute, veranlaßte Oberst Forsyt, das Wort an mich zu richten. Da ich einen älteren Mann vor mir sah, bot ich ihm eine Kopie meines Planes an; er nahm mein Anerbieten an. Ich ging in mein Zimmer hinauf, um sie für ihn anzufertigen. Da ich durch meine Zugehörigkeit zum Stab an diese Arbeit gewöhnt war, hatte ich meine kleine Karte rasch zu Papier gebracht. Da mein Oberst, der mir auf mein Zimmer gefolgt war, von dieser kleinen Gefälligkeit angetan war, wollte er mir eine Freundlichkeit erweisen und sprach fast ebensoviel wie ein Franzose. Er mußte heute morgen, den Weg durch die Abruzzen nehmend, nach Neapel weiterreisen, und ich wollte nach Ferrara. Wir ritten an der Adria entlang über jene seltsamen, grünbewachsenen Hügel, die auf bizarrste Weise ganz plötzlich senkrecht ins Meer abfallen. Manchmal zieht sich der Weg zwei oder drei Meilen weit auf dem Kamm des Berges hin, der rechts und links steil zum Golf abfällt; bald taucht er in ein tiefes Tal, und man glaubt sich hundert Meilen vom Meer entfernt; denn die Ufer hier bieten nicht so einen trostlosen Anblick wie im Norden. In der Gewißheit, daß wir uns morgen wahrscheinlich für immer trennen werden, erzählen wir uns, mein Oberst und ich, noch schnell und ohne viele überflüssige Worte, was wir Interessantes zu sagen haben.

Ich erzählte ihm vom alten Paris und der französischen Gesellschaft vor der Revolution; er aber sagt zu mir[277]: »Sie urteilen voreingenommen. Zugegeben, das, was Sie davon zu Gesicht bekommen, hat einiges von seiner ursprünglichen Anmut verloren. Ich aber bin vor der Revolution siebenmal in Frankreich gewesen, und zwar das erste mal 1775 als Zwanzigjähriger; meine Familie war mit Horace Walpole[278] befreundet, und ich erhielt einen Brief von ihm für Madame du Deffand. Ich besuchte die Herzogin von Choiseul; dort traf ich den Abbé Barthélemy, den Präsidenten Hénault, Pont de Veyle; ich wurde d'Alembert vorgestellt, diesem Muster an Klugheit, und Madame Flamarens [279], diesem Muster an Liebenswürdigkeit; ich habe bei Waterloo mitgekämpft, quittierte darauf den Dienst und verbrachte, um 1815, fünfzehn Monate in Paris. Die Geschichte keines anderen Volkes wird wohl je einen solch amüsanten Widerspruch aufweisen: nie sahen Väter sich von so völlig andersgearteten Söhnen abgelöst.« Da ich merkte, daß der Oberst völlig unparteiisch war und daß er – eine Seltenheit bei Leuten seines Alters – dem gegenwärtigen Frankreich fast den Vorzug gab, bat ich ihn, mir diese liebenswürdige und künftig unwiederbringliche Gesellschaft zu schildern. Wir genossen die sanfte Frühlingsluft, während wir gemächlich an der Adria entlangritten, und unterbrachen unser Gespräch nur von Zeit zu Zeit, um den eigenartigen Anblick zu bewundern; so verlebten wir sechs Stunden zu Pferde und in den Pariser Salons von 1775.

»Unabhängig von der größeren Fröhlichkeit, die euch Franzosen der Himmel geschenkt hat, unterschied sich, so scheint mir, eure Gesellschaft von der unseren in England durch drei besondere Gegebenheiten: der Ausschluß aller Personen niederer Herkunft; die feine Erziehung und Geistesbildung der Frauen; das Fehlen tätiger Beschäftigung und politischer Antipathien.

I. Prinzip

Auf Grund der ersten Voraussetzung war die Pariser Gesellschaft in meiner Jugend unendlich viel eleganter, ungezwungener und natürlicher, als das in England je möglich gewesen wäre. Der allgemeine Ausschluß der *Bürger* aus der Gesellschaft hielt zweifellos alles Ordinäre fern; aber er hatte noch einen ganz anderen Vorteil: es kam keinerlei Gefühl von Neid und Verachtung auf, es gab nicht jenen Dauerkriegszustand zwischen dem Stolz auf die vornehme Geburt und dem Stolz auf die durch Arbeit angehäuften Reichtümer, dessen Auswirkungen man heute nur durch ein allgemeines System von Zurückhaltung und Schweigen begegnen kann.

Wo alle adlig sind, dort sind alle gleich.

Dort kann es auch keine Anmaßung geben: jeder ist überall an seinem Platz, und da jedem Mitglied der Gesellschaft seit seiner Kindheit die gleichen Umgangsformen vertraut sind, hören diese Umgangsformen auf, Gegenstand der Aufmerksamkeit zu sein. Niemand fürchtet, sich durch *Gewöhnlichkeit* lächerlich zu machen, aber es sonnt sich auch niemand in dem eitlen Ruhm, von diesem Fehler frei zu sein. Die kleinen Eigenheiten, durch welche sich die Individuen unterscheiden, werden nicht mehr der Unkenntnis der guten Lebensart, dem Mangel an Geist zugeschrieben, sondern der Laune, dem Temperament. Niemand denkt, ehe er sich bewegt, an das Gesetz, das jede Bewegung bestimmt*. Da man nicht jeden Augenblick der schrecklichen Furcht ausgesetzt ist, sich lächerlich zu machen, benimmt sich in der vornehmen Gesellschaft auch niemand steif, überläßt sich jeder seiner Neigung. So kam die vornehmste Gesellschaft des höflichsten Volkes der Welt der Freiheit, wie sie der bäuerlichen Gesellschaft eigen ist, immer näher, und zwar aus den gleichen Gründen.

In England gab es niemals eine solche Einteilung. Der große Reichtum des Kaufmannstandes und das Recht jedes einzelnen, nach jedem Posten zu streben, haben immer jegliche scharfe Trennung zwischen den Leuten von hoher Geburt und den Bürgern verhindert, selbst im vertrautesten Verkehr. Wenn ein Millionenvermögen oder große Begabung genügen, einem Menschen die höchsten Ämter zu sichern, so müssen diese Vorzüge ihm auch als Freibrief dienen, in die höchste Gesellschaft zu gelangen. Da diese folglich mit so widersprüchlichen und manchmal wunderlichen Charakteren durchsetzt ist, fällt es schwer, ungezwungen und oft auch nur ungestört zu bleiben. Der *Börsen*stolz, der Stolz auf die vornehme Geburt und der Stolz auf feine Umgangsformen fordern sich jeden Augenblick gegenseitig heraus. So werden die Eitelkeiten, die nicht bemerkt wurden, solange sie allgemein waren, bald sichtbar und überschwemmen die ganze Bildfläche, sobald sie auf gegensätzliche Eitelkeiten stoßen. In London spaltet sich eine Gesellschaft – es sei denn, sie hat sich von vornherein als *club* nach vorausgegangener Diskussion und Auswahl der Mitgliedschaft gebildet – nach spätestens einer Stunde über all den kleinen Eifersüchteleien,

* Siehe den Tagesablauf eines *fashionable* in »England und die Engländer« von Mister Dickinson, Bd. II.

und sie kann nur so lange zusammenbleiben, wie sie in einem dauernden Zustand der Steifheit, der Geistlosigkeit und Zurückhaltung verharrt. Begegnen sich in London zufällig Leute aus weit auseinanderliegenden Lebenskreisen, so fürchten sie, falsch verstanden zu werden, und sie geben die Hoffnung auf, sich jemals verständlich zu machen. Das Gespräch wird einigen notorischen Schwätzern überlassen; alle übrigen schweigen und verachten ihren Nachbarn. So verhielt sich auch eure Gesellschaft unter Buonaparte. Daher notgedrungen der Brauch unserer *routs*[280], wo sich sieben- oder achthundert Menschen versammeln; dort bedarf es derselben Weltläufigkeit wie in einem Café.

2. Prinzip

Euerm zweiten Vorteil, der höheren Geisteskultur der Frauen, verdankt ihr noch mehr. Seit der Zivilisierung Europas durch den Handel und das Rittertum, das heißt seit dem ausgehenden Mittelalter, waren die französischen Damen dem geistigen Niveau der Männer immer näher als die Frauen jedes anderen Landes. Und seit mehr als zwei Jahrhunderten sind sie die unumschränkten Gebieter über den literarischen Geschmack und die treibende Kraft bei all den kleinen Intrigen, durch die bei euch alle Ehren und Würden vergeben wurden, angefangen von denen, die dem Herzog von Choiseul und Madame Dubarry[281] zuteil wurden, bis herunter zu den Schulterstücken des kleinsten Musketiers. Die Pariser Damen waren in der Lage, über alles zu sprechen, worüber die Männer zu sprechen wünschten. So nahm eure Unterhaltung einen weniger leichtfertigen und gleichzeitig weniger einförmigen Ton an als die unsere.

3. Prinzip

Aber die Hauptquelle des Unterschiedes zwischen der vornehmen Gesellschaft Frankreichs und der Englands liegt darin, daß die Männer bei euch nichts weiter zu tun brauchen, als in der großen Welt einen guten Eindruck zu machen. Alles, was in England durch Rang oder Begabung auffällt, wird ständig von der Politik mit Beschlag belegt. So hat man keine Muße für die Gesellschaft; wenn diese hervorragenden Männer aber wirklich einmal dort erscheinen, dann tun sie es, um Entspannung zu suchen und nicht Erfolge. Im übrigen haben sie eine Denk- und Sprechart angenommen, die viel besser zu den Debatten im Unterhaus oder zu irgendeiner Komiteesitzung paßt als zu ein paar angenehmen Stunden in einem Salon. Bei uns haben die Leute vornehmster Herkunft auch die höchsten Aufgaben zu erfüllen. Wenn sie zu Einfluß, das heißt zu *Ansehen* gelangen wollen, müssen sie, welchen Rang sie auch einnehmen mögen, ihre Tage und ihre Nächte dem Studium und der Praxis der öffentlichen Angelegenheiten widmen; freundliche Worte allein genügen nicht: sie müssen die Kunst der Menschenführung erlernen, sie müssen Einfluß gewinnen auf die Leute, mit Hilfe deren und durch die sie wirken sollen. Sie müssen sich – um nicht Gefahr zu laufen, geringgeschätzt zu werden – in jenen gewagten und oft gefährlichen Auseinandersetzungen auszeichnen, durch welche die Regierung einer freien Nation dauernd belästigt und lebendig gehalten wird. In Frankreich dagegen, wohin ich 1775 fuhr, und zwar geradewegs vom Hause meines Vaters aus, der nie vor drei Uhr früh aus dem Parlament kam, den ich den ganzen Vormittag mit der Fahnenkorrektur seiner Reden für die Zeitungen beschäftigt sah und der, nachdem er uns flüchtig und mit zerstreuter Miene umarmt hatte, um sechs Uhr bereits wieder zu einem Essen mit Politikern eilte – in Frankreich dagegen fand ich, wie die Männer vornehmster Herkunft sich der schönsten Muße hingaben. Sie empfingen Minister, aber um ihnen Liebenswürdigkeiten zu sagen und die Beteuerungen ihrer Hochachtung entgegenzunehmen. Im übrigen waren ihnen die Angelegenheiten Frankreichs ebenso fremd wie die Japans, und die meisten widmeten all ihre freie Zeit den Annehmlichkeiten einer höchst verfeinerten Gesellschaft. Wenn sie es dann ungefähr um die Fünfzig herum überdrüssig waren, den Galanten zu spielen, und wenn sie dafür ehrgeizigen Gedanken nachhingen, blieb ihnen nur ein Weg offen: die Gunst der Günstlinge und der Mätressen zu erringen. Das Wohlwollen dieser Menschen gewinnt man leichter durch eine ungezwungene Unterhaltung und ständiges Umwerben als durch irgendwelche dem Staat erwiesenen Dienste. Ein Mann, der es sich einfallen ließe, einen Posten *verdienen* zu wollen, um ihn zu *erlangen*, würde sich furchtbar lächerlich machen, und ich wage sogar zu behaupten, er erschiene hassenswert*.

Zuerst sah ich, daß eure Salons voller waren als unsere, weil ihr ja kein Unterhaus zu besetzen hattet. Ich war nicht neidisch auf eure Abendgesellschaften, die weit glänzender waren als die in London, und auch nicht auf eure lebhaften und feinsinnigen kleinen Soupers; ich sah, daß sich Geist und Talente anderswo als hier nicht entfalten konnten. Aber das berührte mich keineswegs schmerzlich; ich wurde mir dadurch lediglich eines kleinen Nachteils unserer geliebten Freiheit bewußt. Die Unterhaltung wird bei uns von den jungen Leuten bestritten, die soeben die Schule verlassen haben, oder von jungen Männern, die schon ein paar Jahre älter sind; trotz alledem fehlt es uns aber nicht, wie ihr Herren Franzosen immer behauptet, an Männern mit Talent und Geschmack.** Wir brauchten

* Graf de Broglie[282]
** »Briefe des Herzogs von Nivernois«, 1763.

nur das Parlament zu schließen, und in zwanzig Jahren gliche unsere Gesellschaft der euren. Meiner Meinung nach sollte man sich nicht so laut rühmen, schöne englische Gärten zu besitzen, wenn man dafür lauter Land opfert, das bebaut werden könnte.

Als ich nach Frankreich kam, fanden die Franzosen in dem angenehmen Zustand ihrer Gesellschaft einen, wie mir damals schien, großartigen Ersatz für die ihnen fehlende freie Regierung.* Denselben Eindruck hatte ich in Venedig, nur hätte es immer so bleiben müssen. Damals war in Paris gerade der hübsche Ausspruch Ludwigs XV. im Schwange: ›*Das wird mich überdauern.*‹ Er hat gerade noch soeben recht damit gehabt.

Bei uns darf niemand von einem dicken Bierverleger oder von einem Londoner Bürgermeister, der eben sein *rottenborough*[283] gekauft hat und erst gestern ins Unterhaus eingezogen ist, erwarten, daß er seine Stimme und seinen Einfluß irgendeiner Clique von Lords oder Ministern zur Verfügung stellt, wenn diese sich nicht bereit finden, ihn und seine ganze bürgerliche Familie in ihrem vertrauten Kreise zu empfangen und in jeder Beziehung als Gleichberechtigte zu behandeln. Dieselbe Szene, welche die stolze Herzogin in ihrem gotischen Schloß empört, wiederholt sich bis hinunter in die Hütte des Armen. So ist die *französische* Ungezwungenheit und Lustigkeit aus der britischen Gesellschaft verbannt – eine unmittelbare Folge des Grundsatzes, der unsere Freiheiten im Unterhaus schützt und unsere Könige daran hindert, etwas der Aufhebung des Edikts von Nantes[284] Entsprechendes zu tun.

Der gleichen rühmlichen Ursache schreibe ich auch das linkische, frostige Wesen und die Unwissenheit unserer

* Im Jahre 1781 unter Ludwig XVI. definierte der Generalkontrolleur der Finanzen, Joly de Fleury, das französische Volk als ein »Leibeigenvolk, das unbeschränkt steuerbar und fronpflichtig ist«.

Frauen zu. Ich weiß genau, daß die Damen in keinem Staat der Welt offiziell eine politische Rolle spielen; aber in Wirklichkeit herrschten 1775 Frauen in Europa mehr als Männer. Sie brauchen sich nur den unglaublichen Vertrag von 1758[285] anzusehen, der Österreich mit Frankreich verband und den Reichsfürst von Kaunitz in Paris mit Hilfe der Frauen der Hochfinanz zustande brachte*. Sobald ein Mann Minister ist, denkt er nur noch an zwei Dinge: seinen Posten zu behalten und sich zu vergnügen. Waren eure Minister nicht auserwählt, diese beiden Beschäftigungen miteinander zu verschmelzen? Die Frauen hatten Ansehen selbst bei den Alten und Geistlichen; sie waren in erstaunlicher Weise vertraut mit dem Gang der Geschäfte; sie kannten genauestens Charakter und Gewohnheiten der Minister und Freunde des Königs.

In dem Maße, wie euer Parlament an Bedeutung gewinnt, verlieren eure Frauen an Liebenswürdigkeit; ich glaube sogar, diesen Wandel schon bemerkt zu haben. Ihr habt viel mehr gute Hausmütter als im Jahre 1775; und nichts auf der Welt ist so langweilig wie eine gute Hausmutter. Bei uns, wo nichts vor dem Kamin des Premierministers beschlossen, sondern, wie Sie wissen, alles gründlich, ja oft allzu gründlich erörtert wird, denken die Frauen nicht daran, den Premierminister bezirzen zu wollen. Wozu auch? Als ich nach Frankreich kam, war die Herrschaft Monsieur de Coiseuls eben zu Ende gegangen. Die Frau, die es verstand, ihm liebenswert zu erscheinen oder auch nur seiner Schwester, der Herzogin von Gramont, zu gefallen, konnte sicher sein, daß alle diejenigen zu Obersten und Obersteuereinnehmern ernannt wurden, die sie dazu machen wollte.

Eine unweigerliche Folge der Freiheit ist also, daß die Frauen als geistig weniger hochstehende Wesen betrach-

* Rulhière, Mackintosh, »Geschichte des 18. Jahrhunderts«.[286]

tet werden und, was schlimmer ist, daß dieses Vorurteil eine gewisse Grundlage erhält. Ein Herzog, der aus Versailles in sein Schloß zurückkam, sprach mit seiner Frau über alles, was ihn beschäftigt hatte; bei uns sagt er ihr ein Wort über seine Aquarelle, oder er hängt schweigend und gedankenvoll dem nach, was er im Parlament gehört hat. Unsere armen Ladys sind auf die Gesellschaft jener oberflächlichen Männer angewiesen, die wegen ihrer geringen Geistesgaben keinerlei Ehrgeiz und folglich auch kein Amt haben (die *Dandys*).

Eine weitere Ursache eurer Überlegenheit im Salon ist die völlig andere Stellung, die eure Literaten einnehmen. Ich begegnete in Paris im Salon von Herzoginnen Männern wie d'Alembert, Marmontel[287] und Bailly[288]; das war ein ungeheurer Vorteil für beide Teile. Unsere Autoren leben im Staub ihrer Arbeitszimmer und in Gesellschaft einiger gebildeter Freunde oder einiger junger Privatgelehrter, die durch sie vorwärtszukommen hoffen. So vollenden sie ein düsteres, trauriges, arbeitsames und unelegantes Leben; etwas Reizloseres kann man sich nicht vorstellen. Wenn bei uns ein Mann anfängt, Bücher zu schreiben, so betrachtet man ihn als einen Menschen, der sowohl der Gesellschaft derjenigen, die herrschen, als auch derjenigen, die lachen, entsagt. Daraus resultiert, daß die Gesellschaft der lustigen Leute äußerst leichtfertig und die Gesellschaft der tätigen Leute sehr schwerfällig ist. Unsere genialen Männer können bei der Nachwelt Bewunderung finden, aber sie beenden ihre Tage auf sehr traurige Art, ohne andere Wesen in der Gesellschaft kennengelernt zu haben als Autoren, Verleger und Journalisten.* Abgesehen von der literarischen Eitelkeit, ist das Leben eurer d'Alemberts und eurer Baillys ebenso lustig wie das eurer adligen Herren.

* Die geringen Annehmlichkeiten unserer Gesellschaft erklären unsere Reiselust.

Das ist ebenfalls eine üble Folge unserer Freiheit. Unsere Politiker sind zu beschäftigt und unsere Müßiggänger zu dumm und zu leichtfertig, um den Literaten Beachtung zu schenken. Dadurch fühlt sich die Eitelkeit, dieses nagende Laster der Gelehrten, immer mehr verletzt. Die Reden, die in unserem Parlament gehalten werden, sind zwar viel vernünftiger als eure, aber unendlich viel langweiliger und schwerfälliger. Es ist ein großer Vorzug, daß man auf eurer Rednerbühne zu lachen wagt.

Das Zusammentreffen von Talent und Muße ist immer vorteilhaft für beide Seiten. Wenn die Literaten dem Weltmann Ideen eingeben, so lernen sie dagegen von ihm die Kunst zu leben, und das macht sie klüger, liebenswürdiger und glücklicher. Die Literaten lernen den wahren Wert der Wissenschaft und der Weisheit zu schätzen, wenn sie sehen, wieviel diese Dinge für die Regierung bedeuten und wieviel sie zur Verschönerung des Lebens beitragen können. Sie entdecken, daß es viel wichtigere und viel reichlicher fließende Quellen des Glückes und des Stolzes gibt als das Handwerk des Lesens, Denkens und Schreibens. Welcher Mann würde nicht das Leben eines Fox[289] dem eines Addison[290] vorziehen! Übrigens sind bei euch die Literaten so weltmännisch, daß sie gar keine Zeit haben zum Schreiben; bei uns können sie so viel Griechisch und Latein, daß sie darüber ganz vergessen, daß die erste Bedingung ist, Leser zu finden.

Schlußfolgerung

Ich fand 1775 und während meiner späteren Reisen in Frankreich viel zu bewundern und zu bestaunen, aber ich gestehe, wenig zu beneiden. Solch glänzende Gesellschaften werden sich dem Staunen der Welt nie wieder darbieten; aber ich kann Ihnen versichern, daß mir die hervorragendsten Mitglieder dieser Gesellschaft weit weniger glücklich vorkamen, als Sie annehmen würden. Sich zerstreuen bedeutet noch lange nicht glücklich sein, und man lebte sehr schlecht, wollte man sich nur von Eis und Biskuits ernähren. Niemand hatte eine feste Beschäftigung und bestimmte Interessen; deshalb waren eure Beamten immer glücklicher als eure adligen Herren, und deshalb sehnte man sich in Versailles auch stets nach einem Krieg. Mir scheint, das Leben spielte sich zu sehr in der Öffentlichkeit ab; es war ihnen nicht erlaubt, ihren Salon zu schließen, nicht einmal, um zu sterben. Man hatte keine Vorstellung von häuslichen Freuden; heute ist es das Gegenteil. Man vergaß nur allzusehr, daß dort, wo echte Anteilnahme fehlt, der Weg in den Abgrund der Langeweile führt. Es ist nicht so, daß es den Franzosen an Gefühl fehlt, wie einige törichte Engländer behauptet haben; abgesehen von den ganz großen Leidenschaften, seid ihr die gefühlvollste Nation Europas. Aber damals war das Gefühl jedes einzelnen zersplittert und wurde, wenn ich so sagen darf, in kleinen Dosen an die große Zahl von Leuten verschwendet, die man jeden Tag besuchte. Mit der Sympathie ist es wie mit allem anderen, sie erschöpft sich. Wenn ein Mensch hundert Freunde hat, kann er sie nicht alle so lieben, wie wenn er nur zwei hätte. Der Franzose von damals widmete sich seinen Freundschaften mit aller Offenheit und Hingabe. Er liebte seine hundert Freunde von ganzem Herzen. Aber ein Mensch, der hundert Freunde hat, muß sich entschließen, jeden Tag ein oder zwei sehr Unglückliche zu besuchen. Er müßte die Sache tragisch nehmen; aber dadurch würde er es den übrigen fünfundneunzig glücklichen Freunden gegenüber an Höflichkeit fehlen lassen. Wenn also die Franzosen sowohl durch die Tollheiten als auch durch das Unglück ihrer Mitmenschen zu heiterem Philosophieren angeregt wurden, so rührt das nicht etwa daher, daß sie kein gutes Herz gehabt hätten. Außer einigen Anwandlungen von

Galanterie konnte man kaum Mitgefühl für die Leiden der nächsten Freunde beobachten. Ihnen war jeder Anlaß recht, wenn sie nur Zerstreuung dabei fanden und spotten konnten, und diejenigen, die keine Witze über das Unglück ihrer Freunde machten, waren zumindest sehr froh, es in Gesellschaft derer zu vergessen, die welche erzählten. Daher selbst im Schmerz das Festhalten an einem Vernunftsystem; und Madame du Deffand meinte es wirklich ehrlich, als sie während eines Soupers bei Madame de Marchais, wo eine zahlreiche Gesellschaft versammelt war, auf die Frage, ob Präsident Hénault, ihr ältester Freund, gestorben sei, antwortete: ›*Ja, leider! Er starb heute abend um sechs Uhr; sonst würden Sie mich jetzt nicht hier sehen.*‹«

Pesaro, 2. Juni 1817. – Ich besuche mit den Söhnen des Marchese B. . . die Gärten des Grafen Mosca. – Ein junger Franzose, der in Paris in den besten Erziehungsanstalten erzogen wird, findet dort gute Lehrer, die ihn nach den Methoden der Gelehrten von Paris und London, die zu den besten der Welt zählen, in die Wissenschaften einführen. Er lernt Chemie nach Davy[291], Volkswirtschaft nach Say[292] und Logik nach Tracy[293]; aber denkt viel an seine Krawatte. Wenn er dann schließlich in die große Gesellschaft eintritt, so ist sein Hauptanliegen, *geistvoll* zu sein. Er liest und vergißt tausend Bücher, und nach zwei oder drei Jahren übernimmt er ein Amt. Ein junger Italiener wird in irgendeinem abergläubischen Kolleg erzogen, mit Büchern aus dem 16. Jahrhundert. Er verläßt die Priester scheu, schweigsam und höchst mißtrauisch. Zwei oder drei Jahre lang arbeitet er viel; aber statt Delolme[294] und Montesquieu zu lesen, liest er Vico[295] oder einen anderen veralteten Schriftsteller. In bezug auf die Volkswirtschaft ist er noch bei Condillac[296], und so ist es mit allem. Nach zwei oder drei Jahren wird er *cavaliere servente*, Liebe,

Eifersucht, Leidenschaften ergreifen Besitz von ihm, und sein Lebtag wird er kein Buch mehr aufschlagen. – Reizende Geselligkeit bei der Gräfin Perticari! Sie ist die Tochter des berühmten Monti; sie kann besser Latein als ich.

Rovigo, 4. Juni 1817. – Endlich habe ich den Kirchenstaat hinter mir gelassen. In Bologna verdanken es die Einwohner nur ihrem festen Charakter, daß sie nicht ganz und gar ihren Dienern und den Priestern ausgeliefert sind. Im übrigen ist Kardinal Lante[297] ein geistvoller Mann, der behauptet, nie irgend etwas von dem zu wissen, was er in der Beichte erfahren hat. Einer seiner Prälaten sagte zu mir: »Das aufgeklärteste Individuum ist nicht immer das glücklichste; bei einer Nation verhält es sich anders; ihr Unglück kommt meist daher, daß sie unter ihre Bürger widerstreitende Begierden sät.« Besser hätte es auch Monsieur de Voyer d'Argenson[298] nicht ausdrücken können*.

5. Juni 1817, Mitternacht. – Ich habe zwei Stunden lang Tränen gelacht. Die verführerischste Schauspielerin, die ich seit Mademoiselle Mars[301] gesehen habe, sang in der »Contessa di Colle ombroso«, einer reizenden Oper von Generali[302]. Welch ein Gesichtsausdruck! Welch ein Spiel! Was für Augen! Welch ein Abend für den, der die Liebe kennt! Ich werde Caterina Lipparini niemals vergessen.

---

* Da von zehn Seiten, die 1817 außerhalb Frankreichs gelesen werden, fünf von gekauften Autoren stammen, drei von Leuten, die nach Posten oder Orden streben, und annähernd zwei von solchen, die Rücksichten zu nehmen haben, sollte, wer genauer Bescheid wissen möchte, sich bemühen, alle Oppositionsschriften zu lesen, selbst diejenigen, welche ihre Übertreibung dazu verurteilen würde, vergessen zu werden, wenn Vergehen im Pressewesen dem Urteil einer Jury unterworfen wären. Ich mußte so viele Worte machen, um das dreibändige Buch von Signore Gorani[299] über Italien (1798) empfehlen zu können. In London tritt jeden Donnerstag ein Rat von Anwälten bei Mister Murray[300] zusammen, um darüber zu entscheiden, was gedruckt werden kann.

Als sie die Bühne verließ, hing ich den höchsten Vorstellungen von *idealer Schönheit* nach und bildete und verwarf dabei ihre Prinzipien nach diesem reizenden Beispiel. Guido Reni hat gesagt, es gäbe hunderterlei Arten, eine schöne Frau zum Himmel aufblicken zu lassen. Ich habe heute abend Liebe, Kummer, Eifersucht und Liebesglück ebenfalls auf hunderterlei verschiedene Arten ausgedrückt gesehen.

Ein solches Feuerwerk von heftigem Gefühl und ausgelassener Fröhlichkeit muß rasch verlöschen. Die Lipparini ist eine schöne Blondine mit zarten Gesichtszügen; in drei Jahren wird sie zwangsläufig häßlich oder kalt sein. Wie verrückt, wie urkomisch ist das »*terzetto*« aus *La Didone abbandonata*[303], das sie ihre beiden Liebhaber singen läßt. Auf den Einfall brachte sie ein unwilliges Wort, das ihr einer von beiden gesagt hatte und das in der »Didone« vorkommt! Das ist die Tollheit der Jugend, die der französischen Komödie fehlt!

Rovigo, 6. Juni 1817. – Ich glaube, ich könnte mich wie toll in diese schöne Frau verlieben; sie hat eine schlanke Figur und himmlische Augen; ihr wurde in Mailand die beste Erziehung zuteil. Ich habe sie eben spielen sehen und es abgelehnt, mich ihr vorstellen zu lassen; es ist jetzt genau Mitternacht, und ich reise sofort ab; mitten in ein prachtvolles Gewitter hinein. All meine vernünftigen Gedanken, all meine Grundsätze über Italien beginnen sich zu verdunkeln.

Padua, 18. Juni 1817. – Es gibt keinen auffallenderen Gegensatz als den zwischen dem Kirchenstaat und dem Staate Venedig. Hier wird die Sinnenlust in Ehren gehalten, hier ist keine Stirn umwölkt; alles lacht, scherzt und spricht ganz laut. Leute, denen ich erst gestern meine Empfehlungsschreiben überreichte, sind heute schon alte

Freunde; diese herzliche Offenheit ist höchst auffallend in Italien. Ich werde allen Damen vorgestellt, die sich zwischen acht und neun Uhr im Café »Del Principe Carlo« treffen. Beim Anblick dieser vor Natürlichkeit und Frohsinn strahlenden Gesellschaft, und das noch dazu in der ärmsten Stadt der Welt, mußte ich an die Genfer Prüderie denken. Und die Genfer halten sich für die *Weisen!*

Seit ich hier bin, verleiten mich Bekannte jeden Tag dazu, um drei Uhr morgens bei dem ausgezeichneten Gastwirt Pedrocchi zu soupieren. Die Zeit vergeht wie im Fluge; ich führe zusammen mit zwanzig oder dreißig vertrauten Freunden, die ich vor acht Tagen noch nicht kannte, ein recht behagliches Leben. Abends gehe ich in die Loge Pacchiarottis[304] und unterhalte mich mit ihm über die schönen Zeiten der Musik. Er erzählt mir, daß er in Mailand bis zu fünf Mal die gleiche Arie wiederholen mußte. Er hat noch das ganze Feuer der Jugend: man sieht, daß sich die Liebe bei ihm auf diese Weise umsetzte; wie man weiß, ist er Kastrat. Er kam auf den ausgefallenen Gedanken, sich die schönsten Londoner Möbel hierherzuholen. In seinem englischen Garten, der mitten in der Stadt liegt, zwischen San Giustina und der Piazza del Santo, steht der Turm, in dem Kardinal Bembo[305] während der schönsten Jahre seines Lebens auf den Knien seiner Geliebten seine Geschichte schrieb. Dieses Leben, das noch aus Pacchiarotti sprüht und das ihn mit seinen siebzig Jahren noch erhaben erscheinen läßt, wenn er sich die Mühe macht, ein Rezitativ zu singen, erschüttert ein wenig die Theorie. Ich habe in sechs Gesprächen mit diesem großen Künstler mehr über Musik gelernt als aus allen Büchern; hier spricht Seele zu Seele.

Arquà, 10. Juni 1817[306] – Ich verbrachte vier Tage in den Monti Euganei, in Arquà, dem Alterssitz Petrarcas, und in Battaglia, einem berühmten Badeort. In einem solchen

Kurort entfaltet sich der *glückliche* Charakter der Venezianer erst richtig. Dort traf ich Graf Bragadin, einen der liebenswürdigsten Männer, denen ich je begegnet bin; nichts Angelerntes, nichts Schulmeisterhaftes, nichts durch den ausdörrenden Hauch der Eitelkeit Berührtes haftet dieser närrischen Liebenswürdigkeit des Venezianers an. Es ist ein *überschäumendes Glück* – trotz ganz gewöhnlicher Lebensumstände. So hat zum Beispiel Graf Bragadin als Angehöriger einer der vier vornehmsten Familien Europas seit dem Untergang seines Vaterlandes den Fuß nicht mehr nach Venedig gesetzt. Soll man ihn sich nun als einen jener stets knurrigen, oft bösartigen Hampelmänner[307] vorstellen, die nur noch wandelnde Bilder vergreister Überheblichkeit sind? Das wäre genau das Gegenteil der Wesensart des liebenswürdigen Venezianers.

Die Venezianer und die Mailänder hassen sich, wie sich sehr lustige und sehr gute Menschen nur hassen können. Dieses allgemeine und auf Gegenseitigkeit beruhende Haßgefühl ist ein charakteristischer Zug der italienischen Städte, es ist eine Folge der mittelalterlichen Gewaltherrschaft und ein großes Hemmnis für die Freiheit; es ist die Kehrseite ihrer Originalität. In Frankreich gibt es nur Paris, und Paris schöpft überall den Rahm ab. Wenn Arras und Lille einander nicht hassen, so liegt das daran, daß es ihnen an *Leben* fehlt; aber auch die gerechte Regierung, die sie seit fünfundzwanzig Jahren haben, trägt sehr viel dazu bei. Wenn ich Paris erst einmal verlassen habe, dann ist mir Valence ebenso lieb wie Lyon. In Italien wird ein Schauspieler, ein Buch oder ein einflußreicher Mann in Brescia in den Himmel gehoben und in Verona ausgepfiffen. Die kleine, dreißig Meilen von Mailand entfernte Stadt Como hat sich auf eigene Kosten ein Theater für achthunderttausend Francs bauen lassen, schöner als alle Theater von Paris, und pfeift nun kräftig die großen Mailänder Schauspieler aus, wenn sie dort spielen. Man muß sich immer wieder sagen: *»La pianta uomo nasce più robusta qui che altrove.«*[308]

Gescherzt wird nur im Königreich Italien; überall sonst, und vor allem in Rom, sind die Gespräche infolge der Nähe des *Paschas* ernst, bündig und mißtrauisch. Jedesmal, wenn ich in einer neuen Stadt ankomme, gehe ich zuerst ins Theater und setze mich ganz in die Nähe des Orchesters, damit ich die Gespräche der Musiker verfolgen kann. In Turin blicken sie sich versteckt an, sprechen wenig, und oft lächeln sie bitter; in Mailand scherzen sie stets miteinander im Tone größter Gutmütigkeit. Sie erzählen sich bis ins Detail, was sie vor vierzehn Tagen in der *osteria* gegessen haben, oder sie bedauern einen kranken Freund; und das alles mit ruhiger, glücklicher, bedächtiger Miene, ohne den geringsten Hintergedanken. Während sich der Mailänder mit einem Freund unterhält, winkt er zwanzigmal vorübergehenden Freunden herzlich zu. In Venedig sind es zwanzig scherzhafte Winke; alles ist doppeldeutig, lebhaft, lustig, frisch. Der Sohn des Dogen ist ebenso lustig wie der Gondoliere; seine Liebeshändel sind allgemein bekannt. Wenn von jemandem gesprochen wird, unterläßt man es nie, die Dame zu nennen, der er *dient*. Kommt man auf einen bereits zehn Jahre zurückliegenden Ausflug nach Fusina oder auf die Insel Murano zu sprechen, so versäumt man nicht, selbst vor den Ehemännern daran zu erinnern, daß Peppina damals von dem oder dem der Hof gemacht wurde, daß Marietta eifersüchtig auf Priuli war und so weiter. In Venedig und Boston stehen Frohsinn und Glück im umgekehrten Verhältnis zur Güte der Regierung*.

---

* Allgemein kann man sagen, daß eine Regierungsform erst nach hundert Jahren ihren Niederschlag in den Sitten findet. Boston trägt noch an den Folgen des häßlichen Sektierergeistes, der Amerikas erste Gesetzgebung war.

Der Anblick des Glücks ruft das *Lächeln* hervor, das plötzliche Gewahrwerden eines unserer Vorzüge vor dem Nächsten bringt uns zum *Lachen*. Zu meiner großen Überraschung herrscht in Mailand das Lächeln und in Frankreich das Lachen. Die Eitelkeit bewirkt einen allgemeinen Hang zur Spottlust; der französische Bauer macht Witze, sogar wenn er ganz allein ist, und er hat sein Vergnügen daran; aber der Neid verdirbt alles.

Dennoch halte ich Frankreich für das glücklichste Land Europas, das heißt für ein Land, in dem alle materiellen Voraussetzungen für das Glück gegeben sind, wenn das auch durch die Herrschaft der Parteien vielleicht nicht immer spürbar ist. Ich wünschte den Franzosen die Gutmütigkeit der Lombardei.

In Frankreich beruht das Glück vor allem darauf, daß der Gewerbefleiß seinen sicheren Lohn findet. In Italien baut sich ein Gewerbetreibender ein Haus, kauft sich Geräte und zeigt damit *ganz offen*, daß er beträchtliche Kapitalien besitzt. Dadurch gibt er jedoch dem nahen Pascha nur eine neue *Handhabe*; er versklavt also noch mehr und muß sich um jeden Preis mit dem Pascha gut stellen. Italien, das fast gar keine Nationalgüter[309] hatte, kann nicht mit dem Glück von zehn Millionen Bauern prunken, die glücklich sind, weil sie einen kleinen Besitz haben. Das französische Volk hat bereits eine Schlußfolgerung daraus gezogen; wenn ein Mann eine Stellung bekommt, so lautet die erste Frage: »Was hat er getan, um sie sich zu verdienen?« Das Wahlgesetz[310], dieses erhabene Gesetz, das einen großen Schritt darstellt auf dem Wege zu der für einen Staat mit Landgrenzen notwendigen Regierungsform, nämlich der *proportionalen Aristokratie des Besitzes*; dieses glückliche Gesetz, sage ich, wird, vorausgesetzt, es bleibt uns erhalten, den Stolz auf den Besitz und alle zum Stolz gehörenden Tugenden stärken.

Die Klasse, die in Frankreich die schätzenswerteste ist:

die zehn Millionen kleinen bäuerlichen Grundbesitzer, ist in Italien die verruchteste. In Parma erzählte mir der Kutscher meiner *sediola* ohne die geringste Scham, daß er die siebenundzwanzig Napoléondors, von denen er sich das Pferd und die *sediola* gekauft, durch das *Räuberhandwerk* verdient hatte. Während der Fahrt zeigte er mir drei verschiedene Orte und erzählte mir ganz harmlos, daß er dort Reisende überfallen habe. Für den französischen Bauern dagegen ist Raub etwas Entsetzliches. Wem verdankt er seine Tugenden? Dem, was unsere erbärmlichen Zeitungen jeden Morgen verfluchen.

Das Hauptmerkmal des französischen Bauern ist das *Glück**, das des italienischen Bauern die *Schönheit*. Das bißchen Schönheit, das es in Frankreich gibt, wird durch die Ziererei verdorben; dem italienischen Bauern ist ein einfaches, kühles und, wenn die Umstände es erfordern, leidenschaftliches Wesen eigen, was aber nicht heißen soll, daß er drei Viertel der Zeit nicht das wilde Aussehen eines Untertanen des Despotismus hätte. Eine entscheidende Ausnahme bildet P. . .[311], wo der Bauer auf der gleichen Stufe moralischer Erniedrigung steht wie 1787 der französische. Unter moralischer Erniedrigung ist immer Unglück und Verbrechen zu verstehen. Der Verbrecher, der euch als Mörder in Schrecken versetzt, würde als Familienvater euer Mitleid erregen.

In Frankreich ist man mit der Sympathie schnell bei der Hand, mit anderen Worten, sie geht nie sehr tief. In Rom und Neapel heißt Sympathie: *bei sich selber mit der Barmherzigkeit anfangen*.

Im äußersten Zipfel Italiens, ganz weit unten in Kalabrien, findet man einige Tugenden wilder Völker, die jedoch vergiftet sind durch den Aberglauben, das *einzige Gesetz, das dort Gültigkeit hat*.

---

* Ein Drittel der englischen Nation lebt von milden Gaben: das wiegt die Pressefreiheit auf.

Wie gern möchte ich statt dieser vagen Schlußfolgerungen die Geschichten erzählen, aus denen ich sie gezogen habe! Von all den Geschichten, die mein Tagebuch in den letzten Tagen bereichert haben, erscheint mir die von Monsieur de la Fontaine am harmlosesten.

»Im Jahre 1810 kam Monsieur de la Fontaine, ein junger, interessant aussehender französischer Hauptmann, zu uns nach Florenz. (Diese Geschichte erzählte ein Florentiner im Café von Battaglia.) Er steigt bei Schneider ab, kauft sich Pferde, macht große Ausgaben, geht in Gesellschaft und spricht über den Hof von Signora Elisa[312] ziemlich geringschätzig. Bei einem Maskenball wagt er, Signora di Montecati . . .[313] mit der jüngsten Erfindung, die wir ihrem Genie zu verdanken haben, aufzuziehen. Am nächsten Tag erhält er einen Ausweisungsbefehl; da gesteht er Monsieur Duter . . .[314] eine furchtbare Verletzung durch eine mit Nägeln geladene Pistole; er hat Leute aus Udine beleidigt, und diese trachteten ihm daher nach dem Leben. Die Fürstin vergißt ihren Befehl, und der junge Hauptmann wird wieder in der Gesellschaft empfangen. Eines Morgens erscheint er totenbleich bei Monsieur Duter . . . »Ich habe die Leute wiedererkannt, die mich in Udine ermorden wollten.« – »Fürchten Sie nichts«, antwortet ihm der kluge Kommissar, »ich werde Sie retten, obwohl ich weiß, warum man Ihnen nachstellt.« Der Hauptmann war in eine kleine Verschwörung gegen Buonaparte verwickelt gewesen, aber da er die Methoden der Verschworenen lächerlich fand, hatte er ihnen dies gesagt und hinzugefügt, er wolle nichts mehr mit der Angelegenheit zu tun haben. Monsieur de la Fontaine vertreibt sich noch ein paar Monate die Zeit in Florenz und kuriert seine Wunden. Dann reist er nach Neapel, hält sich aber vorsichtigerweise immer in der Nähe der Adjutanten des Königs. Eines Morgens geht er mit ihnen auf die Jagd. Plötzlich hört man ihn in zwanzig Schritt Entfernung aus dem Walde um Hilfe rufen. Man eilt hin und sieht gerade noch, wie er, von zwei Flintenschüssen getroffen, zu Boden sinkt; der eine hatte ihm den Arm, der andere den Schenkel zerschmettert; vergebens setzt man den Mördern nach, die ihm noch ein »Auf Wiedersehen!« zurufen.«

Padua, 19. Juni 1817. – Ich traf einen hochgewachsenen, schönen jungen Mann, Deutscher, reich, blond, ein hoher Herr. Er erzählte mir begeistert . . . von einer weiten Hose, die in Deutschland eingeführt werden soll. Die Deutschen zweifeln nicht daran, daß, wenn es ihnen gelänge, wieder eine Nationaltracht einzuführen, Europa ihnen zugestehen werde, eine Nation zu sein. Der arme Graf! Er mißt der Hose viel Bedeutung bei; er schätzt sie viel höher als zwanzig Tage einer Schlacht wie der bei Hohenlinden[315] oder Marengo[316].

Die armen Deutschen sterben vor Begierde, Charakter zu haben. Daran erkennt man in der Gesellschaft die Leute, die keinen haben*.

Er ist gelehrt; da er sah, daß mir der nötige *innere Sinn* fehlt, um das Erhabene des kurzen Rocks, des langen Haars und der weiten Beinkleider zu begreifen, pries er mir lang und breit die Schönheiten ihrer Literatur. Ich sehe, die stolzen Germanen sind empfindlich wie Emporkömmlinge.

Die Deutschen haben nur einen Mann, das ist Schiller, und zwei der zwanzig Bände Goethes. Das Leben des letzteren[318] wird man lesen wegen der maßlosen Lächerlichkeit eines Mannes, der sich für wichtig genug hält, uns in vier Oktavbänden zu erzählen, wie er sein Haar mit

---

* Obgleich diese Tatsachen auf Wahrheit beruhen, hätte ich sie nicht in Erinnerung gebracht, wenn ich nicht ein wenig verärgert wäre über die großen Dummheiten, die einer jener großen Männer Deutschlands, dessen Name nicht über den Rhein zu dringen vermag, der Verfasser des »Koblenzer Merkur«[317], über uns gesagt hat.

zwanzig Jahren trug und daß er eine Großtante namens Annichen hatte. Aber das beweist, daß man in Deutschland kein *Gefühl für Lächerlichkeit* hat, und wenn jemand nun einmal kein Gefühl dafür hat, aber durchaus geistreich sein will, dann kann er leicht dem verfallen, was er nicht kennt; und wenn er dann den Geist der anderen beurteilen und von dem teutonischen Richterstuhl herab entscheiden will, daß Molière nur *trübselige Satiren* geschrieben habe[319], so ist er recht nahe daran, Europa auf seine Kosten zum Lachen zu bringen.

In der Literatur sind die Deutschen nichts weiter als anmaßend: auch sie werden erst, wenn sie die Freiheit haben, etwas sein; aber sie sind das Gegenteil der Italiener; sie wollen mit so viel Gelehrsamkeit dahin gelangen, daß sie ihr Ziel als letzte erreichen werden. Die Schriften des Oberst Massenbach[320] sind sprachbildend, weil er, statt viel Geist zeigen zu wollen, nur danach trachtet, klar die Gedanken auszudrücken, die ihn lebhaft interessieren.

Ich beobachte[321], daß sich die Deutschen bei allem, was sie tun, viel mehr von dem eitlen Verlangen leiten lassen, *Eindruck zu machen*, als von entfesselter Einbildungskraft oder dem Bewußtsein einer außergewöhnlichen Seele. Der Geschmack orientiert sich ganz von alleine an dem, wofür man Begabung in sich spürt:

Es gibt geheime Bindungen, Neigungen . . .[322]

Aber damit können die Deutschen nichts anfangen; ihnen geht es nur darum, gegen den *Geist* zu Felde zu ziehen, aber der Geist ist zugleich ein Despot, den sie bis zur Selbsttäuschung anbeten. Sie schreiben nicht etwa, weil ihre Gedanken über einen bestimmten Gegenstand sie dazu drängen, sondern weil sie meinen, den Gegenstand gefunden zu haben, über den man mit geziemendem Fleiß und den nötigen Nachforschungen sich schließlich etwas Glänzendes ausdenken kann: mit diesem Ziel lesen und denken sie. Schließlich gelangen sie auf diese Weise zu irgendeinem merkwürdigen und paradoxen Gesichtspunkt; dann ist das geniale Werk fertig; es kommt nur noch darauf an, es mit Hilfe der ganzen Artillerie ihrer Gelehrsamkeit und transzendenten Philosophie durchzusetzen. Aber bei all dieser mutigen Arbeit haben sie sich auch nicht den geringsten Schimmer eines eigenen Gedankens vorzuwerfen; man sieht sie stets wie die Zuchthäusler arbeiten, aber diese Arbeit dient nur dazu, das System zu beweisen, das sie glänzend finden. Im übrigen scheint ihnen kein Gegenstand außerhalb ihrer Reichweite zu liegen. Je weniger sie zu sagen haben, um so mehr stellen sie unerschöpfliche Vorräte an logischen und metaphysischen Prinzipien zur Schau.

Tatsächlich ist es ein gutmütiges, schwerfälliges und langsames Volk, das nur durch heftige und oft wiederholte Anstöße in Bewegung gesetzt werden kann. Ihre Schriftsteller zum Beispiel verlieren, wenn sie ihren zweiten Band schreiben, jegliches Urteilsvermögen, jede Selbstbeherrschung, und nichts kann sie hindern, in die widersinnigsten Übertreibungen zu verfallen. Wahrheit ist für sie nicht mehr das, *was ist*, sondern das, was ihrem System nach *sein muß*.

Das lustigste ist ihre Philosophie, in der sie von Anfang an die *Erfahrung* als sogenannten Empirismus in Acht und Bann tun. Nachdem dieses kleine Wort gesprochen ist, kann man weit gehen, ohne jedoch vorwärtszukommen; ich gehe nicht weiter, denn ich fühle, wie ich mich selbst langweile. Wie wäre es erst, wenn ich all das anführen und ausführlich beweisen würde, was ich in den sieben Jahren, die ich in Deutschland lebe, gesammelt habe?

Mit Ausnahme der beiden großen Dichter, die ich genannt habe, verdanken die Deutschen ihre zweifelhafte Berühmtheit der *Dunkelheit* ihrer Schriften. Es ist ebenso schwer, einen Italiener zu finden, der nicht wortreich wäre, wie einen Deutschen, der klar ist. Sie wollen nicht verstehen, daß literarische Meisterwerke erst entstehen können, wenn schöne Sitten herrschen: man sehe sich nur die *Memoiren* der Markgräfin von Bayreuth an, der Schwester Friedrichs des Großen[323]. Am meisten schadet es den schönen Künsten dieser Barbaren*, wie sie von der Markgräfin beschrieben werden, daß ihnen die Natürlichkeit fehlt. Darum haben sie auch keine schöne Prosa, denn die Prosa ist das Thermometer des literarischen Fortschritts eines Volkes. Schillers »Geschichte des Dreißigjährigen Krieges« ist von lächerlichem Pathos; es ist weit von da bis zu Hume und Voltaire.

20. Juni 1817. – Mit Tränen in den Augen trenne ich mich endlich von meinen lieben Paduanern. Ich verspreche ihnen, zum Fest des Santo[324] im August wiederzukommen; dann werden doppelt soviel Menschen dasein. Meine Engländer sind schon seit vierzehn Tagen in Venedig; sie erklärten, Padua sei das traurigste Nest der Welt. Sie haben recht – aber nur vom Standpunkt derjenigen aus, die keinen Blick für die Sitten haben. Ich jedoch werde immer sagen: »Es lebe der Despotismus der alten Regierung Venedigs!« Ich treffe einen französischen Reisenden, der an mich empfohlen ist. Merkwürdige Wesen! Wenn ihre Stutzerrolle erträglich sein soll, müßten sie, statt den von Genüssen Übersättigten zu spielen, sich ihnen begeistert hingeben. Die Franzosen, die diese Schule in ihrer Jugend durchmachen, behalten davon das ganze Leben lang einen Firnis von Übersättigung zurück. Die Italiener geben sich im Gegensatz dazu begeistert dem augenblicklichen Genuß hin, und die Begeisterung meines Nachbarn verstärkt noch die meine; zweifellos ein nervlicher Effekt. Mein Franzose hat mich drei Tage lang gründlich gepie-

---

* Siehe den »Rheinischen Merkur«.

sackt. Ich war überglücklich, als ich ihn abreisen sah. Seine Gegenwart war das größte Unglück, das mir während meiner Reise widerfahren ist. Ich war im Himmel, er zerrte aus Leibeskräften, um mich wieder auf die Erde herunterzuholen. Dies schreibe ich im Postboot gegenüber von Stra. Ich halte inne, um mir den schönen Palast anzusehen, den Buonaparte den Pisani gestohlen hat*.

Venedig, 21. Juni 1817. – Mein Herz ist krank; die *opera seria* hat nur wenig Reiz für mich, und sie reizt mich noch weniger, wenn die Sängerinnen seelenlose Wesen sind. Ich amüsiere mich lieber über die Albernheiten meiner Engländer; sie finden alles in diesem Lande entsetzlich; ich spreche mit Puritanern.

Venedig, 22. Juni 1817. – Es gibt nichts zu schreiben: ich langweile mich. Kann ich es wagen, offen zu reden? Zwanzigmal am Tage bin ich versucht, all meine Kreditbriefe zusammenzupacken, nach Berlin zurückzuschicken, mir nur zweihundert Louisdors zurückzubehalten und nach Rovigo zu eilen. Was kann ich schließlich in Italien verlieren? Geld. Ich überrasche mich bei der gefährlichen Maxime: acht Tage Glück sind mehr wert als zehn Jahre des faden Lebens, das ich mit meinem Minister führe.

* Ich weiß nicht, warum Buonaparte die venezianischen Adligen zugrunde richten wollte. Sind sie nicht die besten Menschen der Welt? Den Piemontesen gewährte er so viele Vorteile, während sie sich über ihn lustig machten. Ich möchte wetten, daß er sich, da er so wenig belesen war, durch das Wort *Republik* hatte täuschen lassen. Die venezianischen Adligen nahmen sich als Herren des Staates von den Steuerzahlungen aus. Buonaparte kam auf die Idee, all diese Rückstände nachzufordern. Den Pisani, die eine ungeheure Summe schuldeten, wurde der schöne Palazzo von Stra weggenommen.

Man stellt mir Signore Brocchi[325] aus Mailand vor. Er ist der bedeutendste Geologe Italiens. Um sich ein genaues Bild von der Natur dieses eigenartigen Landes machen zu können, muß man die »Conchiologia fossile« von Brocchi und die schlecht übersetzte Reisebeschreibung Arthur Youngs[326] lesen.

Venedig, 23. Juni 1817. – Die Marcolini singt hier im »Tancredi«[327]. Sie erregt mit dem, was ihr von einer schönen Stimme und sicherem Spiel geblieben ist, Bewunderung. Der Augenblick der Begeisterung für den Ruhm, »Alma gloria«, geht zu Herzen. Diese Oper »Tancredi« wäre es wert, daß man ihren Text verbesserte. Signore Previdali, ein Mann von Geist und Redakteur der Zeitung, sagte mir, daß man »Tancredi« gleichzeitig in Barcelona und München spiele. Einmal machte er in Wien auf einer Gesellschaft die Bemerkung, Buonaparte sei ein guter General. Er wurde für drei Jahre als einfacher Soldat zu einem Regiment an die Front geschickt. Er wollte nie desertieren.

Venedig, 24. Juni 1817, drei Uhr morgens. – Ich komme soeben aus einem Konzert beim Herzog von . . ., der hervorragend Harfe spielt. Ich bin erstaunt über seine Urteile über Musik; Madame Al. . . macht sich über mich lustig. In Italien ist man sich einig: je besser jemand ein Instrument spielt, um so weniger kann er das beurteilen, was er spielt. Dafür sehe ich drei Gründe:

1. Der häufige Umgang mit geistlosen Virtuosen;
2. Man ist gewöhnt, die schönsten Stücke, die man spielt, ohne Begeisterung anzuhören;
3. Man achtet auf andere Schwierigkeiten als auf die, das Herz der Zuhörer zu bewegen. Hier fällt mir eine Anekdote ein, die Collé[328] einmal erzählte, die Anekdote von einem dummen Sekretär, der einen Brief abschrieb, ohne zu ahnen, daß darin von ihm die Rede war; er bemühte sich nur, schöne Buchstaben zu malen. Das Herz eines Mannes, der sein Instrument vollkommen beherrscht, unterscheidet sich sehr von dem meinen; er findet Vergnügen an jenen schwierigen Harmonien, die vom Können des Komponisten zeugen und die Geschicklichkeit des Interpreten ins rechte Licht rücken. Die Sinne erfreuen oder die

Herzen rühren ist nicht seine Sache; aber Freude fühlt er darum nicht minder, und vielleicht ist sie sogar sehr heftig. – Wenn ich Musik höre, so habe ich dabei an verschiedenen Tagen ganz verschiedene Empfindungen, wie bei einem Fieberanfall.

Venedig, 24. Juni 1817. – Heute nacht gegen ein Uhr befanden sich im Café Florian auf dem Markusplatz vierzig oder fünfzig Damen der höchsten Gesellschaft. Man erzählt mir, in einer Tragödie im Teatro San Mosè wäre ein Tyrann zu sehen[329], der seinem Sohn seinen Degen reicht und ihm befiehlt, die Schwiegertochter zu töten. Dieses glückliche Volk kann die Wucht einer derartigen *Schwarzweiß*malerei nicht ertragen; der ganze Saal schrie laut auf und befahl dem Tyrannen, seinen Degen zurückzunehmen, der bereits in den Händen des Sohnes war. Der junge Prinz trat an die Rampe vor, und es kostete ihn viel Mühe, das Publikum zu versöhnen. Er versicherte, daß er weit davon entfernt sei, die Gefühle seines Vaters zu teilen, und er gab sein Ehrenwort, daß das Publikum, wenn es ihm nur zehn Minuten Zeit lassen wolle, sehen werde, wie er seine Frau rette.

Goldonis Komödien im venezianischen Dialekt sind wie flämische Gemälde, das heißt, sie sind voller Wahrheit und Derbheit, denn sie schildern die Sitten des kleinen Volkes während der Zeit der Sinnenfreude und des Glückes, die der Vernichtung der Republik vorausging. Die Sitten der oberen Gesellschaft hätten Stoff für ausgezeichnete Komödien geliefert; aber der Maler hätte soviel Genie haben müssen wie Collé in seinem Stück »Im Wein ist Wahrheit« oder soviel Kraft wie d'Eglantine[330] in der »Orange von Malta«. Ein Bisch. . . will seine Nichte veranlassen, die Geliebte eines Fürsten zu werden, und macht ihr gleichzeitig Vorhaltungen.

Ich kann auf keinen Fall die Anekdote von dem Juden

erzählen, der ins Bett geht, um die Diamanten von der schönen Frau wiederzubekommen, die gerade vom Patriarchen kommt, wo sie einen unschuldig verurteilten Unglücklichen retten wollte, und ihrem Liebhaber begegnet, als sie gerade aus der Gondel steigt. Die Entschuldigung, die sie vorbringt, ist das Köstlichste, was ich je in einer Anekdote gehört habe; ungefähr wie der Doge Mocenigo, der den jungen Fürsten aus Deutschland beiseite nimmt: »Anch'a mi«[331]. Ich kenne etwa dreißig solcher Anekdoten; sie gehören zu dem Verrücktesten, was es gibt, aber man spürt niemals den geringsten *gehässigen* Unterton. Bei allen Charakteren, von der einfachen *fantesca*[332] bis zum Dogen, bemerke ich schon zur Gewohnheit gewordene Neigungen, die die Voraussetzung zum Glück sind. Ich kenne nichts, was geistvolle Engländer mehr in Wut versetzt als solche Anekdoten. Dieses glückliche Volk wußte schon seit hundert Jahren, wenn es auch nicht darüber redete, daß schlecht nur das ist, was schadet.

»Le baruffe chiozotte« und »Ser brontolon«[333] sind ausgezeichnete bürgerliche Komödien, wenn im Theater überhaupt etwas ausgezeichnet sein kann, ohne daß vorher in der Seele des Dichters *Großartiges* vor sich gegangen ist.

Venedig, 25. Juni 1817. – Alle Briefe, die mir seit vier Monaten aus Paris geschrieben wurden, kommen auf einmal an. Süße Freude, gründliche Ablenkung!

Ich sehe, daß sich unsere Nation seit dem schönen Wahlgesetz, das wir einzig und allein der Charakterfestigkeit unseres Königs verdanken, mit Riesenschritten auf den gesunden Menschenverstand der Amerikaner zubewegt. Das Jahr 1816 wird in der Geschichte durch folgende Randbemerkung bezeichnet werden: *Erziehung Frankreichs.*

Mit dem Abschied Fleurys[334] von der Bühne wird der

alte gute französische Ton verschwinden. Die »Schule der Bürger«[335] wird in dreißig Jahren unverständlich sein. Was wird aus den Künsten werden bei der allgemeinen Auflösung aller althergebrachten Ideen? Die Malerei wird Fortschritte machen, die Musik abfallen; ein wesentlicher Bestandteil der Malerei ist die Vernunft; und die Vernunft wird ihre Kräfte verhundertfachen. Die Seele braucht ein gewisses Maß an Ruhe, eine gewisse Melancholie, um die Musik genießen zu können: und eben das gibt ihr eine glühende Sonne.

> *I am never merry when I hear sweet music.*
> *Shakespeare*[336]

In Frankreich wird es zu einer ungeheuren Aktivität der Geister kommen. Jede Stufe, die uns noch vom gesunden Menschenverstand der Amerikaner trennt, wird durch eine Schlacht erobert werden; und sechs Monate lang wird diese Schlacht das *Wichtigste in der Welt* sein. Wenn das tätige Leben allzu stark ist, erdrückt, erstickt es die schönen Künste. In England ist Edinburgh die Metropole des Denkens. Wenn es gar kein tätiges Leben mehr gibt, gleiten die Künste ins Läppische ab, wie in Rom. Was die moralische Wüste Italiens wertvoll macht, ist die Tatsache, daß dieses Land, auch wenn es erst Parlamentsdebatten haben wird, sein Glück in die Kunst legt. Das Teatro San Carlo hat die Neapolitaner enger an ihren König gebunden, als es die beste Verfassung vermocht hätte.

Es ist undenkbar, daß die Franzosen je Sinn für Musik haben werden. In dieser Hinsicht haben sie das ausgeprägteste *Untalent*; sie spenden dem *Unwahren* Beifall und lassen das Schöne hingehen mit der Bemerkung: *Das ist alltäglich*. Das erscheint unglaubwürdig, darüber bin ich mir im klaren. Man gehe, im Jahre 1817, nur einmal in ihre Oper, die die Nation siebenhunderttausend Francs kostet (»Fernando Cortez«, »Ödipus in Kolonos«[337], Juni

1817); man sehe sich an, wie sie sich von Signora Catalani[338] hinters Licht führen lassen, wenn es um ihr
Théâtre-Italien geht. Diese Truppe, die hier hundertsech-
zigtausend Francs kostet, würde in Brescia ausgepfiffen
werden. Bei einer solchen Summe und den Kasseneinnah-
men wäre es wirklich nicht schwer, eine ebenso gute Oper
zu haben wie Mailand*. Aber ich höre auf; man hat die
Franzosen schon immer verärgert, wenn man mit ihnen
über Musik sprach; es ist das einzige Gebiet, auf dem sie
dumm sind. Aber das ist immer noch besser, als *purita-
nisch* zu sein wie die Engländer oder *pedantisch* wie die
Italiener.

In Paris gibt es keine Schauspieler mehr, seit man nicht
mehr pfeifen darf. In Italien hat man die für die Literatur
geltenden Gesetze noch nicht auf das Theater übertragen.

*Venedig, 26. Juni 1817, ein Uhr morgens im Pavillon des
Parks, den der Vizekönig anlegen ließ.* – Ich habe keine
Lust zu schreiben. Ich blicke auf das ruhige Meer und die
ferne Landzunge des Lido, die das Meer von der Lagune
trennt und gegen die das Meer mit dumpfem Gebrüll
anbrandet; der Kamm einer jeden Woge gleicht einer
glänzenden Linie, der Mond bescheint friedlich dieses ruhige Schauspiel. Die Luft ist so rein, daß ich das Mastwerk
der draußen auf offenem Meer, bei der Einfahrt von Malamocco liegenden Schiffe sehe, und diesen romantischen
Blick genießt man in der zivilisiertesten Stadt. Ich verab-
scheue Buonaparte, weil er sie Österreich geopfert hat![339]
– Die Gondelfahrt entlang der Riva degli Schiavoni dau-

* Galli, dreißigtausend Francs; Donzelli, fünfzehn; Monelli, zehn; Remorini, zwölf; Pacini, zehn; die Fabre, sechzehn; die Marcolini (Fedele),
zwölf. Das ist für hundertfünftausend Francs eine Truppe, wie sie Frankreich noch nie gesehen hat. Oder will man eine andere? David Sohn,
zwanzigtausend Francs; der Kastrat Vellut, fünfundzwanzig; Pellegrini,
fünfzehn; de Grecis, fünfzehn; die Mombelli-Schwestern, fünfundzwanzig:
wir sind erst bei hunderttausend Francs.

ert nur zwölf Minuten; dann lande ich an der Piazzetta zu Füßen des Löwen von San Marco. – Venedig war weiter auf dem Weg zur Zivilisation als London und Paris. Heute gibt es dort fünfzigtausend Arme. Der Palazzo Vendramin am Canal Grande wird für tausend Louisdors angeboten. Die Baukosten betrugen fünfundzwanzigtausend Louisdors, und noch 1794 war er zehntausend wert.

Wo soll man Leute wie Giacomo Le. . .[340] finden, wenn nicht in Venedig? Diese Gesellschaft gefällt mir allzu gut; ich bin unglücklich. Die glänzendsten Pariser Salons erscheinen mir im Vergleich zu der Gesellschaft bei Signora Benzoni ausnehmend fade und *knöchern*. Das ist zumindest meine Meinung; drei Viertel meiner Pariser Freunde wären bestimmt anderer Ansicht. Je liebenswürdiger ein Mensch ist, um so weniger empfänglich ist er für Musik und die Reize der venezianischen Gesellschaft.

Wie fröhlich ist die Gesellschaft, mit der ich im Pellegrino speise! Jeder muß gewisse, seinen komischen Eigenschaften entsprechende lächerlich-erhabene Funktionen aus den »Animali parlanti« von Casti[341] erfüllen. – Gedichte dieses jungen, nach Venedig übergesiedelten Bolognesers werden vorgetragen. Wie glücklich wäre ich, wenn ich dieses Land niemals zu verlassen brauchte! Welch köstlichen Abend verlebte ich in Signore Cornaros Garten!

Venedig, 27. Juni 1817. – Im Theater wurde ich Lord Byron[342] vorgestellt. Welch himmlisches Antlitz. Schönere Augen kann es nicht geben. Ach! ein schöner und genialer Mann! Er ist kaum achtundzwanzig Jahre alt und schon der erste Dichter Englands und wahrscheinlich der ganzen Welt. Wenn er der Musik lauscht, entspricht sein Antlitz ganz und gar dem Schönheitsideal der Griechen.

Sich im übrigen vorzustellen, daß dieser Mann nicht nur ein großer Dichter ist, sondern außerdem noch das Haupt einer der ältesten Familien Englands – das ist zuviel für unser Jahrhundert; es bereitete mir daher Freude, als ich erfuhr, daß Lord Byron ein *Scheusal* ist. Jedesmal, wenn er Madame de Staëls Salon auf ihrem Landgut Coppet[343] betrat, verließen alle Engländerinnen den Raum. Das arme Genie beging die Unvorsichtigkeit zu heiraten; seine Frau ist sehr wendig und tischt auf seine Kosten die alten Geschichten von Tom Jones und Blifil[344] wieder auf. Jeder geniale Mann ist verrückt und außerdem unvorsichtig; dieser hier beging die Abscheulichkeit, sich zwei Monate eine Schauspielerin zu nehmen. Wenn er nur ein Dummkopf gewesen wäre, so hätte kaum jemand Notiz davon genommen, daß er dem Beispiel aller reichen jungen Männer folgte; aber jeder weiß, daß Mister Murray[345], sein Verleger, ein guter Rechner ist und Byron für jeden Vers, den er ihm schickt, zwei Guinees zahlt. Er ist das genaue Gegenstück zum Grafen Mirabeau[346]. Als der vorrevolutionäre *Feudaladel* nicht wußte, was er dem Adler von Marseille antworten sollte, entdeckte er plötzlich, daß er ein Ungeheuer sei.

Der Provenzale machte sich darüber lustig, der Brite jedoch hat die Sache anscheinend tragisch genommen; die Ungerechtigkeit der englischen Gesellschaft macht ihn, wie es heißt, traurig und zum Menschenfeind. Wohl bekomm's ihm! Vorausgesetzt, daß man mit achtundzwanzig Jahren, und wenn man sich bereits sechs Bände schöner Verse vorzuwerfen hat, Weltkenntnis besitzen kann, dann hätte er erkennen müssen, daß es im 19. Jahrhundert für ein Genie keine Alternative gibt: entweder ist er ein Dummkopf oder er ist ein Ungeheuer.

Auf jeden Fall ist er das liebenswürdigste Ungeheuer, das ich je gesehen habe; in seiner Dichtkunst und in literarischen Diskussionen ist er naiv wie ein Kind: er ist das ganze Gegenteil eines Akademikers. Er spricht Alt- und Neugriechisch und Arabisch und lernt hier noch Armenisch bei einem armenischen *Popen*, der ein bedeutsames

Werk über die genaue Lage des irdischen Paradieses schreibt. Der Lord, der bei seinem düsteren Wesen für die orientalischen Dichtungen schwärmt, wird dieses Paradies ins Englische übersetzen.

An seiner Stelle ließe ich mich totsagen und würde ein neues Leben beginnen wie Mister Smith, erfolgreicher Kaufmann aus Lima.

Fusina, 27. Juni 1817. – Ich verlasse schleunigst Venedig. Ich will mich nicht mehr mit trockenen Ideen beschäftigen.

Mailand, 10. Juli 1817. – Ich habe nichts geschrieben. Opern, Musik, Gemälde, Venedig, Treviso, Vicenza, Verona, Brescia – all das zog an meinen Augen vorüber wie ein Traum. Aus Pflichtgefühl versuche ich dennoch, mich einiger Beobachtungen zu erinnern; ich denke daran, wie ich in Verona in dem Café gegenüber dem Amphitheater den hervorragenden Schauspieler Vestri[347] traf. Er trug mir in abgewandelter Form Lope de Vegas[348] berühmtes Sonett über die sechs Schlüssel vor, mit denen er Terenz[349] unter Verschluß hielt: »Ich komme gerade aus Brescia. Am ersten Abend spielten wir eine gute Komödie – das Publikum blieb gleichgültig. Am nächsten Tag spielte ich den Hanswurst: man hat uns in den Himmel gehoben; wir hatten tägliche Einnahmen von sechshundert Francs nach Abzug der Unkosten.«

Am Abend ein erbärmliches, aus dem Deutschen übersetztes Drama; unsere Perückenmacher würden so etwas auspfeifen; dabei hat mir der große Schauspieler vielleicht mehr Vergnügen bereitet denn je. Er spielte die schon so sehr abgedroschene Rolle eines Vaters, der aus Dünkelhaftigkeit seine Tochter dem jungen Lord nicht geben will, weil dessen Vater auf dem Schafott hingerichtet worden war. Das hatte nichts von der platten Natürlichkeit im Stile Goldonis; er brachte neue Ideen hinein, entfernte sich dabei aber nicht von der Natur.

Am nächsten Tag spielt Vestri im »Disperato per eccesso di buon cuore«[350]; das ist eine seiner Paraderollen, er ist darin noch besser als im »Ajo nell'imbarazzo« oder im »Wohltätigen Geizhals«[351]. All das bleibt dem Fremden verborgen, der nicht mit der *cantilena* des italienischen Sprechens vertraut ist. Ich selber war drei Monate in England, ehe ich mich an den Tonfall des Englischen gewöhnte; mit unserer Sprachmelodie vermögen sich Ausländer offenbar nicht vertraut zu machen*. – In Brescia spielt man eine Komödie, in der die Mode des »cavaliere servente« und die Ehemänner, die beide Augen zudrücken, um selber freie Hand zu haben, aufs Korn genommen werden. Der Autor, ein ungeschickter Mann ohne jedes Talent, verfällt ständig in Derbheiten, die unglaublich und für den Fremden zugleich amüsant sind, denn sie sind lebenswahr. Noch amüsanter ist, was mir der Sohn meines Bankiers wortwörtlich sagte: »Es wäre doch komisch, wenn wir ins Theater kämen, damit man sich dort über uns lustig macht. Als ich heute abend während des zweiten Akts meine Loge betrat, machte die Zofe auf der Bühne eine Bemerkung, die sich anhörte, als sei sie für mich bestimmt; alle schauen zu mir, und ich steh' da und weiß nicht, was ich machen soll. Und derartigem sollte man applaudieren! Pfeifen, *per dio*, pfeifen!«

So etwas und das Unglück, Sittengemälde zu haben, die in einer toten Sprache geschrieben sind, das genügt schon, die Geburt der Komödie zu verhindern. Was Vestri angeht, so hat er erfaßt, was das Besondere der italienischen Redeweise ausmacht. Ein Fürst, der die Künste liebte, würde ihn auf der Stelle zum Professor in einem Konser-

* Das Urteil Lady Morgans[352], die Frankreich im übrigen richtig gesehen hat, über »Tartufe« und Mademoiselle Mars[353].

vatorium machen. Ein solcher Mann hätte den glücklichsten Einfluß auf die Kunst des *recitativo*, welches
heute das einzige Mittel ist, das den schönen Stimmen
bleibt, um die Herzen zu rühren. Nur in diesen Stücken
bekommt man noch jenen *spianato*-Gesang[354] zu hören,
der die höchste Leistung einer schönen Stimme darstellt
und den man in Frankreich für den Gesang eines Anfän-
gers hält.

Musik ist zartfühlende Malerei; ein vollkommen gefühl-
loser Charakter liegt außerhalb ihrer Möglichkeiten. Da
diese Zärtlichkeit untrennbar mit ihr verbunden ist, über-
trägt sie sie auf jeden ihrer Gegenstände, und durch diese
Fälschung vermag das Bild, das uns die Musik von der
Welt gibt, die zartfühlenden Seelen zu bezaubern, während es den anderen so sehr mißfällt. Das Schwierige an
der Komik ist, daß die Gestalten, die uns zum Lachen
reizen, nicht trocken erscheinen und nicht die empfindli-
chen Seiten der Seele verletzen dürfen; deshalb übt auch
auf gewisse Leute eine gute *opera buffa* einen viel größeren
Zauber aus als eine gute Komödie; denn sie verschmilzt
auf eine erstaunliche Art viele Freuden miteinander. Die
Phantasie und die Zärtlichkeit bleiben auch bei dem toll-
sten Gelächter wach.

Graf T. . . aus Brescia macht mich darauf aufmerksam,
daß es in Italien viel weniger Musikliebhaber gibt, als ich
annahm. Viele starke Seelen sagen, das sei ein Sklavenver-
gnügen; sie ziehen die Komödie und vor allem die Tragödie vor. Er fügt noch hinzu: »Ihr Franzosen lernt die
großen Vorbilder schon zu früh kennen; bei euch wird das
Wetteifern mit ihnen durch die Hoffnungslosigkeit unterdrückt. Bedenken Sie, daß den meisten wahrhaft schöpferischen Autoren fast jegliche Erziehung fehlte. Weit geht
nur, wer nicht weiß, wohin er geht: so stürzte sich unser
Alfieri in die dramatische Poesie, und dabei wußte er
weder was *Poesie* noch was ein *Drama* war; er schrieb sein

erstes Stück*, ohne auch nur die Rechtschreibung der Sprache zu beherrschen, in der er sich bewundern lassen wollte. Nachdem sein eiserner Charakter erst einmal von dieser Idee Besitz ergriffen hatte, nahm er mit all seiner stolzen Heftigkeit den Kampf mit den Schwierigkeiten auf; aber wenn er die Vorbilder besser gekannt hätte, würde er niemals seinen Ehrgeiz dareingesetzt haben. Der umgekehrte Fehler erstickt vielleicht die Hälfte aller Genies, die in Paris geboren werden.

Auf das Thema Dichtung brachte uns Signore Cesare Arici[355], ein junger Poet aus Brescia, der durch ein bukolisches Gedicht bekannt geworden ist. Arici hat in seinem »Zerstörten Jerusalem«, einem Epos, das er gerade vollendet, keinen neuen Stil erfunden; dafür ahmt er auf bewundernswerte Weise die Stile aller großer italienischen Dichter nach. Man stellt beim Lesen fest: diese Oktave ist von Tasso, diese von Monti. Aber es ist langweilig zu lesen. Welch einen Erfolg hätte ein solcher Dichter in Frankreich!

Gedanken, die mir von Venedig
geblieben sind

Die Augen haben ihre Gewohnheiten[356]; diese rühren vom Anblick der Gegenstände her, die sie am häufigsten sehen. Hier ist das Auge immer nur fünf Fuß von den Meereswogen entfernt und sieht sie beständig. In bezug auf die Farbe ist in Paris alles *ärmlich* und in Venedig alles *leuchtend*: die Anzüge der Gondolieri, die Farbe des Meeres, die Reinheit des Himmels, dessen Widerschein das Auge immerfort in dem glitzernden Wasser sieht. Die Regierung, die zur Sinnenlust ermunterte und die Wissenschaften fernhielt, der Geschmack des Adels an schönen Porträts,

* »Kleopatra«.

das sind die weiteren Grundlagen für den Charakter der Venezianischen Schule. Man vergleiche den Himmel im »Einzug Heinrichs IV.«[357] mit dem Himmel in der »Hochzeit von Kana« von Veronese.

*

Während ihre Männer[358] und Liebhaber draußen fischen, singen die Frauen von Malamocco und Pellestrina am Ufer die Stanzen Tassos und Ariosts; ihre Liebhaber antworten ihnen vom Wasser her mit der folgenden Stanze.

*

Graf C... sagte zu mir: »Die Sinnenfreudigkeit und die Gewohnheit, kaum etwas zu lesen, bewirken, daß der Lektüre so wenig Aufmerksamkeit gewidmet und daß in der italienischen Prosa dafür alles mit der größten Sorgfalt erklärt werden muß. Bei der geringsten Anspielung, deren Sinn nicht mit Händen zu greifen ist, klappt man das Buch zu, weil es angeblich dunkel ist: daher ist es unmöglich, geistreich zu sein. Ich kenne bei uns nicht einen Satz in der Art der ›Persischen Briefe‹[359].

Derselbe Graf macht mir gegenüber eine Bemerkung, der ich nicht zustimme, die ich aber hier anführe, um zu zeigen, um wieviel dies Volk, das Leidenschaften hat und keinen Ludwig XIV. gehabt hat, der Natur näher steht. In Treviso, wo es nebenbei gesagt zugeht wie in einer Judenschule, zeigte er mir, um meine Bewunderung zu wecken, ein Bild des ausgezeichneten Koloristen Paris Bordone[360]. Herodes hört kalt dem heiligen Johannes zu, der mit der ganzen Begeisterung göttlicher Eingebung predigt; aber ein großer, zu Füßen des Königs liegender Pudel und ein Bologneser Hündchen, das man unter dem Arm der Herodias bemerkt, bellen den Propheten an. In der Tat, alle lebenden Wesen verständigen sich durch die Sprache der Augen; das erinnert an den heiligen Bernhard[361], der vor den Germanen lateinisch predigt, obwohl diese kein Wort davon verstehen, und sie zu Tausenden bekehrt. In unseren Tagen hat Kant dieses Wunder wiederholt.

*

Ich treffe in Venedig bei Lady B. . . eine junge Engländerin, die Erbin jährlicher Einkünfte von achthunderttausend Livres, und die ganz allein aus London hierhergekommen ist, um ihren Vater zu sehen. Der eine ihrer beiden Vormunde hatte sich diesem merkwürdigen Einfall widersetzt, der andere hatte ihr aus Achtung vor der Freiheit tausend Guinees überreicht, und sie hatte die Goldstücke einfach in ihren Handarbeitsbeutel gesteckt. Sie zog ganz schlichte Kleider an und stieg, ohne zehn französische Wörter zu kennen, in die Schnellpost. Und so fuhr sie, immer allein, von einer Poststation zur anderen, bis sie schließlich in Venedig anlangte. Ihr Vater jedoch hatte sich drei Tage vorher nach Konstantinopel eingeschifft. Diese große Tochterliebe hätte einen glücklicheren Zufall verdient. Sie hat ihrem Vater geschrieben und ihn um die Erlaubnis gebeten, ihm nachkommen zu dürfen. Sie ist eine recht hübsche Person und von bewundernswerter Einfachheit; ich hatte wirklich Freude an dem Gespräch mit ihr. Diese Reise erfordert mehr Mut, als ein Mann zu einer zwei- oder dreimaligen Reise um die Erde brauchte. Ich weise unsere Pariser Stutzer auf diese junge Engländerin hin; sicher wird sie den Mann heiraten, an dem sie Gefallen findet, und ihr sind schon jetzt mehr als achthunderttausend Livres Einkünfte sicher. – Solche Züge wecken meine Liebe für die englische Nation.

*

Nichts ist merkwürdiger als die englischen Familien des *high life*, die stets nur von der Gesundheit Seiner Exzellenz oder von der Ehre, Seiner Hoheit vorgestellt zu werden, sprechen, und noch dazu im Tone religiöser Verehrung, der in Frankreich selbst im Faubourg Saint-Germain lächerlich wirkte. Die englischen *fashionables* sind weibischer als das liebenswürdigste Putzdämchen aus der Zeit der Madame Dubarry: der Anblick einer Spinne läßt sie in Ohnmacht sinken.

*

Zu den Repräsentationsbildern, von denen ich in Verona und Vicenza eine erstaunliche Menge gesehen habe: auf einem Repräsentationsbild wie dem »Einzug Heinrichs IV.« wird eine Komödie dargestellt, auf einem Idealbild wie »Dido und Aeneas« werden die bewegendsten und wahrhaftigsten Regungen des Herzens dargestellt.

*

Erstaunliches Gespräch mit zwei piemontesischen Edelleuten in Desenzano während einer Kahnfahrt auf dem Gardasee. Wenn ich König wäre, müßten alle meine Gesandten Piemontesen sein: sie sind das scharfsinnigste Volk der Welt. Sie halten sich keinen Augenblick mit Oberflächlichkeiten auf: sie legen augenblicklich den Finger auf die Wunde; in dieser Beziehung sind sie den Franzosen weit überlegen, die sich die Zeit damit vertreiben, geistreich-schillernde Epigramme zu verfassen. Einer von ihnen erneuerte, indem er sie in seinem Dialekt schöner ausdrückte, als es Tacitus gekonnt hätte – so vollkommen ist der *disinganno*[362], der daraus spricht –, diese alte Wahrheit: »Die Regierung der großen Insel Madagaskar ist mindestens ebenso unliberal wie die irgendeines kleinen despotischen Königreichs, nur muß sie mehr heucheln.« Er schloß mit dem trefflichen Wort von Monsieur Say[363]: *»Man beurteile eine Regierung danach, mit wem sie die Posten besetzt.«*

In Venedig wollte V . . . Mozart keinen Beifall spenden, weil er ein Deutscher ist; daran erkennt man die allgemeine Geisteshaltung, die ich keinesfalls gutheiße.

*

In Venedig lebt ein Engländer, der seine Schwägerin entführt und dann geheiratet hat. Dieser kleine Spaß hat ihn dreißigtausend Pfund Sterling gekostet*. Dem unglücklichen Gatten hat er durch die Zeitungen gedankt, daß er ihm Gelegenheit gegeben habe, seine Liebe zu beweisen. In Venedig wird diese Dame von keiner Engländerin empfangen; aber da sie sehr liebenswürdig ist, trifft man sie in allen italienischen Gesellschaften. Auch die erstarrteste Phantasie kann sich das *häusliche Leben* dieser beiden leidenschaftlich Liebenden nicht vorstellen. Es gibt darin nicht das kleinste trübende Wölkchen, aber viele Zeichen von Kälte und offenkundiger Gleichgültigkeit, die sich eine Französin – auch nicht von einem König – nur einen halben Tag bieten ließe. Was ich hier sage, unterliegt keinem Zweifel, und ich kann mich von meinem Erstaunen gar nicht erholen: Ich schreibe dieses Verhalten dem Nationalstolz zu. Ein Engländer würde sich für entehrt halten, wenn irgendein anderer Mensch auf den Gedanken käme, er brauche ihn, um glücklich zu sein.

In Verona machte man mich von weitem auf einen der beiden Marchesi Pindemonte[364] aufmerksam. Sie gehören zum Adel der *Terra ferma*; der eine besaß mehr Bildung, er ist vor kurzem gestorben; der andere besitzt mehr natürliches Genie. Ich glaube, sie gehören zu jenen Dichtern, deren Verdienst über den eigenen Sprachbereich nicht hinausreicht. Ich hatte nicht die Geduld, alle Tragödien von Ippolito Pindemonte zu lesen. Ich fand, so scheint

---

* Es ist schändlich, dieses Geld anzunehmen: man baut davon ein Krankenhaus, das mit dem Namen, den es tragen wird, die Rache verewigt.

mir, ein oder zwei lohnende Szenen in seiner »Genoveva«. Es waren Leute von sehr feiner Lebensart, sehr liebenswürdig und von den Damen sehr geliebt.

Mailand, 15. Juli 1817, im englischen Garten der Villa B. . . – Ich bin durch Padua gefahren, ohne auszusteigen; ich hatte keine Lust zu sprechen. Seit acht Tagen bin ich wieder in Mailand, aber für die Künste bin ich tot; was mir gefällt, tut mir weh; selbst die ernstesten politischen Fragen berühren mich kaum. Ich habe geschworen, euch nicht mit philosophischem Gezeter über den Despotismus zu langweilen; ich habe nichts zu sagen. Ich las den »Deserteur« von Sedaine[365]. Ich begreife, daß man desertiert und mit Freuden sagt: *»Ja, ich desertiere!«*

Mailand, 16. Juli 1817. – Ich verfehle nicht einen Abend in der Scala und finde hier die köstlichen Eindrücke von Bologna wieder, gesteigert durch alle Reize der Sehnsucht nach ihnen.

Heute abend sah ich die Erstaufführung der »Gazza ladra« (Die diebische Elster), Musik von Rossini; dann »Mirra oder die Rache der Venus«, heroisches Ballett von Viganò, und »Zauber der Wälder«, komisches Ballett: und das alles an einem Abend.

Mir fehlen die Worte, um die Freude zu beschreiben, die mir die Bühnenbilder bereiteten. Die Herren Perego, Landriani, Fuentès und Sanquirico sind Maler, und zwar große Maler. Jedes Bühnenbild ist mit Leimfarbe gemalt und kostet nur zwanzig *Zecchini* (zweihundertvierzig Francs); aber die Verwaltung gibt bei jedem dieser Herren jedes Jahr zwanzig solcher Bilder in Auftrag. Heute abend, am Tag der *prima recita*[366], erschienen alle Damen in großer Toilette in ihren Logen: tiefe Ausschnitte, freie Arme, mit riesigen, sehr schönen Federn geschmückte Hüte – das brauchen sie, sonst würden sie vom Parterre aus nicht bemerkt werden. Es herrschte tiefste Stille; bei einer *prima sera*[367] macht man keine Besuche in den Logen; mir fiel die mißglückte Anlage des Parterres auf; es ist so flach, daß die Beine der Tänzerinnen nicht zu sehen sind; man sollte sich die Pariser Oper zum Vorbild nehmen.

Die Premieren finden in der Scala immer an einem Sonnabend statt, weil Freitag Ruhetag ist. An den Geburts- und Todestagen der letzten österreichischen Herrscher werden keine Vorstellungen gegeben, was großes Mißfallen erregt.

Die Vorstellung heute abend dauerte gute fünf Stunden, und alles war neu.

Rossini wollte das Getöse der deutschen Musik nachahmen. Bei seiner ebenso kühnen wie glänzenden Phantasie und den Eingebungen seines wahrhaft originellen Geistes kann er sicher sein zu gefallen, welches Genre er auch wählen mag – vorausgesetzt, er verwendet nur etwas Sorgfalt auf sein Werk. Er erhielt viel Beifall. Die Motive seiner Arien sind edel; das Leitmotiv, das für das Verständnis der ganzen Musik so wichtig ist, wird in den Ensemblepartien wunderbar wieder aufgegriffen; er gestaltet sie mit wahrer Meisterschaft. Die von ihm verworfenen musikalischen Phrasen würden einem gewöhnlichen Komponisten zum Durchbruch verhelfen; doch traut er seinem Publikum zu wenig, immer wieder gibt er seinem Hang nach, Dingen Glanz zu geben, die allenfalls recht und vernünftig sind. So legt er einem Gärtner manches Gesangsmotiv in den Mund, das selbst für den Grafen Almavia oder für irgendeinen anderen jungen Hofkavalier prachtvoll genug wäre. Ein Terzett, ein Duett und ein Quintett wurden mit Beifall überschüttet. Die Anfänge dieser Stücke sind prächtig; aber da er den Liebhabern der ernsten Musik gefallen will, ist die *stretta*[368] nicht mehr dramatisch; sie ist gleichsam ein Stück Symphonie, das

von Beethoven abgeschrieben sein könnte. Mit viel Geschick werden die eigenartigsten Töne miteinander ver-
kettet und eingeführt, trotz alledem können sie den
Ausdruck der leidenschaftlichen Worte der handelnden
Personen um nichts erhöhen.

Um den Beifall der Liebhaber des großen Stils zu gewinnen, die auf der ganzen Welt der Natur am fernsten stehen, begleitet Rossini zum Beispiel das Auftreten des
Soldaten Giannetto, des Pächtersohns und Liebhabers
der Magd, mit einer Musik, als ob Caesar oder Alexander
erschiene.

Im übrigen hat diese Oper den Fehler der großen Meister: die Personen sind andauernd auf der Bühne. Signora
Belloc tritt nicht ein einziges Mal ab; die schreckliche
Orchesterbegleitung in deutschem Stil vermag ihre Stimme nicht zu übertönen und schon gar nicht die von Galli.
Sobald die wundervolle Stimme dieses großen Sängers
ertönt, überdeckt sie alles, Orchester und Mitspieler. Galli
spielt einen unglücklichen Vater; man findet hier den
erstaunlichen Schauspieler wieder, der uns in »Agnes«[369]
(ein Stück in der Art des »Lear«) und als ungarischer Fürst
in der »Testa di bronzo« so sehr zu Tränen rührte. Die
junge Galianis mit ihrer schönen Kontraaltstimme, die
nur fünf oder sechs Noten – aber von erstaunlicher Kraft
und Reinheit – umfaßt, wurde umjubelt; sie sieht ebenso
schön aus, wie sie singt. Ein Debütant, Signor Ambrosi,
hat viel Vergnügen bereitet, er ist ein Herr aus der Gesellschaft. Doch es waren zu viele Genüsse. Ich bin todmüde;
das hinderte mich auch daran, über eine alberne französische Unsitte zu lachen, die sich hier einbürgert. Nach dem
Stück, als die Schauspieler herausgerufen wurden, um-
armten sich Galli und Rossini zärtlich auf offener Bühne.

Mailand, 17. Juli 1817. – Virganò, dieser große stumme
Dichter, ist in seiner »Mirra« nicht den Spuren Alfieris

gefolgt[370]. Die Handlung beginnt damit, daß Cyrino einen Gatten für Mirra wählt; nach und nach wird das unglückliche Mädchen zum Opfer ihrer verhängnisvollen Liebe, und mit ihrem nur zu sehr vorausgeahnten Tod endet das Stück. Trotz des traurigen Gegenstands ist die Darstellung unvergleichlich lebensvoll. Wenn das Ballett zu Ende ist, verfolgen einen zehn oder zwölf Ensemblebilder, welche die Phantasie erfüllen wie die Erinnerung an schöne Gemälde. Bei jeder Vorstellung entdeckt man neue bezaubernde Einzelheiten; die Massenszenen beeindrucken durch ihre Originalität, Ordnung und Vielfältigkeit; und obwohl alles überraschend ist, wirkt doch nichts unnatürlich. Das Auge, das an die erhabensten Wirkungen des *malerischen Schönen* gewöhnt ist, kann nicht umhin, hier das Genie eines großen Malers zu erkennen. Die Zuschauer waren auf ein außerordentliches Vergnügen gefaßt; sie empfanden nur die Eindrücke, die der traurige Gegenstand zuläßt. Danach kann man ermessen, ob Viganò *con amore* gearbeitet hat; in der Rolle der Mirra war die Pallerini zu sehen.

Viganò bestimmte die Farbzusammenstellung der Kostüme, die prachtvoll und, was viel seltener ist, eine Freude für das Auge sind. Gestern und mehr noch heute abend waren sich alle darüber einig, daß man nie eine so reizvolle Vielfalt im Verein mit so viel Harmonie gesehen hat; aber so groß auch Viganò bei der Farbauswahl der Kostüme war, hat ihn doch, wie mir scheint, Signore Sanquirico mit seinen himmlischen Dekorationen noch übertroffen. Sie sind derart, daß wir heute abend feststellten, niemand könne sich etwas Schöneres vorstellen: das ist die Vollendung einer Kunst.

Gemessen an der Begeisterung über diese malerische Leistung, erschien die Musik schwach; in den Tanzfiguren verband sich Anmut kaum mit Neuheit. Die Kunstliebhaber sehnten sich nach Paris, allerdings nicht wegen der

Handlung der Ballette, die, weil in ihnen das Dramatische vernachlässigt wird, bald langweilen und keinen Augenblick lang mit den hiesigen verglichen werden können. Aber hätten Paul, Albert, Mademoiselle Bigottini, Mademoiselle Bias in dem Ballett heute abend getanzt, es hätte die Vollendung dessen geboten, was die Kunst gegenwärtig an zauberischster Wirkung hervorbringen kann. Die Damen, deren Herz für die Leiden der armen Mirra schlug, geboten heute abend Schweigen, selbst dem sanften Geplauder der Galanterie. Man wagte in den Logen buchstäblich nicht zu atmen.

Übrigens war man sehr böse auf Rossini und Viganò, die, ganz ihrem Vergnügen hingegeben, das Publikum zwei Monate warten ließen. Sie sind liebenswürdig und können sich nie entschließen, die Einladung zu einer *villegiatura*[371] auf den *Colli di Brianza* oder an den Seen abzulehnen.

Ich wurde heute abend dem ehrwürdigen Grafen Moscati, dem Daubenton Italiens[372], vorgestellt. In seinen Glanzzeiten hatte Mailand mehrere berühmte Männer aufzuweisen, die es gern mit den unseren verglich. Der Senatspräsident Graf Paradisi war der Fürst von Ben. . .[373], General Teulié der Desaix[374], Graf Dandolo, der durch die Vervollkommnung der Seidenraupenzucht so bekannt geworden ist, der Chaptal der Italiener[375], der durch die edle und feinsinnige Beredsamkeit seiner Grußworte berühmt gewordene Monti war ihr Graf Fontanes[376]; der Erzbischof von Ravenna, der Großalmosenier Codronchi, erinnerte durch seinen Geist und sein geschicktes Verhalten an Monseigneur de Boulogne[377]. Die Beredsamkeit und die Talente rechtfertigten diese für beide Nationen schmeichelhaften Parallelen; im übrigen hat Frankreich weder einen so tugendhaften Mann wie Melzi[378] noch einen so fähigen (im despotischen Sinne des Wortes) Minister wie den Grafen Prina[379] gehabt. Hinfort ist Mailand durch die Kette der Meinungen eng mit Frankreich verbunden, und die Festigkeit einer solchen Kette ist unermeßlich; diese Sympathie ist um so stärker, als ihr ausgesprochene Mißgunst vorausging. Bei unserem letzten Rückzug aus Italien schickte Graf Grenier[380] einen mir befreundeten Obersten zu dem österreichischen General. Dieser französische Oberst – wer sollte es für möglich halten – mußte die Hilfe der feindlichen Husaren in Anspruch nehmen, um die Dörfer, durch die er zu reiten hatte, zu passieren; man wollte ihn dort in Stücke reißen. Ich habe selbst seine von hundert Mistgabelstichen durchlöcherte Kalesche gesehen. Schauplatz dieser Szene waren die Ufer des Po bei Piacenza.

Ich vergaß, die letzte Vorstellung von Winters »Mohammed«[381] zu erwähnen, eine Mozart-Imitation; die Ouvertüre ist vortrefflich. Die Oper siecht mangels Melodien dahin; der Komponist ist siebzig Jahre alt und Deutscher. Ein eigenartiges Terzett kommt darin vor: Zopire betet im Hintergrund des Tempels für seine Kinder, Séide kommt in Begleitung von Palmire, um ihn zu töten. Das begeisterte Publikum erzwingt eine Wiederholung des Terzetts; die Mailänder finden diese Melodie großartig; Melodie hat das nicht, allenfalls Harmonie. Die prachtvolle Stimme von Zopire (Galli) ist dabei der Baß, die hellen Stimmen der Damen Bassi und Festa, die an der Rampe stehen, bilden dazu einen verblüffenden Kontrast. Die Violoncello- und Hornbegleitung erschüttert die Seele; eine prachtvoll-düstere Dekoration trägt vollends dazu bei, dem Gegenstand die angemessene Stimmung zu geben.

Galli singt im ersten Akt: *»La patria sarà sempre illesa«*[382]. Rasender Beifall; mir steigen die Tränen in die Augen.

Ich will ein paar Stunden in Bergamo verbringen, der schönen Aussicht wegen; mein Weg führt mich über Monza, Monticello und Montevecchia. Man kann beide

Welten durchstreifen, ohne etwas Vergleichbares zu finden.

In Bergamo begeistert man sich noch für Kirchenmusik. Ich glaubte, die Italiener von 1730 zu erleben.

Die Schönheiten der Kirchenmusik beruhen fast ausschließlich auf Konventionen, und obgleich Franzose, kann ich mich nicht an den gröhlenden Gesang gewöhnen. Die Bergamasker kostet es nichts, ihre Leidenschaft zu befriedigen; ein doppelter Umstand begünstigt sie: der berühmte Mayer[383] wohnt in Bergamo, ebenso der alte David[384]. Marchesi und er waren, so scheint mir, die Berninis[385] der Vokalmusik: große Talente, dazu bestimmt, die Herrschaft des schlechten Geschmacks heraufzuführen. Sie waren die Vorläufer von Signora Catalani und Pacchiarotti, dem letzten Römer.

Mayer hätte ein glänzenderes Los haben können, aber die Dankbarkeit bindet ihn an diese Stadt. Er stammt aus Bayern und kam durch Zufall nach Bergamo. Der Kanonikus Graf Scotti schickte ihn aufs Konservatorium nach Neapel und sorgte mehrere Jahre für seinen Unterhalt. In der Folge bot man ihm das Orchester von Bergamo an, und obwohl ihm das nur zwölf- bis fünfzehnhundert Francs einbrachte, schlug er doch die glänzendsten Angebote von außerhalb aus. In Neapel, wo er die Kantate von San Carlo einstudiert hatte, hörte ich ihn sagen, er wolle nicht mehr reisen: wenn dem so ist, wird er nichts mehr komponieren. In Italien muß ein Komponist an Ort und Stelle die Stimmen seiner Sänger studieren, bevor er seine Oper schreibt. Vor einigen Jahren bot die Verwaltung der Scala Paisiello[386] zehntausend Francs; er antwortete, mit achtzig Jahren mache man keine Reisen mehr, und er werde seine Musik einsenden. Man dankte.

Wie man sieht, verdanken wir Mayer der Großzügigkeit eines reichen Kunstliebhabers; das gleiche gilt für Canova und ebenso für Monti[387]. Da ihm sein Vater kein Geld mehr schickte, war Monti im Begriff, Rom unter Tränen zu verlassen, er hatte schon seinen *vetturino*[388] bestellt. Zwei Tage zuvor hatte er zufällig in der Akademie der *Arcadia*[389] einige Verse gelesen. Fürst Braschi[390] ließ ihn rufen: »Bleiben Sie in Rom und schreiben Sie weiter schöne Verse; ich werde meinen Onkel um eine Stelle für Sie bitten.« Monti wurde Sekretär beim Fürsten.

In einem Hause lernte er einen Mönch kennen, der General seines Ordens war und ein Mann voller Geist und Philosophie. Er schlug ihm vor, ihn dem fürstlichen Papstneffen vorzustellen: er lehnte ab. Diese eigenartige Bescheidenheit reizte den Fürsten; mit einer List brachte man den Mönch dazu, vor ihm zu erscheinen. Der Mönch war bald danach Kardinal Chiaramonti[391].

Der Patriotismus ist in Italien allgemein; man denke nur an die Geschichte des armen Grafen Fantuzzi[392] aus Ravenna, die man mir in Bergamo erzählte. Aber dieser Patriotismus wird ihnen auf jede Art verleidet und ist gezwungen, sich in Albernheiten zu verlieren.

In Bergamo leiten Mayer und David eine Aufführung von Kirchenmusik; man gibt ihnen dafür einen *oro*, ein Goldstück.

Graf P. . . sagte mir: »Bologna ist die Stadt, in der der allgemeine *Verfall* am wenigsten fortgeschritten ist; sie verdient es, die Hauptstadt Italiens zu werden. Wenn man beim Wiedererstehen des Landes Rom zur Hauptstadt macht, dann ist alles verloren. Die feigsten Intrigen werden sich wie Krebsgeschwüre an die Regierung heften. Das bißchen Energie, das Rom besitzt, lebt in den Frauen, die oft an die Sempronia des Sallust[393] erinnern.«

Mailand, 17. Juli 1817. – Man stellt mich Signore Morosi vor, dem Direktor der Münze: ein Mann von Genie in der Art von M. . . Die Mailänder Münze ist allen anderen in Europa überlegen, Paris eingeschlossen, nicht nur wegen der Einfachheit des Verfahrens, sondern mehr noch wegen der Schönheit ihrer Prägungen. Da die Ränder und die Fläche erhaben sind, werden die Einprägungen zwei bis drei Jahrhunderte länger erhalten bleiben als bei unseren Münzen. Heute, am 17. Juli 1817, stellte man Fünffrancs- und Vierzigfrancsstücke her. Wie groß war mein Erstaunen, als ich darauf das Bildnis des vormaligen Königs von Italien[394] erkannte! Kaiser Franz[395] fand bei einem Besuch der *Zecca* (Münze) das Porträt gut getroffen und beglückwünschte den Graveur. Die Jahreszahl dieser Geldstücke ist 1814.

Villa Melzi am Comer See, 18. Juli 1817. – Es bedurfte nur der Aufforderung der hübschen *Contessina* Valenza[396], sie auf einer Fahrt über die Seen zu begleiten, um mich vollends schwermütig zu machen. Ich hatte ihren Gatten in Smolensk kennengelernt. Nichts auf der Welt kommt in diesen glühenden Sommertagen dem Zauber einer Fahrt auf den Mailänder Seen gleich, inmitten grüner Kastanienhaine, die ihre Zweige in den Wellen netzen.

Heute früh um fünf Uhr verließen wir Como in einer Barke, die mit einer schönen blauweißen Plane überdacht war. Wir besuchten die Villa der Prinzessin von Wales[397], die Villa Pliniana und ihre intermittierende Quelle; der Brief des Plinius ist in den Marmor gemeißelt. Der See wird an dieser Stelle düster und wild; die Berge fallen fast senkrecht zum Wasser ab. Es kostete uns einige Mühe, die Punta Balbianella zu umsegeln. Unsere Damen hatten Angst; der See bietet hier einen ebenso wilden Anblick wie die schottischen Seen. Schließlich erblickten wir den lieblichen Strand der Tremezzina und die reizenden, gegen den Nordwind durch einen hohen Bergrücken geschützten kleinen Täler, in denen ein ebenso mildes Klima herrscht wie in Rom; die frierenden Mailänder verleben hier den Winter; immer mehr Paläste wachsen aus dem

Grün der Hügel empor und spiegeln sich in den Wassern. Paläste ist dabei zu viel gesagt, Landhäuser zu wenig. Es ist eine elegante, malerische und sinnenfrohe Bauart; sie ist typisch für die drei Seen und die Colli di Brianza. Die Berge des Comer Sees sind bis zum Gipfel mit Kastanien bewachsen. Die auf halber Höhe gelegenen Dörfer kann man schon von weitem an ihren Kirchtürmen erkennen, die die Baumwipfel überragen. Der Glockenklang, durch die Ferne und den leisen Wellenschlag des Sees gedämpft, tönt in leidenden Seelen wider. Wie soll ich dieses Gefühl beschreiben? Man muß die Kunst lieben, man muß lieben und unglücklich sein.

Um drei Uhr landen unsere Barken im Hafen *(darsena)* der *casa* Sommariva[398] gegenüber der Villa Melzi. Unsere Damen brauchten Ruhe; drei italienische Offiziere und ich waren in düstere Stimmung verfallen. Wir verließen die anderen, überquerten den See in zehn Minuten, und schon befanden wir uns in den Gärten der Villa Melzi; von dort hinauf zur Casa Giulia, von wo aus man einen Blick auf den anderen Arm des Sees hat: ein düsterer Anblick. Wir machen bei der Villa Sfrondata halt, die inmitten eines Waldes hoher Bäume auf dem steil aufragenden Vorgebirge liegt, das den See in die beiden Arme teilt: er hat die Form eines umgekehrten Ypsilon. Diese Bäume stehen am Rand eines dreihundert Fuß tiefen Abgrunds, der senkrecht zum See hin abfällt. Links von uns sehen wir uns zu Füßen am anderen Seeufer den Palazzo Sommariva, rechts den *Orrido di Bellano*, und vor uns dehnt sich zehn Meilen weit der See. Die Brise trägt von Zeit zu Zeit die Lieder der Bauern vom anderen Ufer bis zu uns herüber. Die Sonne Italiens prallt senkrecht auf uns herab, die Mittagsglut läßt alles verstummen; nur ein leichter *venticello*[399] kräuselt von Zeit zu Zeit von Osten her die Wasserfläche. Anfangs sprachen wir über Literatur, nach und nach aber geht das Gespräch auf die aktuelle Geschichte über: auf das, was wir getan haben, was wir hätten tun müssen, auf die tolle Eifersucht, die uns trennte. »Ich war bei Lützen.« – »Ich auch.« – »Wieso haben wir uns nicht gesehen?« Und so weiter und so weiter.

Wenn die Unterhaltung erst einmal in einem so offenen Ton geführt wird, kann man nichts mehr verschleiern. Nachdem wir drei Stunden, die uns wie im Fluge vergingen, am Rande der Steilhänge bei der Villa Sfrondata verbrachten, sind wir wieder in der Villa Melzi angelangt. Ich schließe mich in ein Zimmer im zweiten Stock ein; ich versage meinen Augen den schönsten Anblick, den es nächst dem Golf von Neapel in der Welt gibt, und schreibe vor der Büste Melzis, ganz erfüllt von zärtlicher Begeisterung für Italien, von Liebe zum Vaterland und zur Kunst, eiligst den Inhalt unseres Gespräches nieder.

Heutzutage, inmitten der großen Umwälzung, die uns alle erfaßt hat, kann man nicht mehr die Sitten eines Volkes studieren, ohne sich mit Politik zu befassen. Die Revolution, die 1789 begann, wird 1830 in Europa wie in Amerika mit der endgültigen Einrichtung der beiden Kammern enden. Und die Franzosen wird man dann als die Erstgeborenen der Vernunft betrachten*. Alle sind neidisch auf Frankreich: ein großer Beweis für seine Überlegenheit, und vielleicht der einzige gute, da ihn die Schmeichelei nicht nachahmen kann. In Paris ist lediglich

---

* Pitts[400] Ausgabenfreudigkeit, die 1794 die Aristokratie rettete, verurteilt jeden Engländer, der nicht über hundert Louisdor Rente verfügt, damit, daß er geboren wird, zu unausweichlichem Unglück. Die verheerende Hungersnot unter den Arbeitern von Birmingham 1817 rächt uns für die Greuel der Freien Kommune. (Vgl. die Reden von Mister Brougham[401]!) Wenn die Nationen nachdächten, würden sie so schnell wie möglich Bankrott machen und erklären, daß die Zahlungsverpflichtungen, die ein Fürst eingegangen ist, für seinen Nachfolger nicht verbindlich seien.

der platte Durchschnittsmensch geschäftig und tritt in Erscheinung; aus der Ferne werden wir jedoch nach unseren Tracy, unseren Gouvion-Saint-Cyr, unseren Grégoire, unseren Lanjuinais, unseren de Broglie[402] beurteilt.

In bezug auf seine Sitten und Gebräuche gehört Italien zu den am wenigsten bekannten Ländern; die Reisenden haben nur die schönen Kunstwerke gesehen, vermochten aber nicht zu erkennen, daß Meisterwerke aus dem Herzen kommen. Ich möchte von der Literatur sprechen, aber ich habe keine Zeit dazu. Der gelehrte Ginguené[403] war trotz seines guten Willens noch ein Produkt der alten Erziehung und seinem Gegenstand nicht gewachsen. Sismondi[404] ist zwischen zwei sich widersprechenden Systemen hin und her gerissen: Soll er Racine oder soll er Shakespeare bewundern? In seiner Ratlosigkeit sagt er uns nicht, für wen sich sein Herz entscheidet; vielleicht für keinen von beiden. Sein Buch sollte der »Geist der Gesetze«[405] der einander ablösenden Regierungsformen Italiens werden, hat es doch in diesem Lande viel mehr Regierungen als Gesetze gegeben; und die Regierung vertrat stets die Meinung des jeweiligen Herrschers.

Der italienische Charakter, dem Feuerstrom eines Vulkans vergleichbar, konnte nur in der Musik und in der Sinnenlust offen zutage treten. Von 1550 bis 1796 wurde er durch die ungeheure Last der mißtrauischsten, schwächsten, unversöhnlichsten Tyrannei erdrückt. Mit Hilfe der Religion, die die Machthaber unterstützte, gelang es, ihn endgültig zu ersticken: daher das Mißtrauen; alles, was von ihm noch sichtbar war, war im Grunde nicht echt.

Der 14. Mai 1796 bezeichnete eine bedeutende Epoche in der Geschichte des menschlichen Geistes. Der kommandierende General Buonaparte besetzte Mailand; Italien erwachte, und in der Geschichte des menschlichen Geistes wird Italien immer die Hälfte Europas sein.*

Ich kann hier nicht deutlich reden, mein Manuskript könnte beschlagnahmt werden. Wie ist Italien erwacht? Welche Umstände beeinflußten die Riesenschritte dieses jungen Volkes? Welche Männer haben sein Schicksal bestimmt?

Als Buonaparte in Mailand einzog, war Erzherzog Ferdinand von Este[407] der vom Reichshofrat in Wien dorthin gesandte schüchterne Gouverneur der Stadt, und dieser schwache Fürst war so gutmütig, wie ein Schwächling nur sein kann. Brach ein Deich, dann mußte erst nach Wien geschrieben werden, und wenn die nötige Summe nach zwei Monaten endlich bewilligt war, so war der Schaden inzwischen hundertmal größer geworden; das wußte der Reichshofrat besser als jeder andere; aber der Sklave war so stark, daß man ihm nie Ketten genug anlegen konnte.

Joseph II.[408], ein engstirniger Mensch und ein Schüler Raynals[409], hatte die Mönchsklöster abgeschafft und dem Adel alle Standesprivilegien genommen. Die gesamte italienische Armee bestand damals aus sechsundneunzig Stadtwachen in roter Uniform, die in Mailand Dienst taten.

Diese Hauptstadt des reichsten Landes der Welt zählte damals vierhundert Familien mit hunderttausend Livres Jahreseinkünften und zwanzig Familien, die eine Million hatten und gar nicht wußten, was sie mit ihrem Reichtum

---

* Nach dem Zusammenbruch jenes großen, unbekannten Volkes, von dem wir nicht mehr wissen, als daß es gelebt hat, pflegte Etrurien als erstes Land die Künste und die Gelehrsamkeit. Italien erlebte außerdem das Zeitalter des Augustus und das Jahrhundert Leos X.[406] Vielleicht können Malerei, Musik und Bildhauerkunst nur dort gedeihen. Eines Tages wird das südliche Amerika nach zweihundert Jahren parlamentarischer Regierung und im Besitz von Sonne, Freiheit und Reichtum mit dem Lande der Genies wetteifern können. Die Grausamkeiten von 1817 geben den Peruanern Energie.

anfangen sollten. Alles war billig in Mailand, und ein Italiener hat nicht ein Viertel der Bedürfnisse eines Parisers. So ließ der General Fürst Belgiojoso[410], der sich in österreichischen Diensten schwer bereichert hatte, jeden Morgen zwanzig Pfund Puder in ein kleines Zimmer schütten und ging dann mit einer Maske vor dem Gesicht darin auf und ab; er behauptete, das sei die einzige Art, auf die man sich anständig pudern könne. Dann ging er in sein Serail, wo junge Tänzerinnen im Kostüm der Venus von Medici vor Seiner Exzellenz Ballett tanzten. Parini verspottete ihn in »Il Mattino«, einer Satire, die Popes würdig ist. Der Fürst wollte ihm Stockprügel verabreichen lassen; der Gouverneur beschützte ihn. Neben Parini waren Beccaria[411] und Verri[412] die Leuchten Europas. Abends fanden sich stets Fürsten, Gelehrte, Literaten und Millionäre im Theater zusammen. Marchesi[413], der Zauberer, entzückte alle Herzen. Die Frauen trugen gleichzeitig fünf Porträts von ihm: eines an jedem Arm, eines am Hals an einer goldenen Kette und zwei auf den Schnallen ihrer Schuhe. Nie haben die Reichen in irgendeinem Lande ein süßeres Leben geführt. Alle gehässigen Leidenschaften waren ausgeschaltet, es gab fast keine Eitelkeit; und da die Adligen damals gute Leute waren, teilte das Volk ihr Glück.

In der Lombardei produziert jeder Pachthof Reis, Käse und Seide, die einen beträchtlichen Ertrag bringen; außerdem haben sie noch alle anderen Produkte, die wir auch haben; dieses Land kann nicht zugrunde gehen, und alles ist spottbillig.

Diese wollüstige Ruhe begann in Apathie auszuarten, als der Kanonendonner des 14. Mai die Geister weckte. Die ruhigen Mailänder dachten an Frankreich nicht mehr als an Japan.

Dieses in seinem Denken uns so ferne Volk glaubte an die Freiheit und zeigte sich ihrer würdiger als wir. Die gesetzgebende Körperschaft von Mailand verweigerte Buonaparte, auf dem Gipfel seiner Macht (1806, glaube ich), die Zustimmung zu einem wichtigen Gesetz (Stempelsteuergesetz)[414]. Niemals wird eine französische gesetzgebende Körperschaft eine solche Unschicklichkeit auch nur in Erwägung zu ziehen wagen. Die gesetzgebende Körperschaft des Königreichs Italien wurde daraufhin nicht mehr einberufen, und Buonaparte suchte, wie in Frankreich, den Despotismus durch den Kult des Ruhms zu verschleiern. Bei Marengo hatte Italien einen einzigen Mann, der ins Feuer zu gehen wagte (General Lechi)*. Neun Jahre später, bei Raab[416], hatte es eine Armee von sechzigtausend Mann, die ebenso tapfer waren wie die Franzosen. Und es gab auch einen königlichen Almanach, der genauso dick war wie unserer und voll italienischer Namen.

Die Straßen waren und sind zwanzigmal schöner als in Frankreich. Alles belebte sich, alles ging voran, immer mehr Fabriken entstanden, die Arbeit kam zu Ehren, wer intelligent war, wurde reich. Der geringste Apothekergehilfe, der im Hinterstübchen seines Meisters arbeitete, war erfüllt von der Idee, daß er nur eine große Entdeckung zu machen brauchte, um das Kreuz der Ehrenlegion zu bekommen und Graf zu werden. Diese ganz unserer modernen Zeit gemäße Triebfeder wirkte ebenso stark wie diejenige, welche einst die Römer dazu trieb, die Weltherrschaft zu erringen. Unter der Regierung Melzis war das Königreich Italien glücklicher, als Frankreich es je gewesen ist. Es schritt kühn auf dem Wege zur Freiheit voran. Melzi liebte diese Quelle allen Glücks zärtlich: aber ihm hafteten noch die Mängel der alten Erziehung an: ihm fehlte die Kraft. Er nutzte das Jahr seiner Vizepräsidentschaft nicht, um neue Interessen zu wecken. Wäre er aber dazu

* Sein Gefecht bei Varallo mit der Legion von Rohan[415].

überhaupt imstande gewesen? Ich glaube, ja, denn Buonaparte hatte nie einen festen Plan: er war damals mit Frankreich beschäftigt. Selbst Washington wäre in Verlegenheit gewesen, hätte er sagen sollen, welches Maß an politischer Freiheit man einem Volke zugestehen durfte, das sich so großer Verirrungen schuldig gemacht hatte, das durch die Erfahrung so wenig klug geworden war und im Grunde seines Herzens noch immer all die dummen Vorurteile der alten Monarchie nährte: waren es doch die Heloten[417] dieser Monarchie, die die *Schreckensherrschaft*[418] herbeigeführt hatten.

Im übrigen fesselte keiner der Gedanken, die einen Washington beschäftigt hätten, die Aufmerksamkeit des modernen Cäsar; er verfolgte rein persönliche und egoistische Ziele. Zuerst dem französischen Volk soviel Freiheit zu geben, wie es vertragen konnte, und dann allmählich den Einfluß des Staatsbürgers zu vergrößern, und zwar in dem Maße, wie der Eifer der Parteien abgekühlt wäre und die öffentliche Meinung sich als aufgeklärter erwiesen hätte – das war nicht das Ziel seiner Politik; er machte sich keine Gedanken darüber, wieviel Macht man dem Volke ohne Bedenken einräumen könne, sondern er suchte zu ergründen, mit wie wenig Macht es sich zufriedengeben werde. Ein Beweis dafür, daß er stark genug war, die Freiheit zu begründen, ist, daß er reaktionäre Bestrebungen im Keime zu ersticken vermochte.

Während er in dieses Problem vertieft war, hätte Italien frei werden können, wenn es ihm nur ein wenig Furcht eingeflößt hätte. Melzi sah nicht, daß ein Volk immer nur soviel Freiheit besitzt, wie es sich erzwingt.

Da sich Buonaparte sicher fühlte, legte er seine Maske ab und ging zum Despotismus über; er probierte in Italien die Maßnahmen aus, die er in Frankreich anwenden wollte.*

* Die Geschichte des Königreichs Italien von 1794 bis 1814 ist das schönste Thema der modernen Geschichte: das Ideal verbindet sich hier mit der Realität.

Melzi zog sich in die schöne Villa zurück, in der ich schreibe, und betrauerte das Vaterland; Buonaparte brauchte nur noch ein Werkzeug, und Graf Prina wurde der Vasconcellos[419] seines Herrn. Dieser Piemontese war ein bedeutender Mann, bedeutender noch als Colbert[420]; denn wie bei diesem ist fast alles Große, was unter dem Despoten geleistet wurde, sein Werk gewesen; und das trotz der Intrigen am Hofe des Vizekönigs und des gesamten Staatsrates. Colbert hinterließ bei seinem Tode ungeheure Reichtümer; als Prina am 21. April 1814 erschlagen wurde, fand man zum allgemeinen Erstaunen keine Schätze bei ihm, sondern lediglich zwei Drittel seines Gehalts.*

Meine jungen Offiziere werfen den Franzosen bitter vor, daß sie ihnen nicht die Freiheit gebracht haben; aber hätte sich das mit den Interessen des Herrn vertragen? Die Staaten benehmen sich untereinander wie Privatleute. Hat man jemals gesehen, daß ein Mensch für nichts und wieder nichts einem anderen zum Glück verhilft? Das einzige, was man bestenfalls erhoffen kann, ist, daß *die Interessen übereinstimmen.*

Meiner Meinung nach hatte Buonaparte absolut kein politisches Talent; sonst hätte er nicht nur in Italien, sondern auch in allen anderen Ländern liberale Verfassungen eingeführt und illegitime Könige eingesetzt, wie er selbst einer war, aber er hätte sie aus regierenden Häusern genommen. Und die Völker hätten ihn schließlich für diese große Wohltat vergöttert. Bis sie zu dieser Einsicht gelangt wären, hätten sie all ihre Kraft dazu verwandt, sich völlige Freiheit zu erringen, anstatt in Frankreich einzufallen**.[421]

* Graf Marescalchi sagte mir, daß sich 1817 alles Beweismaterial über Prinas Mörder in den Polizeiarchiven von Mailand befunden habe. Ihre Namen und ihre Beweggründe seien bekannt.
** Man ist sich darüber im klaren, daß es sich bei dieser Hypothese für den Usurpator nicht um das große Prinzip handeln konnte, welches heute das Glück der Völker sichert: die Legitimität. Hier ist die Rede von dem, was man in einer an sich ungünstigen Situation am besten hätte tun können.

Der im Salon von Malmaison[422] so liebenswürdige Fürst Eugène war auf dem Thron Italiens *klein*. Er sagte einmal in seinem Hauptquartier am Isonzo, *er spotte der italienischen Dolche:* Dieser Ausspruch war das Dümmste, was er überhaupt sagen konnte. Erstens konnte von Dolchen keine Rede sein; seit dem Jahre 1800 war ein einziger Franzose ermordet worden; und zweitens: selbst wenn aller Hände vor Dolchen starrten – seit wann wird ein Volk durch Beleidigungen regiert? Dieser liebenswürdige Fürst, der galant, von großer Tapferkeit und bisweilen ein General war, hatte jedoch in der öffentlichen Meinung so wenig Fuß gefaßt, daß er, als er sich nach dem Sturz seiner Familie drei Tagen in Mailand aufhielt, dort nur ebensoviel Aufsehen erregte wie ein englischer Lord, der auf der Reise nach Rom ist und in Mailand Station macht.

Es lag in seinem Charakter, daß er sich stets führen ließ; zwei oder drei Adjutanten wurde diese Ehre zuteil, und diese Herren waren Franzosen. Zum Glück haben diese verhaßten Franzosen nie etwas Niedriges oder Ehrloses getan.

Nach der Schlacht bei Leipzig hätte ein genialer Mann in Italien den Grundstein zu einem Thron legen und ihn nach der Abdankung in Fontainebleau[423] besteigen können; doch er hätte vorsorglich von einer Verfassung reden müssen. Diejenigen, die den Vizekönig lenkten, kamen nicht einmal auf diesen Gedanken. Er selbst war nur ein ritterlicher Franzose, ein sehr tapferer und grundehrlicher Mann; er hatte seinem Wohltäter die italienische Armee angeboten, die dieser jedoch, wie mit Blindheit geschlagen, zurückwies (Februar 1814).

Nach der Abdankung dachte der Vizekönig endlich an die Krone. Er glaubte, sie läge in den Händen der Mailänder Senatoren, und schickte einen seiner Leute zu Manin, dem ersten Juwelier der Stadt, mit dem Auftrag, zweiundvierzig Tabaksdosen zu fünfundzwanzig Louisdors das

Stück zu kaufen; damit wollte er die zweiundvierzig Senatoren bestechen. Dieses geschickte Manöver war eine Viertelstunde später in Mailand stadtbekannt, und . . . Hier schaut mich mein Kopist lachend an:»Monsieur, die gegenwärtige Zeit ist wie die Bundeslade[424].«*

Der Zufall hat 1814 den Vormarsch dieses jungen Volkes unterbrochen. Was wird nun aus dem heiligen Feuer des Genius und der Freiheit werden? Wird es verlöschen? Wird Italien wieder Hochzeitssonette verfassen und sie auf rosa Atlasseide drucken? All meine Gedanken, all meine Blicke waren auf die Lösung dieses großen Problems gerichtet.

. . . .

Es hat keine Emigranten gegeben und fast keine Aufkäufer von Nationalgütern. Hier war im Jahre 1807 wie bei uns die Verschmelzung des Adels mit der Nation zur Hälfte vollzogen. Buonaparte lehrte den Adel, daß er etwas Besseres sei als nur Großgrundbesitzer. Jetzt, da der Krieg nun einmal erklärt ist, kann er nur in der Pairskammer enden.

Über die Künste

Italien kann um Ruhm und Glück gebracht werden, und zwar durch Mittel, über die man nur reden kann. Dieses Volk hat eine so sonderlich geartete Seele, daß es Meisterwerke hervorbringen wird, sobald es glücklich ist; deshalb

* Zu dieser Zeit (April 1814) war der Fürst militärisch noch sehr wohl Herr der Lage. All das wurde mir gerade in allen Tonarten wiederholt versichert. Ich habe neue Gründe, die mich nicht daran glauben lassen. Der Mann, der nach dem Rückzug aus Moskau bei Magdeburg mit einer schwachen Vorhut den Vormarsch der wütenden Russen und Preußen aufgehalten hat, muß über die politische Rolle erhaben sein, die man ihn hier spielen läßt. »Der Vizekönig war für uns immer nur ein französischer Marquis«, sagen meine Offiziere.

steht es meinem Herzen auch viel näher als zum Beispiel die Amerikaner, die, seit sie glücklich sind, nur noch Dollars produzieren.

Eines kann die Italiener an ihrer Vervollkommnung hindern und ihnen die Wohltaten des Schießpulvers vergiften: das ist die *Pedanterie*. Man muß sich zuerst in der Kunst des Denkens üben, dann sollte man seinen Lehrmeister verlassen und selbständig werden. Die italienischen Schriftsteller, die fast alle Geistliche sind, wollen mit aller Gewalt Dante und Vergil fortsetzen. Daraus ergeben sich zwei Sekten von Pedanten: Pedanten des *Ideenguts*, wie zum Beispiel Verri, Micali[425] und so weiter, und Pedanten des *Stils*, wie Botta, Giordani, Rosmini[426] und so weiter.

Italien wird seinem Begründer immer den Vorwurf machen, daß er ihm keine Ecole polytechnique gegeben hat, zu der in der Hauptsache nur junge Adlige und Leute mit tausendzweihundert Francs Einkommen hätten zugelassen werden dürfen. Man hätte sie nach Jeremy Bentham, Adam Smith, Say, Tracy, Cabanis, Malthus[427] und Montesquieu unterwiesen, hätte sie Corneille, Shakespeare, Molière, Schiller, Racine, Rousseau, Helvétius[428], Voltaire, Bossuet[429] und die großen Nationaldichter lesen lassen.

Glaubt man wirklich, daß die Republiken Mexiko und Peru ihre Zeit damit vergeuden werden, sich langsam von Vorurteilen zu Torheiten und von weniger groben Irrtümern bis zu allen Fortschritten unserer trägen Entwicklung hinzuschleppen, wo jede Wahrheit durch zehnjährige Arbeit ihres Erforschers und dann durch sechs Monate Bastille erkauft wurde?

Nein, ihre Schulen werden sie von Anfang an an die *Grenzen* der Wissenschaft führen. Warum Physik nach Nollet lernen, wenn man sie bei Biot[430] finden kann? Ihre junge Kraft wird von dem Punkt ausgehen, bis zu dem das alte Europa keuchend vor Ermüdung und Mattigkeit gelangt ist. Aber gerade das wollen die italienischen Pedanten nicht; sie behaupten, man dürfe nur von Autoren lernen, die in Italien geboren sind und dort leben.*

Montesquieu sagte von der »Henriade«[432]: »Je mehr Voltaire Vergil sein will, um so weniger ist er Vergil.« Das große Genie, das die Italiener immer mehr in die Irre leitet, ist der Mensch, der diesen Irrweg am tiefsten verabscheute. Niemand war mehr er selbst als Dante; aber da Alfieri wenig Geist besaß, hat er das nicht erkannt, und die gesamte italienische Jugend marschiert in seinem Gefolge.

Da Italien die Hoffnung auf eine Ecole polytechnique aufgegeben hat, die den Adel für die liberalen Ideen hätte gewinnen können, muß es seine Erziehung selbst in die Hand nehmen, aber dazu braucht es Leute, die *möglichst anders geartet* sind. Das wird den Moment der *Scheidung*** erleichtern.

Italien liegt im Süden, also braucht es Lehrer aus dem Norden; es ist vorwiegend katholisch, also braucht es protestantische Lehrer; es hat dreihundert Jahre Despotismus im Blut, also braucht es Lehrer aus einem Lande mit einer Verfassung: all das verweist Italien auf Schottland und England. Die Franzosen sind ihm zu ähnlich; von ihm darf es nur die Bücher nehmen, die unerläßlich sind, um nicht in die alberne *Sympathie*-Philosophie zu verfallen, welche unseren Willen auf anderes gegründet sieht als auf die *Lust des Augenblicks*. Davon abgesehen ist die englische Kost für die Italiener die einzig gesunde, denn wenn sie erst gelernt haben, ihre Gedanken auszu-

---

* . . . Pallas quas condidit arces

Ipsa colat; nobis placeant ante omnia silvae[431]

Wie man sieht, findet sich diese Grundregel des schlechten Geschmacks bei Vergil.

** Begriff der Chemie[433].

drücken und die sie umgebenden Verhältnisse zu durchdenken, werden sie eines Tages, sobald die Unterschiede des Klimas und der Wesensart übermächtig werden, ihre Lehrer zum Teufel jagen* und wagen, sie selbst zu sein.

Das wird aber niemals geschehen, solange sie Horaz und Vergil studieren; Dante und Machiavelli sind noch viel gefährlicher. Diese unsterblichen Männer lebten in einer Republik, und da Italien nichts anderes erstrebt, können die jungen Leute – wofern sie nicht die Durchsetzungskraft einer mit zwanzig Jahren überaus seltenen originalen Begabung besitzen – nicht umhin, sie nachzuahmen.

Eine Nation ist nur glücklich, wenn nicht mehr einander widersprechende Interessen sie bewegen, als zur Erhaltung ihrer Konstitution notwendig sind. Sie ist nur dann aufgeklärt, wenn Millionen Durchschnittsmenschen nach vernünftigen Methoden unterrichtet worden sind, und sie besitzt letzten Endes immer nur soviel Freiheit, wie sie sich durch ihre Charakterfestigkeit und ihre Aufgeklärtheit erzwingt. Italien ist der Freiheit viel näher, weil es viel weniger auf Heuchelei hereinfällt; es hält alle Mächtigen für schlecht und sagt zu ihnen: »Beweist uns erst das Gegenteil!« Es sollte danach streben, sich schnellstens aufzuklären. Dazu muß es aber erst lernen, die Wahrheit zu ertragen. Alle seit 1600 in diesem schönen, unglücklichen Lande gedruckten Bücher lassen sich auf zehn Bände reduzieren.

Das ist die traurige Wahrheit, die zu ertragen die jungen Italiener lernen müssen; aber sie haben diesen ersten Schritt noch nicht getan. Ich fürchte, dieses Wort wird noch fünfzig Jahre lang ihren Zorn erregen; es ist hart, sich mit zwanzig Jahren sagen zu müssen: »*Alles, was ich weiß, haben mich Leute gelehrt, deren dringendstes Interesse es war, mich zu täuschen. Ich muß alle meine Ideen revidieren.*«

---

* Das eben nenne ich den Vorgang der Scheidung.

Riva, 20. Juli 1817. – Neuerliche Unterhaltung mit meinen italienischen Offizieren im Boot*. Mailand ist Bologna überlegen. Als Individuen würden vielleicht die Bologneser den Sieg davontragen; aber man muß folgendes beachten:

1. Mailand ist die größere Stadt (hundertdreißigtausend Seelen); folglich werden dort auch viel mehr Dummheiten verachtet, und das Beispiel der Vergangenheit wirkt nicht so stark. Man macht sich dort schon lächerlich, wenn man über seine Geschäftsinteressen redet.

2. Mailand war vierzehn Jahre lang die Hauptstadt eines großen Königreichs; folglich konnte man dort die großen Staatsangelegenheiten und auch das Spiel der Leidenschaften aus nächster Nähe beobachten. In dieser Zeit war Bologna *eifersüchtig*; allerdings bewies es während dieser schlimmen Phase Tatkraft. Im Jahre 1809 machte es einen Aufstand.

3. Mailand liegt nicht weit von der Schweiz entfernt, die der oberen Gesellschaft Bücher liefert; es gibt ein Exemplar des »Morning Chronicle«[435], das den Adligen, der es sich schicken läßt, dreitausend Francs kostet. Vor zehn Jahren hätte man keine zwei Personen gefunden, die Zeitung lasen; jetzt sieht man sogar Dienstboten, welche sie von der Post abholen, sie auf der Straße lesen.

Die Erziehung, die diesem Volk ganz zufällig vierzehn Jahre lang (von 1800 bis 1814) durch einen Despoten zuteil wurde, der nichts in der Welt so sehr fürchtete wie die Erziehung, hatte hier Helden hervorgebracht. Was für Resultate hätte dann erst die Erziehung durch einen philosophischen Fürsten gezeitigt! Alles Große hat ein be-

---

* Eine klare Vorstellung von der italienischen Geschichte der letzten zwanzig Jahre kann man sich erst von dem Tag an machen, da zwölf Geschworene, von denen jeder dreißigtausend Livres Rente hat, über die Vergehen im Pressewesen urteilen. Bis dahin bleiben wir im Ungefähren. Siehe die Schrift von Monsieur Benjamin Constant[434] über die Urteile von 1817.

sonderes Recht auf das Herz dieses Volkes. Da es viel mißtrauischer ist als die Franzosen, vermag es die Größe der Fürsten viel besser zu beurteilen. Die besonderen Umstände, die Mailand in der kurzen Zeit von vierzehn Jahren erzogen haben, hätten ein anderes Volk nicht in fünfzig Jahren von der Stelle bewegt. Die Lombardei betrachtet sich in bezug auf die politische Freiheit als ein Anhängsel Frankreichs; man verfolgt dort unsere Kammerdebatten mit überaus lebhaftem Interesse.

Das Fieber der Unzufriedenheit verzehrt dieses Land hier ebenso wie jedes andere; dennoch bat ich, drei Kleinigkeiten in Betracht zu ziehen:

1. Im ganzen Königreich Italien sind seit 1814 nur dreiundzwanzig Personen festgenommen worden.

2. Es hat niemals auch nur die Spur einer Reaktion gegeben, und kein Tropfen Blut ist geflossen. Der Gouverneur Bellegarde[436] warf alle Denunziationsbriefe ins Feuer.

3. Der Gouverneur dieses Landes[437] ist ein geistvoller Mann aus der Schule Josephs II., der sich weder von der Geistlichkeit noch vom Adel etwas vormachen läßt. Ein Mailänder Pfarrer verfällt auf den Gedanken, einen jungen Mann Wunder tun zu lassen; der Gouverneur, der den Zweck dieser Wunder erkennt, läßt beide ins Gefängnis werfen. »Ich nehme an«, sagt er vor aller Öffentlichkeit zu ihnen, »daß ihr morgen wieder in Freiheit sein werdet; dieses kleine Wunder wird euch nicht schwerfallen; es wird euch im Gegenteil sehr nützlich sein, um die Ungläubigen zu beschämen; ich meinerseits verpflichte mich, euch nicht wieder festnehmen zu lassen.«

Allerdings gehen alle zwei Monate fünfundachtzig mit Silber beladene Wagen unter guter Bedeckung nach Wien ab, und die Lombardei erfreut sich nicht mehr jener Art Verfassung, die ihr Maria Theresia gegeben hatte.

Villa Pliniana, 21. Juli 1817. – Wir wollen die Villa Pliniana wiedersehen: dort ist es so schön kühl! Contessina A... spricht mit mir über die Kunst; wenn mich jemand gefragt hätte:»Wo befinden Sie sich?« hätte ich nicht gewußt, was ich antworten sollte, so sehr war meine Aufmerksamkeit in Anspruch genommen. – Eine Französin, die vier Liebhaber gehabt und leidenschaftlich geliebt hat, weiß nicht – denn niemand hat es ihr je gesagt –, daß sie der Kunst ganz nahe ist; sie müßte nur schnellstens alle pedantischen Abhandlungen der Akademiker ins Feuer werfen. – Aber ich sehe schon einen unanfechtbaren Einwurf voraus: Welche Frau hat in Frankreich vier Liebhaber gehabt?

In Frankreich gibt es keine Originalität, weil die Furcht vor der Lächerlichkeit alles beherrscht und weil es dort eine Metropole gibt. Hier denkt Brescia, das nur zwanzig Meilen von Mailand entfernt ist, ebensowenig daran, Mailand nachzuahmen, wie Philadelphia. Alle Familien der einzelnen Nachbarstädte kennen einander, alle galanten Abenteuer sind ihnen bekannt; aber keine ahmt die andere nach.

Monticello, 23. Juli 1817. – Wir fahren von Como nach Lecco; unangenehme Fahrt; die Landschaft ist nichtssagend. Wir kommen nach Monticello; wundervolle Aussicht von der Casa Cavaletti. Mir ist nie etwas Ähnliches begegnet; am Horizont sieht man den Mailänder Dom, und ganz in der Ferne zeichnen sich die Berge von Parma und Bologna als eine blaue Linie gegen den Himmel ab. Wir befinden uns auf einem Hügel; nach rechts herrliche Aussicht: eine fruchtbare Ebene, Felsen und zwei oder drei Seen; nach links ebenfalls eine wundervolle Aussicht, aber im einzelnen das ganze Gegenteil von der ersten: Hügel, die Madonna di Montevecchia; vor uns die schöne Lombardei mit all ihrer grünen Pracht und ihren Reichtümern, ein grenzenloser Horizont; der Blick verliert sich erst dreißig Meilen weiter in den Nebeln von Venedig; das ist das Gegenstück zu der Aussicht von San Michel in Bosco. An diesem unendlich weiten Himmel sieht man oft aus einer fünf bis sechs Meilen entfernten Ecke ein schwarzes Gewitter mit grollendem Donner heraufziehen, während alles sonst heiter ist. Man sieht das Gewitter herannahen und sich entweder bald wieder verziehen oder aber binnen weniger Minuten von allen Seiten hereinbrechen. Es gießt in Strömen, fürchterliche Donnerschläge erschüttern die Gebäude; und bald steigert die wunderbare Reinheit der Luft den Genuß. All das erlebten wir in den letzten zwei Stunden: jetzt können wir auf acht Meilen Entfernung die Fenster eines Hauses erkennen. – Noble Höflichkeit des Besitzers, eines ehemaligen Stallmeisters des Königs von Italien. Wir sind wie eine Bombe bei ihm hereingeplatzt, wie Kinder, die sich vor ein Bild drängen.

24. Juli 1817. – Wir übernachten in Monza. Schlechte Architektur des Palastes, nichtssagender Garten. Wir fahren nach Varese, einem kleinen Städtchen, dessen sämtliche Häuser sich in den letzten zehn Jahren zu Palästen gewandelt haben.

Wir gehen ins *Kasino*. Außerordentliche Höflichkeit der Bewohner von Varese; sie nehmen uns mit in die *Accademia*, die Signora Grassini ihren Landsleuten gibt. Sie singt »Ombra adorata, aspetta« und das Duett »Svenami« aus den »Horatiern«[438]: man weint, und das Herz applaudiert. Die schönsten Mailänderinnen sind zugegen, unter ihnen Signora Litta, die einer Genueser Familie entstammt, welche im 13. Jahrhundert eng mit der Familie B. . .[439] verbunden war. Prächtige Gesichter der italienischen Offiziere; tiefe Blässe, große schwarze Augen, Bart und Haare braun, schwarze Krawatten, antike Züge, Schlichtheit und Gutmütigkeit im Benehmen, wie es in

Frankreich unvorstellbar wäre. Ich bemerke, daß sie fast alle *in servitù* sind, wie man hierzulande treffend dazu sagt. Jeder ist in Begleitung seiner Geliebten. Ich werde dem tapferen General Severoli[440] vorgestellt, der ein Bein im Kampf gegen den unwürdigen Murat verlor, als dieser seinen Wohltäter angriff[441]; ich sehe den in Spanien wohlbekannten General Bertoletti[442]; Monti, den größten Dichter Italiens*; den jungen Melzi[444], den Erben eines großen Namens und der, wie man sagt, seines Onkels würdig sein soll.

Mailand ist die literarische Metropole Italiens. Aber was ist im 19. Jahrhundert eine Literatur ohne Freiheit? Man druckt dort viele medizinische Bücher und hin und wieder auch irgendeine Übersetzung aus dem Französischen. So hat man zum Beispiel gewagt – allerdings mit einer großen Zahl abschwächender Fußnoten –, Tracy, Schlegel, »Corinna«[445] und das Buch »Über Deutschland« zu veröffentlichen. Es gibt zwei literarische Zeitschriften; sie sind ebenso spaßig wie das »Magasin encyclopédique«[446]; die Menschen sind den Büchern weit überlegen.

Am Abend steigen wir zur Madonna del Monte hinauf: diese Wallfahrtskirche muß viele Millionen gekostet haben. Ich schreibe dies in der Herberge von Berinetti; wir

---

* Außer der »Basvilliana«[443] verdankt man ihm die beste Übersetzung der »Ilias«, die es gibt, und vier Bände schöner Verse, die eines Tages überrascht sein werden, sich beisammen zu finden. – Nicht aus Bescheidenheit wünschte Vergil, als er starb, daß man seine »Aeneis« verbrenne; ihre schönsten Partien waren bereits bekannt. Wieviel größer wäre sein Ruhm, wenn all die Partien fehlten, die schwach sind! – Um gut italienisch schreiben zu können, muß man zunächst eine überlegene Kenntnis des Lateinischen besitzen. Dies sind zwei Gedanken, die ich dem Umstand verdanke, daß ich dem großen Dichter vorgestellt wurde. Ich hatte den Eindruck, daß er einen ganz orthodoxen Haß gegen die *romantische* Dichtung hegt; und immer, wenn er groß war, war er romantisch. Er trägt uns ein Sonett über die Katastrophe von 1813 vor, in dem er auf Judas als den dreizehnten Apostel anspielt. Man sieht, daß der Autor in Rom erzogen wurde. Wäre er in einem hochherzigeren Lande geboren, hätte er bisweilen seine Seele sprechen lassen.

fühlen uns sehr wohl. Beim Aufstieg rutschten einige Esel auf dem glitschigen Pflaster aus, und unsere Damen sind ein paarmal auf eher komische Weise heruntergepurzelt. Wir blieben alle Augenblicke vor einer der fünfzehn oder zwanzig Kapellen stehen, um zurückzuschauen und die Aussicht zu genießen. Der Gesamtblick ist großartig; bei Sonnenuntergang konnten wir sieben Seen ausmachen. Glaube mir, mein Freund, man kann ganz Frankreich und ganz Deutschland durchreisen, ohne so etwas zu erleben. In unserer Gesellschaft befinden sich zwei Franzosen, die sich langweilen, weil niemand ihren geistreichen Bemerkungen zuhört, ein Engländer, der alle Augenblicke sein Notizbuch herauszieht und die Bauern anhält, um die genaue Schreibung des Ortsnamens zu erfahren, fünf oder sechs schweigsame, auf Halbsold gesetzte Offiziere und fünf Frauen, darunter wenigstens zwei von der edelsten, schlichtesten und rührendsten Schönheit. Da ich keine Zeit habe, mich in eine von ihnen zu verlieben, bin ich in Italien verliebt. Ich kann das wehmütige Gefühl, das ich empfinde, weil ich dieses Land verlassen muß, nicht überwinden. Ich sehe von hier aus den Lago Maggiore, an dessen Ufer mich mein Wagen erwartet. – Reizender Ausflug, da wir, abgesehen von unseren *liebenswürdigen* Landsleuten, ganz ungezwungen unter uns sind.

Heute abend sagte uns Berinetti, daß ein Klosterbruder Orgel spielt. Wir verbringen zwei Stunden in seiner Kirche; wir bitten ihn um einige Stücke von Mozart. Solche Empfindungen suchte ich in Neapel, sie lassen einen acht Tage lang verstummen.

25. Juli 1817. – Wir besichtigen ein adliges Frauenstift, das auf diesem einsamen Felsen liegt. – Zuvorkommenheit der Signora Staurenghi, der Äbtissin, glaube ich. Die Stufen im Inneren des Klosters sind aus schwarzem Marmor; ich bemerke, daß die Sandalen der armen Nonnen sie schon ganz ausgetreten haben. Wieviel schöne Augen haben in diesem prächtigen Gefängnis umsonst geglänzt und darin ihren Glanz verloren! – Wir angeln auf dem Lago di Varese *pesce persico*[447]; dann geht es weiter nach Pallanza. Wir nehmen eine Barke und erreichen alsbald die Borromäischen Inseln.

In Pallanza am Lago Maggiore treffe ich einen Verbannten. Bewundernswerte Mäßigung seiner Gedanken; er ist zwanzigmal weniger überspannt, als es die Hiesigen sind. – In Frankreich sollten Gesetze erlassen werden, die der *Höhe des steuerlichen Aufkommens* eines Bürgers Rechnung tragen. So dürfte jeder, der tausend Francs Steuern zahlt, im Jahr ein Pamphlet veröffentlichen, ohne daß er einer anderen Rechtsprechung als der der Pressejury unterworfen sein dürfte. Wenn man nach dieser Methode vorginge, könnte die Zahl der Prozesse verringert werden, und der Staatsbürger wäre vor seinem eignen Zorn geschützt. Man brauchte fremdsprachige Zeitungen nur noch der Jury vorzulegen.

Borromäische Inseln, 28. Juli 1817. – Wir sind zwei Tage hier; ich kann nur soviel sagen: wenn man mir die Nachricht brächte, daß ich den schönsten Rang erhalten hätte, gäbe ich mir nicht einmal die Mühe, das Schreiben zu öffnen.

Wir besichtigen die Kolossalstatue des heiligen Carlo Borromeo bei Arona. Nach der Rückkehr nehme ich mir eine Barke und fahre nach Belgirate, das eine Viertelstunde von den Inseln entfernt liegt; dort finde ich meine Kalesche und fahre über den Simplon wie ein Kind.

Genf, 2. August 1817. – In Genf weckten mich die Lächerlichkeiten der Freiheit wieder auf. Hat man nicht Mister Roum[448], einem berühmten Mitglied des englischen Parlaments, bedeutet, er täte besser daran, sich zu mäßigen; er hatte bei verschiedenen Abendgesellschaften über die Pressefreiheit geredet, ein Thema, von dem die französischen Zeitungen voll waren. Die Ausdrucksweise des offiziellen Warners war das Beste, was ich seit der Erklärung des seligen Tartüff gehört habe.

Genf, 3. August 1817. – Die Prüderie der Frauen ist unglaubhaft, so lächerlich und langweilig ist sie. Ich habe festgestellt, daß die Damen jedem Fremden, der ihnen vorgestellt wird, genau das gleiche sagen. Liebenswürdig sein heißt für sie, die Höflichkeitsfloskeln zu wiederholen, die ihnen ihr Kindermädchen beigebracht hat: nichts kann sie aus diesem Kreis herauslocken; sie würden glauben, sich gegen die Tugend zu versündigen. So sind Lebhaftigkeit, Natürlichkeit, neue Einfälle, Ungezwungenheit, alles, was den Reiz der Geselligkeit ausmacht, in Genf versteinert. Mir geht auf, daß es sich bei ihnen um die Karikatur der Engländerinnen handelt. Und der Gipfel der Abgeschmacktheit ist, daß das Gespräch immer auf so große Dinge wie Freiheit, Liebe, häusliches Glück, Schilderung von Leidenschaften und so weiter gelenkt wird; darüber wissen die Damen ihre fix und fertige Lektion auswendig und beten sie einem her, immer die gleiche. Man muß das Gesicht sehen, das sie ziehen, wenn jemand bei diesen endlosen Unterhaltungen natürlich zu sein wagt. Neulich machte Madame C... bei einer Abendgesellschaft im Hause P..., bei der sie mich eingeführt hatte, große Augen, als ich die Möglichkeit außerehelicher Liebe einräumte; alle jungen Damen erröteten: ich merkte, daß ich etwas Dummes gesagt hatte, und suchte meinen Fehler möglichst wiedergutzumachen, was mir ziemlich schlecht gelang. Wie man sieht, ist die Möglichkeit, außereheliche Liebe zu erwägen, etwas Unerhörtes.

Man muß immerzu von den großen Interessen des Lebens reden und in der Diskussion immerzu heucheln.

Dazu sage ich: Sich bei Hofe solchen Zwang antun, wo man zu Titel oder Macht gelangen kann, mag noch angehen. Was aber soll das in Genf?

Die Frauen in Genf sind schön; aber die unglaubliche Prüderie, über die, glaube ich, bisher noch niemand gesprochen hat, spiegelt sich sogar in ihren Gesichtszügen wider, und das gibt ihnen etwas Kaltes und Teilnahmsloses, was keinerlei Sympathie aufkommen läßt. Ich halte all diese Genfer Tugenden für echt; in dieser Stadt gibt es die wenigsten betrogenen Ehemänner, und doch möchte ich für alles Gold der Welt nicht in Genf verheiratet sein. Trotz meines Abscheus vor den Sitten Neapels würde ich sie den Genfer Sitten vorziehen: sie besitzen wenigstens Natürlichkeit.

4. August 1817. – Wie ich gerade höre, hat sich der Große und der Kleine Rat der Republik versammelt, um zu erörtern, welcher Schaden sich aus der Nahrungsmittelknappheit ergeben könnte. Die Frage wurde in den beiden Ratsversammlungen getrennt beraten, und zwar so ruhig, bedacht und unvoreingenommen, wie es fast nur in Republiken zu geschehen pflegt. Die hohen Räte verschmähten es nicht, sich der Erkenntnisse der modernen Wissenschaft zu bedienen; sie zogen eine mit Recht berühmte Arbeit (von Malthus)[449] zu Rate, die in dem achtbaren Kollegium der Genfer Professoren einen würdigen Übersetzer gefunden hat. Sie hüteten sich vor allem vor jener Leichtfertigkeit, die einer benachbarten Nation so großes Unglück gebracht hatte*. Nach dreiwöchiger Beratung beschloß der Große Rat in Anbetracht der dringenden Notwendigkeit, gegen die Teuerung Vorsorge zu treffen, von diesem Tage an das Theater zu schließen.**

* So hieß es wörtlich in der Proklamation an die Einwohner der Gemeinden im Gex, welche in die Republik Genf eingegliedert wurden.
** Historisch.

In der Erwägung fernerhin, daß eine Gewährleistung der Getreidelieferungen noch nicht genüge, sondern daß man auch der unglücklichen Arbeiterklasse die Möglichkeit geben müsse, das Brot zu einem Preis zu erwerben, der ihre Mittel nicht überschritt, beschlossen die beiden Ratskollegien, das prunkvolle Ziegeldenkmal unverzüglich abzubrechen, das zu Ehren Jean-Jacques Rousseaus in der Straße errichtet worden war, in der sein Geburtshaus steht.

Diese Straße, die während der französischen Besetzung nach Jean-Jacques Rousseau benannt worden war, soll ihren alten, ehrwürdigen Namen Rue de Chevelu zurückerhalten.

Genf, 5. August 1817. – Ich möchte gern wissen, welcher Reisende als erster behauptet hat, in der Schweiz gäbe es Freiheit. In Genf und in Bern gibt es vierhundert Aufpasser, und jeder einzelne will seine Macht zeigen. Wenn die Art, wie man seine Krawatte bindet, sie ärgert, dann verfolgen sie einen. So lächerlich es auch klingt: ich glaube, in Paris ist man freier (August 1817); ich spreche nicht von der Provinz. Unsere Philosophen haben sich genug ereifert gegen diese Stadt von *Schmutz und Qualm*. Welche beredte Stimme wird sich erheben, um uns zu beweisen, daß die großen Städte die Menschen und die Regierung zu mehreren Tugenden zwingen.* Nur in ihnen kann auf dem Gebiet der Kunst das wahrhaft Schöne entstehen. Ich werde nie die Genfer Musik vergessen; hier bot sich mir eines der merkwürdigsten Schauspiele, die ich während meiner ganzen Reise erlebt habe: die jungen Frauen legen ihr Strickzeug beiseite, treten zum Klavier

* Der *Stil* des Verdienstes eines Menschen steht immer im Verhältnis zur Einwohnerzahl der Stadt. Ein einfacher und großer Mann wie Roum ist verloren in einer Stadt mit zehntausend Seelen. Ein Lackaffe dagegen muß eine solche Stadt suchen. Sein Kleid spricht für ihn.

und beginnen *leidenschaftliche Duette* der großen Meister zu singen!

6. August 1817. – Mir wird erzählt, daß im letzten Herbst am Ufer des Sees[450] eine ganz erstaunliche Zusammenkunft stattgefunden habe; es waren die Generalstände der öffentlichen Meinung Europas. Auf daß nichts fehle, sah man sogar einen . . ., dem dabei vielleicht einige Lektionen über Lebensart erteilt wurden. Brauche ich die erstaunliche Persönlichkeit noch zu nennen, die gleichsam die Seele dieser großen Versammlung war? In meinen Augen bekommt dieses Phänomen sogar politische Bedeutung. Wenn solche Zusammenkünfte ein paar Jahre lang stattfänden, würden die Entscheidungen sämtlicher Akademien Europas verblassen*. Ich wüßte nicht, was sie einem Salon entgegensetzen könnten, in dem Leute wie Dumont, Bonstetten, Prévost, Pictet, Romilly, de Broglie, Brougham, die Breme[451], Schlegel und Byron vor den Damen Necker de Saussure, de Broglie[452] und de Staël die großen Fragen der Moral und der Kunst erörtern.

Die Autoren würden schreiben, um im Salon von Coppet geachtet zu werden. Voltaire hat nie etwas Gleichwertiges gehabt[453]. An den Ufern des Sees hatten sich sechshundert der hervorragendsten Persönlichkeiten Europas zusammengefunden; alles, was Geist, Reichtum und hohe Titel besaß, kam, um Unterhaltung zu finden im Salon jener berühmten Frau, um die Frankreich heute trauert.** Man wagte, über einen großen Fürsten zu spotten.

8. August 1817. – Ich habe in Genf den gleichen Vorzimmer-Patriotismus gefunden wie in Italien. Die Genfer werden böse, sobald man ihren See auf den ihm gebühren-

---

* Die Académie française ist ein Gesetz gegen die Pressefreiheit.
** Wenn man ein Licht nicht auslöschen kann, läßt man sich von ihm beleuchten.

den Platz verweisen will, das heißt weit unter die oberita-
lienischen Seen und selbst unter den Thuner-See.

Lausanne, 10. August 1817. – Ich finde auf einer einzigen
Seite in einem englischen Buch mehr neue Gedanken als
in einem ganzen französischen Oktavband. Nichts kommt
meiner Liebe zur englischen Literatur gleich, es sei denn
meine Abneigung gegen die Engländer selbst. Behandelt
man einen Engländer zuvorkommend, so nutzt er das aus,
um hochmütig zu werden. So schüchtern sie in Gesellschaft all denjenigen gegenüber sind, die für bedeutender
gelten als sie, so unverschämt sind sie denen gegenüber,
die ihnen nachzugeben scheinen. Aber man muß gerecht
sein: diese Leute haben ein unseliges Prinzip: sie finden
selbst an den gleichgültigsten Dingen etwas, was sie er-
bost. Sie sind die ungeselligsten Menschen, und vielleicht
die unglücklichsten. In Italien waren sie bereits wegen der
Affäre von Genua[454] unbeliebt; wegen ihrer unglaublichen
Knickrigkeit werden sie nun vollends verachtet, selbst
von den Kellnern.* Wenn ich mich auf diese ordinären
Einzelheiten einlasse, dann nur, weil dies die Farben des
Bildes sind. In Neapel ließen sie sich von den Kellnern des
Restaurants Villa in aller Lautstärke Grobheiten sagen,
als sie ihnen nach dem Diner würdevoll ein oder zwei Sous
Trinkgeld anboten. In Monza lassen sie sich die *eiserne
Krone*[457] zeigen, was ein kleines Zeremoniell erfordert, bei
dem zwei Wächter eine halbe Stunde lang zu tun haben:
sie geben ihnen fünfundzwanzig Centimes. Diesen Ab-
schnitt meines Briefes habe ich eben vier Engländern des

* Wenn man zu Höflichkeit verpflichtet ist, so ist es albern, auf Flegel
Rücksicht zu nehmen. Mister Scott, Lord Blayney, der Priester Eustace[455]
haben über die Franzosen viel unverschämtere Dinge gesagt, die durch
nichts gerechtfertigt sind. Eustace bezeichnet das Museum des Louvre als
Pferdestall. Das paßt gut zu Leuten, die die bedauernswerten *Elgin mar-
bles*[456] in einem Schuppen aufgestellt haben.

high-life vorgelesen, und ich bat sie, meine Behauptung zu widerlegen, falls sie an ihrer Richtigkeit zweifelten: das konnten sie nicht. Um die Achtung eines Engländers zu gewinnen, muß man ihm die kalte Schulter zeigen. Lavater[458] allein empfiehlt dieses Verhalten; man liest es an ihren hölzernen Gesichtern ab. Der Engländer ist wie der Franzose aus der Provinz: sich nie den Anschein geben, als ob man an dem, was einem gesagt wird, Anteil nähme.*

Eine Stadt, die weniger als fünfzigtausend Einwohner hat, verdient meine Aufmerksamkeit nicht. Man müßte sich erst drei Monate in ihr aufhalten, um ein echtes Verdienst zu entdecken, falls es überhaupt eines gibt. Die Gewohnheiten stoßen den Reisenden ab. Schon allein die *Geruhsamkeit* der Kleinstädter treibt mich zur Post und läßt mich Pferde verlangen. Sie haben keinen Anlaß, schnell zu handeln. Lausanne bildet in meinen Augen die einzige Ausnahme.

Lausanne, 20. August 1817. – Ehe ich zumindest in meinen Erinnerungen, dieses geniale Land endgültig verlasse, um mich im düsteren Norden zu vergraben, müßte ich noch zwei Gedankenkomplexe festhalten:

1. eine Studie, zu der mich eine Räuberbande im Gebiet von Neapel anregte;

2. eine Abhandlung über den Zustand des musikalischen Parnaß Italiens.

Ich habe keine Zeit, das Begräbnis der Fürstin Buoncompagni in Rom zu beschreiben und mein mit Entsetzen gemischtes Erstaunen zu schildern, das mich ergriff, als ich um Mitternacht diese stattliche junge Frau von neunzehn Jahren mit rotgemalten Wangen auf ihrem Katafalk in der Apostelkirche liegen sah, umgeben von sieben oder acht verschlafenen Priestern.

* Sie sind viel zu lebhaft in ihren Bewegungen, als daß sie viel Geist haben könnten.

Die Kirche versucht mit allen Mitteln, den Schrecken des Todes zu vergrößern. Es ist ihr gelungen, wenigstens bei mir. Der Tod, der mir auf dem Schlachtfeld immer nur wie eine offene oder geschlossene Tür erschienen war, eine Tür, die, wenn sie nicht geschlossen ist, eben offensteht, verfolgt mich nun mit einem entsetzlichen Bild, seit ich dieses himmlisches Antlitz mit seinem Rouge gesehen habe. Wie aber soll ich erst das Grauen schildern, das mich am nächsten Tage ergriff, als ich sah, wie sie bei hereinbrechender Nacht durch die Straßen getragen wurde, ausgestreckt auf einem Ruhebett, den Kopf noch immer unverhüllt? Der junge Fürst Buoncompagni hatte sie aus Liebe geheiratet; die Familie, die sie nicht akzeptieren wollte, begann ihr zu verzeihen. Die Fürstin hatte lange in einem Kloster Zuflucht gefunden; ihre Liebe war immer unglücklich gewesen. Das ist eine der düstersten Erinnerungen, die ich aus Italien mitbringe.

Ich war mit einem Freund im Neapolitanischen auf der Jagd; es war bei Aquila im März 1817. Bei den Pächtern meines Freundes hörte ich von zahllosen Raubüberfällen sprechen, welche die Bande der *Unabhängigen* verübt hatte. Diese Überfälle zeugten von Talent und echt *türkischer* Bravour. Ich schenkte all dem gar keine Beachtung: das ist hier so Brauch. Ich war ganz Auge für die Sitten dieses Volkes. Einer armen Schwangeren, der Witwe eines Soldaten, gab ich ein Almosen. Da wurde mir gesagt: »Oh, die ist nicht zu bedauern, die wird von den Briganten versorgt.« Man erzählte mir folgende Geschichte, die ich hier aufschreibe, wobei ich auf eine detaillierte Schilderung aller tapferen und verwegenen Taten verzichte.

»In dieser Gegend gibt es eine Bande von dreißig Männern und vier Frauen, die alle im Besitz von ausgezeichneten Rennpferden sind. Ihr Hauptmann ist ein Wachtmeister *di Giacchino* (von König Joachim), der sich ›Führer der *Unabhängigen*‹ nennt. Er befiehlt den Gutsbesitzern und den *massari*[459], an einem bestimmten Tage eine bestimmte Geldsumme am Fuße eines bestimmten Baumes niederzulegen; geschieht das nicht, wird der Betreffende auf grausame Weise getötet und sein Haus niedergebrannt. Zwei Tage bevor sich die Bande in Marsch setzt, erhalten alle Pächter am Wege den Befehl, zu einer bestimmten Stunde für soundsoviel Mann ein ihren Mitteln entsprechendes Essen bereitzuhalten. Dieser Dienst ist regelmäßiger als der der königlichen Etappen.«

Einen Monat bevor mir diese Einzelheiten erzählt wurden, hatte ein Pächter, über den herrischen Befehl, ein Mahl herzurichten, verletzt den General benachrichtigt; ein starkes Aufgebot von Kavallerie und Infanterie hatte die »Unabhängigen« umzingelt. Durch die Flintenschüsse gewarnt, brachen die »Unabhängigen« durch und ließen das Schlachtfeld mit den Leichen ihrer Feinde übersät zurück; von ihnen war nicht ein einziger gefallen. Nachdem sie hinter den Verrat des Pächters gekommen waren, ließen sie ihm melden, er solle sein Haus bestellen. Drei Tage später besetzten sie den Pachthof und hielten Gericht; der Pächter wurde, wie es vor dem Einzug der Franzosen Brauch war, gefoltert und gestand alles ein. Nachdem die Richter hinter verschlossenen Türen beratschlagt hatten, traten sie vor den Pächter und warfen ihn in einen Kessel, der auf dem Feuer stand und in dem die Milch für die Käsezubereitung gekocht wurde. Als der Pächter gesotten war, zwangen sie alle Dienstleute des Pachthofes, von dieser Höllenmahlzeit zu essen.

Der Anführer könnte seine Truppe leicht auf tausend Mann bringen; aber er sagt, er habe kein Talent dazu, mehr als dreißig Personen zu befehlen. Er begnügt sich damit, seine Truppe komplett zu halten. Täglich erhält er Gesuche um Aufnahme; aber er fordert Auszeichnungen, das heißt *auf dem Schlachtfeld erworbene Wunden und keine Gefälligkeitsatteste*: das sind seine eigenen Worte (2. Juli 1817).

Dieses Frühjahr litten die Bauern Apuliens Hungersnot. Der Räuberhauptmann verteilt unter den Unglücklichen Gutscheine auf die Reichen. Die Ration betrug anderthalb Pfund Brot für einen Mann, ein Pfund für eine Frau und zwei Pfund für eine Schwangere. Jene Frau, die meine Neugier geweckt hatte, erhielt seit einem Monat wöchentlich sechs Gutscheine über zwei Pfund Brot.

Im übrigen ist der Aufenthaltsort der »Unabhängigen« nie bekannt. Alle Späher sind auf ihrer Seite. Zur Zeit der Römer wäre dieser Räuber ein Marcellus[460] gewesen.

Musikalischer Parnaß Italiens
im Jahre 1817

Signora Catalani	*Veteranen*
Galli	Pacchiarotti
Crivelli	Marchesi
Tacchinardi	Crescentini
Velluti, Kastrat	Signora Billington
David Sohn	
Buffos	*Tenöre*
De Crecis	Nozzari
Zamboni	Ronconi
Paccini	Donzelli
Bassi	Monelli
Casacciello	Bonoldi
Lipparini	Curioni
	Pasta
	Ambrogetti
Bässe Mezzo Carattere	*Kontraalt*
	die Damen
Pellegrini	Grassini
Remorini	Gafforini
	Malanotte

Marcolini
Zamboni
Giorgi

Sängerinnen
die Damen
Correa
Festa
Fabre
Colbran
Chabran
Bassi (die Gräfin)
Bassi (Eleonora)
Manfredini
Belloc
Pasta
Crecpi-Bianchi

Esther Mombelli
Anna Mombelli
Häser
Bonini
Napollon
Lipparini
Morandi
Camporesi
Paer
Marcoloni (Fedele)

Nota. – Hauptquartiere der Theaterleute sind Mailand und Bologna. Weitere rund hundert mittelmäßige Kräfte, die ich unerwähnt lasse, finden nur während des Karnevals Beschäftigung. Der hervorragende Crivelli und Signora Camporesi sind in London. Die Londoner Oper ist 1817 so gut gewesen wie die Pariser schlecht. Die Londoner Aufführungen von »Agnese«, »Don Giovanni« und »La Clemenza di Tito« waren genauso gut wie in Mailand. Die Bezauberung war so groß, daß die Oper in Mode gekommen ist. Der Theatersaal ist eine zeitgenössische Kopie der Scala. Jede Loge kostet zweihundertfünfzig Guineen für zweiundsechzig Vorstellungen und ein Platz im Parterre zwölf Francs. Das Orchester ist recht gut, die Bühnenbilder fast so schlecht wie in Frankreich, die Kostüme ärmlich. Wie es heißt, soll im nächsten Jahr ein Maler aus Mailand verpflichtet werden, Fuentès oder Sanquirico. Was Musik betrifft, befindet sich London – anders als Paris – auf dem richtigen Wege. Die Engländer besitzen nicht das *Untalent* der Franzosen. Sie hören leidenschaftlich gerne singen; nur mögen sie gleichermaßen das gute und das schlechte Singen. In Frankreich sind wir noch nicht einmal so weit!

Komponisten

Rossini, in Pesaro gegen 1793[461] geboren
Tancredi, L'Italiana in Algeri, Il Turco in Italia, Otello, La Covacenere (Aschenbrödel), *La Gazza ladra* (Die diebische Elster) etc.

Pavesi	Mosca; Jh. Mosca
Zingarelli	Generali
Fioravanti	Farinelli
Mayer	Nasolini
Winter	Coccia
Weigl	Orlandi

der Cavaliere Carafa
Gnecco, Piemontese, gestorben, besaß Züge des Genialen. Paganini, Violinist aus Genua, in der Technik den Franzosen ebenbürtig, ihnen aber an Leidenschaft und Originalität überlegen.

Frankfurt am Main, 28. August 1817. – Mein Urlaub sollte ursprünglich vier Monate dauern; aber da keine Arbeit auf mich wartete, wurde er um zweieinhalb Monate verlängert. Ich wußte genau, daß ich zu lange geblieben war; aber ich hoffte, denn man hofft, wenn man glücklich ist. Acht Tage lang schon krampft sich mir angesichts der Häßlichkeit des Nordens das Herz zusammen, und ich sehe alle Dinge schwarz. Als ich heute morgen hier ankam, fand ich mehrere Briefe von den Ministern vor; schlimmer konnte es nicht kommen. Nicht nur die Minister, denen ich unterstehe, scheinen gereizt, sondern auch der Minister, der mich liebt, scheint es satt zu sein, mich zu protegieren. Bei all dem bin ich noch um eine Auszeichnung gekommen, auf die ich wirklich Anspruch hatte und die allein seit drei Jahren meinen Ehrgeiz wachgehalten hat.

Ich bin durch ganz Frankfurt gelaufen; diese kleinen Holzhäuser mit ihrem zwei Fuß in die Straße vorspringenden ersten Stock, die grob geschnitzten Tierfiguren über den Läden, die armselige Gotik der Gebäude, die verschleierte Sonne, all das sagt mir, daß die schönen Tage von Italien für mich zu Ende sind. Statt über die schönen Künste zu reden, werde ich wieder dazu verdammt sein, mir ewig Gespräche über den Westfälischen Frieden anzuhören. – Ich muß offen gestehen, es ist einer der unglücklichsten Augenblicke meines Lebens; das geht bis ins kleinste: so haben zum Beispiel Kollegen, die ich verachte, Auszeichnungen erhalten, von denen ich weiter entfernt bin denn je. Mein Ruf, ein *Dickkopf* zu sein, wird sich noch weiter festigen, und alles Gute, was in mir steckt, wird mir als Fehler angerechnet werden! Ich werde in Seidenstrümpfen zu hundert Diners mit ordengeschmückten Dummköpfen gehen und fünfhundert Partien Whist mit alten Frauen spielen müssen, um meinen Streich ein wenig in Vergessenheit zu bringen. Der Gipfel des Unglücks aber ist: es bleibt keinerlei Illusion; man fühlt genau, daß diese Leute Dummköpfe sind und daß man sie in zehn Jahren ganz offen verachten wird; und trotzdem muß ich mein Leben mit ihnen vergeuden: ich bin sehr unglücklich.* – Ich habe es mir gründlich überlegt: Wenn es sein müßte, würde ich diese Reise noch einmal unternehmen. Nicht, daß ich in geistiger Hinsicht nichts gewonnen hätte – es ist mehr noch die Seele, die gewonnen hat. Das seelische Altern ist für mich um zehn Jahre hinausgeschoben. Ich habe die Möglichkeit eines neuen Glücks gefühlt. Alle

* Der Autor, der seit 1814 nicht mehr Franzose ist, steht in fremden Diensten.

Triebfedern meiner Seele sind gestärkt und gekräftigt; ich fühle mich verjüngt. Gefühlskalte Menschen vermögen nichts mehr über mich; ich kenne das Land, wo man jene himmlische *Luft* atmet, deren Existenz sie leugnen; ich bin ihnen gegenüber gestählt.

Ende des Tagebuchs

Anhang:
Zweiundzwanzig Tragödien
von Graf Alfieri

Graf Alfieri, 1749 in Asti geboren, 1803 in Florenz gestorben, hinterließ zweiundzwanzig Tragödien.

Filippo, 1789; Ort der Handlung: der Palast zu Madrid.

Polinice, 1789; der Königspalast von Theben.

Antigone, 1782 in Rom aufgeführt; der Palast von Theben.

Virginia; das Forum Romanum.

Agamennone; der Palast von Argos.

Oreste; idem.

Rosmunda; der Palast der lombardischen Könige in Pavia.

Ottavia; der Palast Neros in Rom.

Timoleone; Ort der Handlung: das Haus des Timophanes in Korinth.

Merope; der Palast von Messina.

Maria Stuarda; das Schloß von Edinburgh.

La Congiura de' Pazzi; der Palast der Signoria in Florenz.

Don Garzia; der Palast Cosimo I. in Pisa.

Saul; das Feldlager der Israeliten bei Gelboe; Tragödie mit Musik.

Agide; das Forum, anschließend der Kerker von Sparta.

Sofonisba; Scipios Feldlager in Afrika.

Bruto primo; das Forum.

Mirra; der Palast des Ciniro auf Zypern.

Bruto secondo; der Tempel der Concordia und die Kurie des Pompejus in Rom.

Alceste I; aus dem Griechischen übersetzt.

Alceste II.

Cleopatra; erste Tragödie des Autors, in seinem Nachlaß gefunden.

Wie der große Corneille hat Alfieri zu jedem seiner Stücke einen Kommentar geschrieben. Die vollständige Ausgabe seiner Werke umfaßt 39 Bände in – 8°; erschienen in Padua bei Bettoni.

Ich bitte inständig darum, diese Meisterwerke nicht nach der in Paris erhältlichen französischen Übersetzung zu beurteilen: das ist so, als ob der Perückenmacher von der Ecke Tacitus übersetzt.

Ich habe den Abend in Gesellschaft von einem Dutzend Dante-Begeisterten verbracht. Sie haben mir den Dichter mit all ihrer Kleinlichkeit verleidet. Sie sehen alles in Dante; zum Beispiel eine größere Mannigfaltigkeit der Charaktere als in Shakespeare. Sie schreien aus Leibeskräften und *alle auf einmal*. Wer hier etwas werden kann, der ahmt Dante nach. Nie war eine Schwärmerei weniger absurd; aber Dantes erhabener Stil ermutigt den Fehler, dem ganz Italien verfallen ist: *eine elende, gedankenleere Schwülstigkeit.*

Man sieht, daß diesseits und jenseits der Alpen die Ursachen des Niedergangs ungefähr die gleichen sind. Bei uns der sentimentale und alberne Schwulst der Rückbesinnung auf gotische Zeiten, in Italien der zupackende und republikanische Schwulst der Rückbesinnung auf Rom. Uns predigt man rührende Rogate-Prozessionen; in Italien ist es die Schmach, von Barbaren unterjocht zu sein.

Im übrigen haben mir meine Italiener überzeugend nachgewiesen, daß Dante im tragischen Stil Racine oft weit überlegen ist. – »Wie denn, in Florenz hätte man um 1300 besseren Geschmack besessen als um 1660 am Hofe Ludwigs XIV.?« – Ja, aus dem einfachen Grunde, weil Florenz tugendhaft und republikanisch war und es am Hofe des großen Königs darauf ankam, geistig unterwürfig zu sein*.

---

* Gott ließ mir die Gnade zuteil werden, daß ich mich, in welcher Gesellschaft ich mich auch befand nie des Evangeliums noch des Königs zu schämen brauchte« (Racines Briefe an Mme. de Maintenon). Man vergleiche das mit den *Erinnerungen von Capponi*[462].

Eines liegt für mich auf der Hand: eine Unendlichkeit trennt die Wesen, die ein Gefühl für Musik haben, von unseren Literaten, den Zöglingen der Pariser Universität.

*

Je liebenswürdiger ein Franzose ist, um so weniger Sinn hat er für die Kunst.

*

Kälte und Affektiertheit, das ist, was man in der Musik findet, sobald man Italien hinter sich läßt.

Der italienische Soldat

Studie

Bei Osimo sah ich einen Mann, der in Lumpen gehüllt und dabei von herrlicher Statur war, auf dem Felde arbeiten. Der Stolz und die Kraft seiner Bewegungen ließen auf einen Soldaten schließen. Es war in der Tat ein Sergeant von den Grenadieren des 8. Infanterieregiments, in dem fast ausschließlich Römer dienten. Er hatte die Bildhauerkunst erlernt. Er desertierte, wurde ergriffen und sollte erschossen werden. Da rettete ihn der Intendant der Krone in Rom[463], einer von den Männern, denen es gegeben ist, den französischen Namen beliebt zu machen. Ich verlebe fünf Stunden mit meinem Grenadier; ich wollte sehen, was in diesen italienischen Köpfen vorgeht, die den Ruhm erlebt haben, obwohl sie Söhne des Aberglaubens sind. Er zeigt mir in seiner Hütte seine vollständige Uniform; jeden Sonntag wichst er das Lederzeug. Er geht lieber in Lumpen und läßt seine nackten Beine von der Sonne verbrennen wie alle italienischen Bauern, als daß er auch nur den kleinsten Teil seiner Uniform abnutzte. Ich gewinne sein Vertrauen, indem ich vorgebe, an allen Schlachten teilgenommen zu haben, in denen er gekämpft hat. – Der französische Mut ist eine Abart der Eitelkeit. Da es dieses Motiv in Italien nicht gibt, tritt an seine Stelle meist die Wut; nach dem Kampf kommen sie oft die Gefangenen noch vor den Augen der Offiziere umzubringen. Soll ich sie tadeln? Nein, ich sehe nur, daß sie weder einen Ludwig XIV. noch Rittertum gehabt haben. Im übrigen werden sie durch eine Niederlage gereizt und nicht entmutigt. – Ich habe Gelegenheit, meinem Grenadier einen Engländer aus meinem Bekanntenkreis vorzustellen. Ich bemerke sehr deutlich, daß das Gefühl der Engländer uns gegenüber die *Eifersucht eingestandener Unterlegenheit* ist. Für die Deutschen, die Italiener, die Spanier hegen sie tiefe Verachtung. Dagegen sind ihnen die geringsten Einzelheiten über Frankreich wertvoll, und sie tadeln scheinheilig und wutentbrannt die gleichen Dinge, die sie einen Augenblick später in den Himmel heben, sobald sie nämlich als allgemeine Thesen vorgebracht werden. Mein Engländer zum Beispiel behandelte die Italiener mit der beleidigendsten Verachtung, weil sie auf geistigem Gebiet Söhne Frankreichs sind. Er erwähnt ihren Aberglauben. »Ist Ihnen nicht bekannt, daß in London wöchentlich zwanzig theologische Schriften erscheinen? Das ist mehr als in ganz Italien.« – Italien blickt auf Frankreich, und es wird sehr schwer sein, es daran zu hindern, seine Entwicklung derjenigen dieses glücklichen Landes anzugleichen. Mein Soldat stellt mir ganz genaue Fragen über unsere Generale.

Die römische Gesellschaft

Ich habe den Donnerstagabend mit Graf N. . . verbracht. Er ist ein frommer und äußerst geistvoller Mann. Er sagte mir, er habe das Rom seiner Jugend nicht wiedergefunden.

Anscheinend war das Leben unter Pius VI.[464], der, abgesehen von der Grausamkeit*, der Ludwig XIV. dieses Landes gewesen ist, sehr unterhaltsam. Die *conversazioni* bei der Fürstin Santa Croce, die in Paris durch ihre Diamanten bekannt wurde, und bei unserem liebenswürdigen Kardinal de Bernis waren Mittelpunkte des gesellschaftlichen Lebens. Die Römer sind weit entfernt von dieser glücklichen Zeit.

Die Geselligkeit ist eine Blume der Freude, die nur erblühen kann, wenn das vom Sturm der Revolution getrübte Quellwasser den Schlamm des Parteigeistes abgesetzt und seine ursprüngliche Klarheit wiedergewonnen hat. Der Papst hat die vortreffliche Armee N. . .s[466] geerbt. Die Offiziere, stolz auf die großen Dinge, die sie gesehen haben, haben nicht mehr jene sklavische Achtung vor dem kleinsten *Monsignore*. Die römischen Fürstinnen ziehen einen Oberst einem K. . .[467] vor. Der beißende Spott der Philosophen treibt die Kardinäle zu einem sittlichen Lebenswandel. Ihre Mätressen werden nicht mehr in der *Gazette à la main*[468] erwähnt**. Das Volk hat nicht mehr jene blinde Unterwürfigkeit, weil es keinen Prunk mehr gibt. Zwei elende Klepper vor einer rotlackierten Karosse – das ist der ganze Luxus eines Kardinals***. Einst stellten ihre Häuser die Paläste der Fürsten in den Schatten.

Kardinal N. . . hat mich zu einer Feierlichkeit eingeladen, die mich sehr belustigte. Fürst Rus. . ., ein zweiundzwanzigjähriger junger Mann und ehemaliger Adjutant Joachims, wurde der Gnade teilhaftig und ist Priester

---

* Siehe Rulhière: Histoire de la révocation de l'Edit de Nantes.[465]

** Wie zu Zeiten von de Brosses und Kardinal Albani, 1740.

*** Nicht weil sie bedeutende Subsidien zahlen, sind die Engländer frei und reich; sondern weil sie bis zu einem bestimmten Grad frei sind, sind sie reich; und weil sie reich sind, können sie bedeutende Subsidien zahlen; weil sie aber nicht frei genug sind, zahlen sie enorm hohe Subsidien, und weil sie enorm hohe Subsidien zahlen, werden sie bald nicht mehr frei und nicht mehr reich sein. (Commentaire sur l'Esprit des Lois de Montequieu, S. 267, Lüttich, 1817)[469].

geworden; ich wohnte seiner ersten Messe bei, nach der seinem Vater und seiner Mutter die Ehre zuteil wurde, ihm die Hand küssen zu dürfen. Diese Geschichte löste Erstaunen aus. Die Revolution der Sitten ist in Rom noch nicht abgeschlossen. Die Römer wissen noch nicht genau, was sie tun werden*. Vorläufig schließt das Mißtrauen alle Häuser, und es gibt unendlich viel weniger Geselligkeit als in Padua. Ohne die netten Bälle bei Mylady . . . wären die Fremden darauf angewiesen, miteinander Whist zu spielen. Der Bankier Torlonia, Herzog von Bracciano, hat zwar auch einige Feste gegeben; aber den Banknotenabzug fanden mehrere Engländer teuer, und nichts hatte weniger Ähnlichkeit mit den *conversazioni* beim Kardinal de Bernis. In Bürgerkreisen lassen gewisse freiwillige Spione alles erstarren. Bei dem Verleger Cracas auf dem Korso gibt es ein literarisches Kabinett. Dort war unser Treffpunkt. Aber obwohl unsere römischen Freunde darauf brannten, die »Gazzetta di Lugano« und den »Constitutionnel«[470] zu lesen, wagten sie nicht, dort hinzugehen. Die Regierung billigt diese Einrichtung; es heißt sogar, sie habe dazu geraten; aber man machte mich auf gewisse Leute aufmerksam, die regelmäßig dort erscheinen und sich über die Ankömmlinge Notizen machen, um sie *zu gelegener Zeit* zu denunzieren. Ich sah, wie ein Römer sich die Zeitungen abends bringen ließ; sein Diener holte sie aus einer entlegenen Straße, und dieser Nachfahr des Fabius verwendete alle Sorgfalt darauf, daß seine List nicht entdeckt wurde.

In Neapel gibt es auch ein literarisches Kabinett, und zwar in der Contrada di San Giacomo; aber der Abate Taddei, der die dortige Zeitung herausgibt und dreimal im Monat beweist, daß wir alle Marats und Robespierres

* Siehe »Tableau de Rome vers la fin de 1814« von Monsieur Guinan-Laoureins. Brüssel, 1816.

sind, soll sich, so heißt es, über die Repliken des von ihm verleumdeten »Journal des Débats«[471] geärgert haben und setzt durch, daß diese Zeitung – als zu liberal – beschlagnahmt wird, und das viermal in der Woche.

Allerdings läßt sich der besagte Abate auch die »Gazette de Lausanne«[472] kommen. Ich brauche nicht erst zu sagen, welche Bücher ich bei den Buchhändlern gesehen habe: *Vorbereitungen auf den Tod* gibt es in Fülle. Unter den dreihundertvierzigtausend Einwohnern von Neapel mag es dreißig Denker von Format des Abbé Galiani[473] geben, aber sie erinnern sich an das Ende Cirillos[474].

Ich habe nur noch zwei Gedanken zu notieren. – Ich wollte mehrere harte Worte über Italien streichen, als ich mich auf den »Misogallo«[475] und die Schmähungen besann, mit denen die literarischen Blätter die Nation der *Affentiger*[476] überschütteten.

In diesem Büchlein sind alle Namen geändert und alle Daten vertauscht, so daß niemand bloßgestellt wird.

Ich erfahre, daß die schöne Manufaktur von Monsieur Taissaire in Troyes[477], deren Webstühle zerstört worden waren, wiederaufgebaut wurde, daß sie blühender ist als je zuvor und mehr als achthundert Arbeiter beschäftigt. So erholt sich das schöne Land Frankreich unter der Ägide des weisesten Königs von den Torheiten des Despotismus und schreitet mit raschen Schritten auf dem Weg zum Glück voran. Frankreich setzt seine Nachbarn in Erstaunen; es wird bald England an Wohlstand überflügeln. Seit dreißig Jahren haben wir Ruhm und eine Verfassung gewonnen; England hat Schulden gemacht und sein *Habeas corpus* verloren[478]. Ein einziges von den Gesetzen, die wir der Festigkeit unseres Monarchen verdanken, würde den Fall Englands aufhalten, das unaufhaltsam dem Abgrund einer Revolution entgegentreibt.

Ende des Anhangs

Anmerkungen

1 »Das Lächeln, das sich in sein Herz senkte, als er sie zum
ersten Mal erblickte, umspielte fortan stets ihre Lippen: der
Blick, mit dem ihre Augen die seinen traf, verging nie. Das
Bild seiner Herrin blieb in seiner Erinnerung haften, und
jedes Ding in der Natur rief es in ihm wach. Selbst der Tod
konnte den holden Trug nicht auslöschen: denn das, was in
der Phantasie lebt, ist allein unvergänglich. Je mehr sich
unser Fühlen idealisiert, um so mehr verliert der Eindruck
des Augenblicks an Gewalt. Man nimmt den Schlag nur
durch Nachdenken wahr; verhängnisvoll ist die Nachwir-
kung.« Das Motto ist einer Besprechung von Sismondis (vgl.
Anm. 404) *Littérature du Midi de l'Europe* (Die Literatur des
südlichen Europas), 1813, im *Edinburgh Review* vom Juni
1815 entnommen und bezieht sich auf Petrarcas Liebe zu
Laura. Die Besprechung stammt aus der Feder des Essayi-
sten und Kritikers William Hazlitt (1778-1830), der 1816 die
Memoirs of the late Thomas Holcroft veröffentlicht hatte. Der
Text findet sich noch einmal am Ende des 130. Kapitels von
Stendhals *Histoire de la Peinture en Italie.*

2 Damit ist zweifellos der Bildhauer Antonio Canova (1757-
1822) gemeint.

3 Napoleon.

4 Aus einer Replik Figaros in: Beaumarchais, *Le Barbier de
Seville*, 3. Akt, 5. Szene.

5 Angelica Catalani (1780-1849), berühmte Sopranistin, u. a.
am Pariser »Théâtre-Italien«. Zu den Feierlichkeiten anläßlich der Vermählung von Prinzessin Charlotte von Bayern
mit dem österreichischen Kaiser Franz I. war sie nach München eingeladen worden. Die Anekdote, auf die hier angespielt wird, findet sich in *Rome, Naples et Florence* (1826)
unter dem Datum des 15. September 1816: – Am gestrigen
Sonntag begab sich Signora Catalani, die sehr fromm ist, in
die Hofkapelle und ließ sich ohne weiteres in der winzigen
Loge nieder, die den Töchtern seiner Majestät vorbehalten
ist. Ein Kammerherr, der, entsetzt über ihre Kühnheit, sie

auf ihren Irrtum hinweisen wollte, holte sich eine empfindliche Abfuhr. Da mehrere Monarchen sie mit ihrer Freundschaft beehren, glaubte sie – so gab sie zu verstehen –, diesen Platz beanspruchen zu können, usw. König Maximilian nahm die Sache als ein Mann auf, der zwanzig Jahre lang Oberst in französischem Dienst war. An vielen anderen Höfen dieses Landes, wo die Etikette schrecklich ernst genommen wird, hätte dieser Streich Signora Catalani sehr leicht ins Gefängnis bringen können. In dem Artikel des *Journal des Débats* vom 13. November 1816 liest man indessen, daß Signora Catalani die Loge räumen mußte und daß ihr auf ihre Beschwerden hin weitere Auftritte in München untersagt wurden.

6 *Der Bronzekopf; La testa di bronzo, ossia la capanna solitaria,* Opera buffa in zwei Akten, Text von Felice Romani, Musik von Carlo Soliva (1791-1853), Erstaufführung 1816 in Mailand.

7 Filippo Galli (1783-1853), berühmter Bassist, herausragender Rossini-Interpret.

8 Es handelt sich um *Don Giovanni, Die Zauberflöte* und *La Clemenza di Tito.*

9 Domenico Cimarosa (1749-1801), der Opernkomponist, den Stendhal am meisten liebte.

10 Jean-Henri Gourgaud, genannt Dugazon (1748-1809), Schauspieler; 1804/05 nahm Stendhal bei ihm Schauspielunterricht.

11 François-Joseph Talma (1763-1826), französische Tragödie von legendärer Bedeutung.

12 d. h. eine Verfassung nach englischem Vorbild, wonach die Regierung sich vor den beiden Häusern des Parlaments zu verantworten hat.

13 »Oh, glücklicher Augenblick!«

14 Fürst Eugène Beauharnais, 1805 von Napoleon zum Vizekönig von Italien ernannt.

15 »Ihn ans Herz zu drücken.«

16 Witwe des Marschalls Ney, der sich während der Hundert Tage Napoleon angeschlossen hatte und dafür 1815 erschossen wurde.

17 Der Schweizer Philosoph Johann Caspar Lavater (1741-1801) begründete die Lehre von der Physiognomik; eine französische Übersetzung seines Hauptwerks *Physiognomische Fragmente zur Beförderung der Menschenkenntnis und der Menschenliebe* (1775-1778) erschien 1781 bis 1803 in vier Bänden.

18 1826 zu dem sicher fiktiven Namen »Koenigsfeld« ergänzt.

19 Johann Simon Mayr (1763-1845), aus Bayern gebürtiger, aber in Italien lebender Komponist.

20 d. h. die Zeiten unter Napoleon, dem König von Italien, 1805-1814.

21 Cavaliere servente, Cicisbeo: Freund des Hauses; Begleiter, auch Liebhaber einer verheirateten Frau, die in der Gesellschaft an der Seite ihres Kavaliers, nicht aber ihres Ehemanns zu erscheinen pflegte. Eine Eigentümlichkeit des italienischen Gesellschaftslebens, die sich seit dem Ende des 18. Jahrhunderts rasch verlor.

22 »sorbetto«: allg. für ›Fruchteis‹.

23 *Das Kind der Natur*, Ballett von Gaetano Gioia (1764-1826).

24 Die »Marienkrönung«, heute in der Galleria Nazionale in Parma.

25 Aus dem Roman *The Vicar of Wakefield* (Der Landpfarrer von Wakefield), 1766, von Oliver Goldsmith (1728-1774). »Sie hatten alle den gleichen Charakter, sie waren alle gleich großmütig, gutgläubig, einfach und harmlos.«

26 Die 1679 vom englischen Parlament durchgesetzte »Habeas-Corpus-Act« schützt die persönliche Freiheit und sichert den Bürger vor willkürlicher Verhaftung.

27 Giovanni Melzi d'Eril, Herzog von Lodi (1788-1832), Neffe von Francesco Melzi d'Eril, dem Vizepräsidenten der Italienischen Republik, 1802, und Kanzler des Königreichs Italien.

28 das Marionettentheater.

29 Samuel Sharp (1700-1778), *Letters from Italy describing the customs and manners of that country in the years 1765 and 1766, to which is annexed an admonition to Gentlemen who pass the Alpes in their tour through Italy,* London 1766; Tobias George Smollet (1721-1771), *Travels through France and Italy containing observations on character, customs, religion, gouverne-*

ment, police, commerce, arts, and antiquités, with a particular description of the town, territory, and climate of Nice, and with a register of the metheorologic observations kept during a residence of eighteen months in that city, London 1766. V. Del Litto vermutet, daß Stendhal von beiden Werken nur indirekte Kenntnis hatte, und zwar durch eine 1768 unter dem Titel *An account of the manners and customs of Italy* in London veröffentlichte und 1773 in französischer Übersetzung erschienene Schrift Giuseppe Barettis (vgl. Anm. 79), in der dieser auf das Italienbuch Samuel Sharps entgegnete.

30 Ercole Consalvi (1757-1824), Kardinalstaatssekretär unter Papst Pius VII. (1800-1823), bedeutender Staatsmann. Er bemühte sich, den Kirchenstaat, dessen Wiederherstellung er auf dem Wiener Kongreß durchgesetzt hatte, den übrigen Staaten Europas anzugleichen. Unter seiner Regierung gab es vielversprechende Ansätze zum Aufbau einer modernen zentralisierten Verwaltung und zur Sanierung der Finanzen des Kirchenstaates. Außenpolitisch gelang es ihm, eine gewisse Unabhängigkeit von Österreich zu bewahren und der Kurie international neues Ansehen zu verschaffen.

31 Charles Burney: *The Present State of Music in France and Italy . . .* 1771.

32 Alexander Chalmers (1759-1834): *General biographical dictionary containing the lives and writings of the most eminent persons in every nation,* 32 Bände, London, 1811-1817.

33 Ugo Foscolo (1778-1827), einer der großen Dichter der italienischen Romantik und als Patriot und Gegner Napoleons einer der Inspiratoren des Risorgimento. Seine Versdichtung *Dei sepolchri* (Von den Gräbern) ist die Klage über das Vergessen, dem die großen Toten in Italien anheimfallen, und die Mahnung an die Italiener, sie sollten – wie einst die Griechen – auf die Stimme ihrer toten Helden hören und für ein freies Vaterland kämpfen. Foscolos Tragödie *Aiace* (Ajax) wurde wegen der darin enthaltenen franzosen- und napoleonfeindlichen Anspielungen sofort nach der Uraufführung in Mailand 1811 verboten. Sein lateinisches Pamphlet erschien 1816 in Zürich unter dem Titel *Didymi Clerici prophetae minimi Hypercalipseos liber singularis.*

34 Vincenzo Monti (1754-1828), italienischer Dichter, berühmt
u. a. durch seine Übersetzung der *Ilias*. Ihm warfen schon
die Zeitgenossen seinen Opportunismus vor, der ihn alle
einander ablösenden Machthaber in Italien in schönen Versen feiern ließ. Unbestritten ist seine künstlerische Meisterschaft, der auch Stendhal höchste Bewunderung zollte.

35 Charles de Brosses (1709-1777), Präsident des »Parlement de
Bourgogne«, des Obersten Gerichtshofes in Dijon, ist Verfasser der *Lettres familières écrites d'Italie en 1739 et 1740*: fünfundfünfzig, in Wahrheit erst zwischen 1745 und 1755 abge-
faßte ›Vertrauliche Briefe‹, in denen er vorgibt, seinen
Freunden in Burgund laufend über die Eindrücke während
seiner Italienreise zu berichten. Die Briefe waren im 18.
Jahrhundert nur in handschriftlichen Kopien verbreitet und
erschienen erst 1799 im Druck (vgl. Anm. 165). Sie wurden
von Stendhal besonders ihres geistreichen Stils wegen sehr
geschätzt.

36 Angehörige der Familie Bonaparte.

37 Vincenzo Camuccini (1771-1844), italienischer Maler; sein
Tod des Cäsar datiert von 1793.

38 Jacques-Louis David (1748-1825), französischer Maler des
Klassizismus *(Der Schwur der Horatier)*, Hofmaler Napoleons.

39 Dieser Gesang ist eines Roms würdig!

40 Montesquieu (1689-1755): *Considérations sur les causes de la
grandeur des Romains et de leur décadence* (Betrachtungen
über die Ursachen von Größe und Untergang der Römer),
1734.

41 Tiberio Pacca, Neffe von Kardinal Bartolomeo Pacca,
Nachfolger Consalvis im Staatssekretariat (vgl. Anm. 156),
wurde erst im April 1817 zum Gouverneur von Rom ernannt.

42 Pietro Romani (1791-1877), Komponist der Oper *Il qui pro
quo*.

43 Sohn dieses großen Roms.

44 Pierre de Marivaux (1688-1763): *Le jeu de l'amour et du
hasard* (Das Spiel von Liebe und Zufall), Prosakomödie von
1730.

45 Jean-Jacques Rousseau (1712-1778): *Le devin du village*, Singspiel von 1753 (!), *Julie, ou la Nouvelle Héloise*, Briefroman von 1761 (!).

46 Berühmte Ruinenstätte im zentralen Syrien; eine Stadt, der die »Priesterherrschaft« erspart blieb.

47 So lautet der Titel von Chateaubriands (1768-1848) 1802 erschienener Apologie des Christentums: *Le Génie du Christianisme ou Beautés de la Religion Chrétienne* (Der Genius des Christentums oder Schönheiten der christlichen Religion).

48 vgl. Anm. 17.

49 Kardinal Consalvi (vgl. Anm. 30).

50 Girolamo Crescentini (1766-1846), Komponist und Sopransänger; seine Arie *Ombra adorata aspetta* (Angebeteter Schatten, warte) entstand 1796.

51 Tommaso Sgricci (1789-1836), Improvisator.

52 Francesco Gianni (1750-1822), Improvisator aus Rom.

53 Charlotte Henriette Häser (1784-1871); in Leipzig geboren, wurde sie in Italien eine der großen Sopranistinnen ihrer Zeit.

54 Giovanni Gherardo de Rossi (1754-1827), römischer Lustspieldichter, *La prima sera dell'opera* (Die Opernpremiere), dreiaktige Prosakomödie.

55 Gemeint ist der Pincio.

56 »Ein Tag des Fürsten in den Sümpfen von Siena«.

57 Oper von Giuseppe Nicolini (1762-1842), 1811 in Wien uraufgeführt.

58 Eine Skulptur, an der Canova von 1789 bis 1794 arbeitete, heute in Genf, Villa La Grange.

59 bei Albano.

60 *Die heimliche Ehe*, Oper von Domenico Cimarosa (vgl. Anm. 9).

61 Jean-François Marmontel (1723-1799), französischer Schriftsteller, seit 1783 ›secrétaire perpétuel‹ der Académie française; er begann seine literarische Laufbahn mit klassizistischen Tragödien.

62 »Es leben nur drei große Männer in England, und einer von ihnen ist arm und wird alt.« Stendhal hat Shakespeares Text:

»There live not three good men unhanged in England, and one of them is fat and grows old« zu seinem Zweck abgewandelt.

63 *Hochzeit auf dem Lande*, Oper von Pietro Carlo Guglielmi (1763-28. Februar 1817), Sohn von Pietro Alessandro Guglielmi (1728-1804).

64 unbefangen.

65 Napoleon.

66 das heutige Nationalmuseum.

67 die heutige Via Roma.

68 Teatro San Carlo, 1737 errichtet, 1816 durch einen Brand zerstört, nach Plänen Antonio Niccolinis wiederaufgebaut und am 12. Januar 1817 wiedereröffnet.

69 1791 erbautes Theater in der Pariser Rue de Louvois.

70 *Paolo e Virginia*, 1817, Oper von Pietro Carlo Guglielmi nach dem 1788 erschienenen Roman *Paul et Virgine* von Bernardin de Saint-Pierre (1737-1814).

71 André-Ernest-Modeste Grétry (1741-1813), französischer Komponist.

72 Charles-Joseph Natoire (1700-1777), Jean-François de Troy (1679-1752), französische Maler.

73 Ferdinand IV. (1759-1825), König von Neapel, seit 1815 als Ferdinand I. König beider Sizilien.

74 1637 entstandenes Deckengemälde von Pietro da Cortona (1596-1666).

75 Antoine-Jean Gros (1771-1835), französischer Historienmaler.

76 Sonst zählte man die Stunden vom Angelusläuten ab, d. h. mit den Jahreszeiten wechselnd vom Einbruch der Nacht.

77 Im Palais des österreichischen Gesandten in Paris, Fürst Schwarzenberg, brach am 1. Juli 1810 während eines Balles ein Brand aus.

78 Man gab das allegorische Singspiel *Il Sogno di Partenope* (Der Traum der Partenope [= Neapel]) von Urbano Lampredi (1761-1837), Musik von Johann Simon Mayr.

79 Giuseppe Baretti (1719-1789), brillanter Kritiker und Schriftsteller, der in der von 1763 bis 1765 erscheinenden Zeitschrift *La Frusta letteraria* (Die literarische Peitsche)

scharfe Kritik an der zeitgenössischen italienischen Literatur übte und nach einer neuen Literatur für ein neues Italien verlangte.

80 *Il Poligrafo*, ein franzosenfreundliches Blatt, das von 1811 bis 1813 in Mailand erschien.

81 1663 von Colbert, dem Minister Ludwigs XIV, ins Leben gerufene wissenschaftliche Gesellschaft.

82 Das Blatt wurde 1816 mit Billigung der österreichischen Regierung von Giuseppe Acerbi gegründet. Die erste Nummer enthielt den Artikel »Sulla maniera e l'utilità delle traduzioni« (Über Art und Nutzen der Übersetzungen) von Madame de Staël (vgl. Anm. 343), in dem sie den Italienern empfahl, sich durch gute Übersetzungen mit den neueren Dichtungen aus England und Deutschland vertraut zu machen. Diese Kenntnisnahme von Neuem sollte ihnen helfen, sich von alten Denkgewohnheiten und träger Selbstgenügsamkeit zu lösen, die sie an überholten literarischen Traditionen festhalten ließen. Über der Frage, ob aus der Bekanntschaft mit der deutschen und englischen Literatur Nutzen für die bislang als weit überlegen angesehene italienische Dichtung zu ziehen sei, entzündete sich die Romantikdebatte in Italien.

83 Pietro Trapassi, genannt Metastasio (1698-1792), lebte seit 1730 hochgeehrt am Wiener Hof. Seiner Sprachkunst verdankte das ›Melodrama‹, das Drama mit Musik, in dem Wort und Musik gleichrangig sind, eine neue und letzte Blüte.

84 1789 gegründete Pariser Abendzeitung von hohem Ansehen, in der der Klassizismus verteidigt wurde und die nach Napoleons Sturz zunächst einen betont royalistischen Standpunkt vertrat.

85 Domenico Barbaja (1778-1841).

86 Giovanni Davide (1789-1851), einer der berühmtesten Tenöre seiner Zeit.

87 Louis Duport (1781-1853), gefeierter Tänzer in Paris, Rußland und Italien.

88 eine weitgehend den Regeln des klassischen Theaters entsprechende Tragödie Pierre Corneilles, 1640/41.

89 Masaccio (1401-1428), Maler der toskanischen Frührenais-

sance. Sein Werk bezeichnet in der traditionellen Kunstge-
schichtsschreibung seit Vasari die große Wende in der Geschichte der Malerei, wie sie sich seit Giotto ankündigte: die
Renaissance.

90 Salvatore Viganò (1769-1821), Choreograph: *Li Zingari*,
1799; *Il Noce di Benevento* (Der Nußbaum [!] von Benevent),
1811; *Gli Uomini di Prometeo, o la forza della musica e della
danza* (Die Menschen des Prometheus, oder die Macht der
Musik und des Tanzes), 1813; *La Samandria liberata, o i
Serviani*, 1798.

91 Ortschaft in der Nähe von Grenoble.

91a Q. *Roscius* Gallus, berühmter Schauspieler des 1. vorchrist-
lichen Jahrhunderts, dessen Name für vollendetes Künstler-
tum stand, Gründer einer Schauspielschule und Verfasser
von Schriften zur Rede- und Schauspielkunst;
Pylades, berühmter Hofschauspieler zur augusteischen Zeit,
soll dem römischen Pantomimus eine neue Form gegeben
haben;
Nachrichten über beide Künstler vornehmlich bei Cicero
und Sueton.

92 Seit 1769 erscheinendes Blatt der englischen Liberalen.

93 Jean Galbert de Campistron (1656-1726), Tragödiendichter,
im 19. Jahrhundert als Racine-Epigone verachtet.

94 Auguste Armand Vestris, Enkel von Gaetano Vestris, genannt Vestris I. (1729-1808), dem »Gott« des Tanzes.

95 François Boucher (1703-1770), französischer Maler des Ro-
koko.

96 Gemälde von Antoine-Jean Gros: *Napoleon bei den Pestkran-
ken von Jaffa*, 1804, Paris, Louvre.

97 *Le siège de Calais*, 1756, Nationaldrama von Dormont de
Belloy (1727-1775), in dem der englische König Edward, von
der Königstreue der Franzosen bewegt, seinen Ansprüchen
auf den französischen Thron entsagt. Das Diktum Turgots
(1727-1781, Staatsmann und Nationalökonom, Finanzminister unter Ludwig XVI.), der die pathetische Vaterlandsliebe dieses Stücks als »patriotisme d'antichambre« bezeichnet haben soll, entnahm Stendhal wahrscheinlich der
Grimmschen *Correspondance littéraire, philosophique et criti-*

que adressée à un souverain d'Allemagne, März 1770 (Victor Del Litto).

98 offenbar ein Liberaler, der sich hinter die Grenze des Königreichs beider Sizilien zurückgezogen hat.

99 Pietro Banchi (1787-1849), Architekt.

100 Durch die Schreibung Buonaparte statt Bonaparte erwies man sich nach 1814 als treuer Anhänger des Königs. Notiz Stendhals in einem Exemplar von *Rome, Naples et Florence en 1817* aus seinem Besitz: – Der Drucker setzt Buonaparte: damals, 1817, kennzeichnete dieses »u« jemanden, der anständig denkt (. . .). –

101 Carlo Filangieri (1784-1867), Sohn des bedeutenden neapolitanischen Philosophen Gaetano Filangieri (Hauptwerk: *Scienza della Legislazione* [Wissenschaft von der Gesetzgebung], 1780-1783), Offizier in der Armee Joachim Murats.

102 Vincenzo Cuoco (1770-1823), neapolitanischer Politiker und Historiker: *Saggio sulla rivoluzione napoletana del 1799* (Über die neapolitanische Revolution des Jahres 1799), 1801; Staatsrat in Neapel unter Joseph Bonaparte 1806-1808.

103 Leiter des Teatro della Scala von 1807 bis 1813.

104 1826 wird es ausführlicher heißen: – der durch den Feldzug und den Tod Joachim Murats niedergeschmetterte Nationalstolz –. Joachim Murat (1771-1815), Schwager Napoleons, König von Neapel 1808-1814. Da es sich als aussichtslos erwies, nach Napoleons Sturz im Einvernehmen mit den Siegermächten den Thron von Neapel, den die Bourbonen nach dem Legitimitätsprinzip beanspruchten, zu behaupten, entschloß er sich nach Napoleons Rückkehr von Elba zur militärischen Eroberung Italiens: er rückte in den Kirchenstaat ein und appellierte an die Italiener (Manifest von Rimini, März 1815), unter seiner Führung Italiens Unabhängigkeit zu erkämpfen und das Land zu einem Reich zu einen. Im Mai 1815 wurde er von den Österreichern bei Tolentino geschlagen. Bei einem erneuten Versuch, Neapel zurückzuerobern, geriet er in Gefangenschaft und wurde auf Befehl König Ferdinands IV. im Oktober 1815 erschossen.

105 Anspielung auf Murats neapolitanische Armee, die sich bei Tolentino von den Österreichern schlagen ließ.

106 Erstes Ministerium Richelieu (1815-1818). Der Herzog von Richelieu (1766-1822) suchte mäßigend auf den ›weißen Terror‹ einzuwirken und geriet mit der mehrheitlich ultra-royalistischen Deputiertenkammer in Konflikt; er setzte dem Terror der Reaktion durch Auflösung der Kammer am 5. September 1816 und anschließende Neuwahlen ein Ende.

107 Charles Collé (1709-1783), Chansonnier und Dramatiker, Günstling des Herzogs von Orléans: *Journal historique, Mémoires critiques et littéraires*, 1805-07; darin wird von der tyrannischen Herrschaft der Kammerherren berichtet, denen die Leitung des Théâtre-Français anvertraut war.

108 Mathew Gregory Lewis (1775-1818), englischer Schriftsteller: *The Monk*, 1796 (französische Übersetzung 1797), berühmte *Gothic Novel*, eine Art Schauerroman.

109 Lord Robert Grosvenor (1767-1845), Henry Richard Fox, Lord Holland (1773-1840), Liberale, die mit ihrer frankreichfreundlichen Haltung im Gegensatz zur englischen Regierung standen.

110 George Canning (1770-1827), Henry Robert Stewart, Viscount Castlereagh (1769-1822), konservative Staatsmänner. Castlereagh, seit 1812 englischer Außenminister, förderte die Allianz gegen Napoleon und verfocht während des Wiener Kongresses und danach die Politik des Gleichgewichts der Kräfte.

111 Graf de Lavalette (1769-1830), Staatsrat und Postdirektor unter Napoleon, im November 1815 zum Tode verurteilt, konnte mit Hilfe seiner Frau und dreier englischer Offiziere nach Bayern entkommen.

112 Anfang 1817 nahm die französische Regierung in England eine Anleihe auf.

113 Stendhal entnahm die folgenden Hinweise – wie Victor Del Litto gezeigt hat – Pignottis *Geschichte der Toskana* (Lorenzo Pignotti: *Storia della Toscana fino al Principato, con diversi saggi sulle scienze, lettere ed arti*, 9 Bde., 1813-14);
Capponi (um 1350-1421), Gonfaloniere und Florentiner Chronist;
Giovanni *Villani* (um 1276-1348), Florentiner Historiker:

Nuova cronaca, von seinem Bruder Matteo und dessen Sohn Filippo Villani (um 1325-nach 1404) fortgesetzt;

Tommaso Fortifiocca: *Vita di Cola di Rienzi*, 1624;

Poggio-Bracciolini (1380-1459), Humanist, Kanzler der Republik Florenz: *Historia Florentina*.

114 Clemens VII. (1378-1394), Kardinal Robert von Genf, in Anagni von den nicht-italienischen Kardinälen zum Papst gewählt. Clemens VII. residierte in Avignon, der zuvor in Rom gewählte Urban VI. in der heiligen Stadt. Diese Wahl eines Gegenpapstes steht am Beginn des Großen Schismas.

115 *Castruccio Castracani*, von 1316 bis 1328 Herr von Lucca und Pistoja; *Guglielmo* Ubertini, Bischof von Arezzo, 1289 in der Schlacht von Campaldino gegen die Florentiner getötet; Giangaleazzo Visconti, *conte di Virtù*, Herr von Mailand von 1385 bis 1402, Reichsvikar, seit 1395 Herzog, eine der großen Herrschergestalten des späten Mittelalters.

116 August Wilhelm Schlegel (1767-1845): *Über dramatische Kunst und Literatur*, 1809-11.

117 1783 erschienene Tragödie von Alfieri.

118 Gestalt aus Alfieris *Saul*, Tochter des Titelhelden.

119 Gestalt aus Shakespeares *Cymbeline*, einem der Lieblingsstücke Stendhals, Imogen, Tochter Cymbelines und Gattin des verbannten Posthumus, ist ein Muster von Tugend, Anmut und Geist.

120 *Vita di Vittorio Alfieri, scritta da esso*, 1804; französische Übersetzung 1809.

121 David Hume (1711-1776), englischer Philosoph und Historiker, schrieb eine sechsbändige Geschichte Englands, 1754 ff.

122 James MacPherson (1736-1796): *Fingal*, 1762, eine Sammlung epischer Gedichte, die der Verfasser ausgab als englische Übersetzungen von gälischen Dichtungen des Barden Ossian, Sohn Fingals, der im 3. Jahrhundert gelebt haben soll.

123 Graf Wenzeslaus Robert von Gallenberg (1783-1839), Komponist.

124 Luigi Vestri, genannt Vestris (1781-1841), Schauspieler.

125 *Le bourru bienfaisant*, 1771, französische Komödie von Goldoni.

126 François René *Molé* (1734-1802), einer der bedeutendsten französischen Schauspieler in der zweiten Hälfte des 18. Jahrhunderts;
August Wilhelm *Iffland* (1759-1814), Schauspieler und Dramatiker; Stendhal hat ihn 1806 in Berlin mehrmals spielen sehen.

127 *Der Hofmeister in Verlegenheit*, Komödie von Giovanni Giraud (1776-1834).

128 Dramatisierung des vierbändigen Romans von Pigault-Lebrun (1753-1835): *Les Barons de Felsheim*, 1798-99.

129 Antoine-Leónard Thomas (1732-1785), pflegte mit Vorliebe die Gattung der Elogen.

130 vgl. Anm. 47.

131 Louis-Antoine-François de Marchangy (1782-1826): *La Gaule poétique, ou l'Histoire de France considérée dans ses rapports avec la poésie, l'élocuence et les beax-arts*, 8 Bde., 1813-17; eine Art Geschichte des Mittelalters in Episoden, dazu bestimmt, dem Leser die »Schönheiten« der französischen Geschichte nahezubringen. Marchangys Stil orientiert sich an der Sprache Chateaubriands.

132 Antoine Hamilton (1646-1720), Verfasser der *Mémoires du comte de Gramont*, 1713.

133 *Julie oder die Neue Héloise*, 1761, Briefroman von J. J. Rousseau.

134 Silvio Pellico (1789-1854), italienischer Dichter: *Francesca da Rimini*, 1815. Er gehörte zunächst dem Kreis Mailänder Liberaler und Romantiker an, welche die Zeitschrift *Il Conciliatore* herausgaben, und wirkte dann in dem Geheimbund der »Carboneria« bei der Vorbereitung der Revolution von 1820 mit. Er wurde festgenommen, zum Tode verurteilt und zu Festungshaft begnadigt. Von 1821 bis 1830 war er auf dem berüchtigten Spielberg in Mähren gefangen. Über diese Zeit berichtet er in seinem Buch *Le mie prigioni* (Meine Gefängnisse), 1832.

135 Tragödie von Alfieri.

136 aus dem oben erwähnten Stück *Les Barons de Felsheim*.

137 vgl. Anm. 97.

138 Giuseppe Baretti (1719-1789) (vgl. Anm. 79): *An account of*

the manners and customs of Italy, London 1768; eine Entgegnung auf das Italienbuch Samuel Sharps (vgl. Anm. 29).

139 *La Jeunesse de Henri V.*, 1806, Komödie von Alexandre Duval (1767-1842).

140 Leopold II. (1797-1870), seit 1824 Großherzog von Toskana.

141 Alberto Nota (1775-1847), Antonio Sografi (1759-1818), Camillo Federici (1749-1802), italienische Lustspieldichter.

142 Louis Benoît Picard (1765-1826), Schauspieler und Lustspieldichter.

143 René Le Bossu (1631-1680): *Traité du poème épique*, 1675.

144 Philippe-François-Nazaire Fabre d'Eglantine (1755-1794, zusammen mit Danton hingerichtet), französischer Schriftsteller: *Le Philinte de Molière ou l'égoiste*, Verskomödie von 1790.

145 heute Monte Quirinale mit dem Quirinalspalast.

146 *The Memoirs of the extraordinary life, works and discoveries of Martinus Scriblerus*, eine Satire gegen die Pedanten von John Arbuthnot (1667-1735).

147 Emmanuele Taddei (1771-1839), italienischer Kritiker.

148 Gemeint sind Michaud und Dorimond de Féletz, Redakteure der *Quotidienne* bzw. des *Journal des Débats* (Victor Del Litto).

149 vgl. Anm. 104.

150 Wir sind Freunde.

151 Das Herzogtum Modena unter dem Habsburger Franz IV. (1814-1846) galt als der reaktionärste Staat im Italien der Restauration.

152 *Bonaparte, sa famille et sa cour* ... (... Geheime Anekdoten über einige herausragende Persönlichkeiten zu Beginn des 19. Jahrhunderts, von einem Kammerherrn, der dies nur gezwungenermaßen war), ein zweibändiges Pamphlet von 1816.

153 vgl. Anm. 37.

154 Francis Macirone, Adjutant Joachim Murats: *Interesting facts relating to the fall and death of Joachim Murat, King of Naples, the capitulation of Paris in 1815 and the second Restoration of the Bourbons,* ..., 2 Bde., London 1816.

155 Kardinal Consalvi.

156 Kardinal Pacca (1756-1844); 1814/15 selber Kardinalstaats-

sekretär, war er unter dem Staatssekretariat Consalvis das Haupt der reaktionären Opposition innerhalb der Kurie.

157 Francesco Fontana (1750-1822), Kardinal Leiter der Kongregation »Propaganda Fide« (Glaubensverbreitung) und der Index-Kongregation.

158 Jean-Louis Delolme (1740-1806), Schweizer Rechtsgelehrter und Publizist; seine Darstellung der englischen Verfassung war ein Lehrbuch der Liberalen: *Constitution de l'Angleterre, ou Etat du gouvernement anglais comparé avec la forme républicaine et avec les autres monarchies de l'Europe*, 1771, u. ö.

159 Gaspare Landi (1756-1830), italienischer Historienmaler.

160 Gemeint sind die Kunstwerke, die Napoleon aus Italien wie aus dem übrigen besetzten Europa nach Paris schaffen ließ, um sie dort im Louvre – dem 1814/15 wieder aufgelösten Musée Napoléon – auszustellen.

161 Altitalische, derb-volkstümliche Stegreifspiele mit feststehenden Typen, zunächst in der Sprache der oskischen Bevölkerung Kampaniens, dann von den Römern übernommen. Die Blütezeit der Atellanen war das erste vorchristliche Jahrhundert.

162 Bertel Thorvaldsen (1768-1844), dänischer Bildhauer, kam 1797 nach Rom und verbrachte dort einen großen Teil seines Lebens.

163 Antoine-Denis Chaudet (1763-1810), französischer Bildhauer.

164 Es handelt sich um eine ›Kreuzabnahme‹, 1797.

165 Antoine Sérieys (1755-1829), der seit 1796 in Paris der Behörde vorstand, welche die konfiszierten Bibliotheken emigrierter Aristokraten sammelte, entdeckte dort ein Manuskript der *Lettres familières* des Président de Brosses und verkaufte es an den Verleger Ponthieu, bei dem das Werk im Jahre VII der Republik (1799) erschien. Während der Restauration wurden – besonders von seiten der Familie de Brosses – dem Herausgeber Diebstahl und Verfälschung vorgeworfen.

166 Charles Pinot Duclos (1704-1772), ›homme de lettres‹, Moralist, Romancier, Sekretär der Académie française: *Voyage en Italie, ou Considérations sur l'italie par feu M. Duclos*, 1791.

167 François-Joachim de Bernis (1715-1794), Kardinal, Staats-
minister, französischer Gesandter in Rom seit 1769.
168 Troiano Aquaviva (1691-1742), Kardinal, Geschäftsträger
Spaniens beim Heiligen Stuhl.
169 Schlacht von Borodino (7. September 1812), in der die Franzosen die russische Armee unter Kutusow schlugen.
170 Napoleons Sieg über Blücher (11. Februar 1814).
171 Prospero Lambertini (1675-1758), Kardinal, 1740 zum
Papst gewählt.
172 Barnaba-Luigi-Gregorio Chiaramonti (1740-1823), seit 1800
Papst Pius VII., schloß 1801 mit Napoleon das Konkordat
und erhielt dafür Teile des Kirchenstaats zurück; 1804 salbte
er Napoleon zum Kaiser der Franzosen, verweigerte aber die
Teilnahme an dessen Kriegspolitik: 1809 wurde der Kirchenstaat dem Kaiserreich einverleibt und Rom zur reichsunmit-
telbaren Stadt erklärt. Die weltliche Gewalt des Papstes
erklärte der Kaiser für erloschen; Pius VII. wurde verhaftet
und lebte in Fontainebleau, bis er 1814 nach Rom zurück-
kehren konnte.
173 Consalvi.
174 Muß die Sache zu Papier gebracht werden oder nicht?
175 Graf Miollis (1759-1828), französischer General, von 1807 bis
1814 Gouverneur von Rom.
176 Eine alte Sagengestalt, die den artigen Kindern in der Drei-
königsnacht Geschenke bringt.
177 Giovanni Torlonia (1755-1828), Bankier, seit 1809 Herzog
von Bracciano.
178 Augustin Arguelles (1775-1844), spanischer liberaler Staatsmann, nach der Rückkehr Ferdinands VII., 1814, festgenommen und deportiert.
179 Francesco Neri, Teilnehmer des Spanien- und Rußlandfeld-
zugs;
Giuseppe Palombini, während des Spanienfeldzugs zum General befördert.
180 Henry Brougham (1778-1868), Staatsmann, einer der
führenden englischen Liberalen, Gegner der Heiligen
Allianz, Vorkämpfer des gewerblichen Mittelstands im
Parlament. Er setzte 1816 die Aufhebung der wegen des

Kriegs gegen Frankreich auferlegten Einkommensteuer durch.

181 Giovanni Angelo Braschi (1717-1799), Kardinal, 1775 zum Papst gewählt.

182 vgl. Anm. 154.

183 Gaspar Riche, Baron de Prony (1755-1839), Ingenieur.

184 Abgewandeltes Motto des Lehrgedichts *An Essay on Man* (Ein Versuch über den Menschen), 1733/34, von Alexander Pope (1688-1744): *Essay on Man*, Epistle 2, I: »Know then thyself, presume not God so scan / The proper study of mankind is man«.

185 vgl. Anm. 418.

186 Oper von Carlo Coccia (1782-1873).

187 Esther und Anna Mombelli, geboren 1794 bzw. 1795, berühmte Sopranistinnen.

188 vgl. Anm. 122.

189 »Ich sterbe nicht wirklich, o Geliebte, wenn ich in dir fortlebe.«

190 Oper von Rossini, 1812.

191 »Voller Freude ist mein Herz.«

192 »Dieses Herz schwört dir Liebe.«

193 Fénelon (1651-1715), französischer Schriftsteller, Theologe und Pädagoge, 1695 Erzbischof von Cambrai, Erzieher des Herzogs von Burgund; Hauptwerk: *Les aventures de Télémaque*, ein Bildungsroman von 1695/96; sein Stil ist von hoher Anmut und Eleganz.

194 Charles-Albert de Demoustier (1760-1801), französischer Schriftsteller.

195 Lodovico di Breme (1781-1820), einer der ersten Theoretiker der Romantik in Italien, gehört mit Silvio Pellico, Ermès Visconti, Giovanni Berchet, Pietro Borsieri, Confalonieri zu der Gruppe (nord)-italienischer Romantiker und Liberaler, die für eine literarische, mehr noch politische Erneuerung in Italien kämpfte. Ihr Organ war für kurze Zeit die in Mailand erscheinende Zeitschrift *Il Conciliatore, foglio scientifico-letterario*, 1818/19. Das Blatt sollte das Interesse der Italiener für Ereignisse und Entwicklungen im übrigen Europa wecken und behandelte neben literarischen Fragen auch Themen der Wirtschaft (besonders Landwirtschaft), der Ju-

risprudenz, der Naturwissenschaften und der Politik in Gestalt von ›Satiren‹.

Daß der Streit nur vordergründig um literarische, im Kern aber um politische Fragen ging, macht den besonderen Charakter der italienischen Romantikdebatte aus. Ziel der Gruppe um den *Conciliatore* war nicht so sehr die Erneuerung literarischer Formen wie die Stärkung von Vaterlandsliebe und Bürgersinn, wie Aufklärung und moralische Vervollkommnung.

Eine weitere Eigentümlichkeit der Romantikdebatte in Italien ist das Wiederaufleben der »questione della lingua«, des im 16. Jahrhundert zu einem ersten Höhepunkt gelangten Sprachstreites, bei dem es um die Frage ging, welcher Art eine italienische Hochsprache sein sollte, die allen Italienern über die Dialektgrenzen hinweg gemeinsam ist. Im 16. Jahrhundert setzte sich für die Sprache der Literatur eine Lösung durch, die dem geltenden Imitationsprinzip gehorchte: man hatte die großen Dichter des Trecento, Boccaccio für die Prosa und Petrarca für die Versdichtung nachzuahmen, d. h. das Toskanische des 14. Jahrhunderts. Seit 1582 wachte in Florenz die noch heute bestehende Akademie der »Crusca« (Kleie) über die Einhaltung dieser Regel und die Reinerhaltung der Sprache. Gegen den Anspruch der Crusca, die einen veralteten Sprachzustand künstlich konservierte, und gegen den Kult des Toskanischen wehrten sich zu Beginn des 19. Jahrhunderts vor allem die Romantiker aus der Lombardei.

196 ausgedehnte, am Arno gelegene Parkanlage, westlich der Stadt vor der Porta al Prato.

197 vgl. Anm. 113.

198 Carlo Botta (1766-1837), italienischer Historiker: *Storia della guerra dell'indipendenza degli Stati Uniti di America* (Geschichte des Freiheitskrieges der Vereinigten Staaten von Amerika), 1809. Der Kritiker Pietro Borsieri (1786-1852) machte sich in einer Streitschrift von 1816 über Botta lustig, weil er in diesem Buch Sprache und Stil der Florentiner Geschichtsschreiber der Renaissance nachgeahmt habe.

199 »Und ich sage, daß das Verbum ›vagire‹, wimmern, im Wörterbuch der Crusca nicht vorkommt: zwar hat Salvino ›va-

gito‹, Gewimmer, gebraucht: wie dem auch sei, ›vagir‹ kann man nicht sagen.

200 Karnevalslieder der Renaissance.

201 *La Tancia*, Komödie von Michelangelo Buonarroti (1568-1646), dem Neffen des Bildhauers.

202 vgl. Anm. 195.

203 vgl. Anm. 113.

204 Alessandro Verri (1741-1816), Dichter, Bruder des bedeutenden Nationalökonomen, Historikers und Publizisten Pietro Verri: *Notti romani al sepolcro de' Scipioni* (Die römischen Nächte am Grab der Scipionen), 1792; *Vita di Erostrato*, 1815.

205 Paul Scarron (1610-1660), Verfasser von Burlesken, Satiren, farcenhaften Komödien und dem parodistischen *Roman comique*, 1651/57.

206 vgl. Anm. 193.

207 Priesterherrschaft.

208 Graf Karl Joseph von Firmian (1716-1782), österreichischer Staatsmann, von 1759 bis zu seinem Tod verdienstvoller Gouverneur der Lombardei.

209 Cesare Bonesano di Beccaría (1738-1794), einer der bedeutendsten Vertreter der europäischen Aufklärung; Schriftsteller und Rechtsphilosoph, Gegner der Todesstrafe; sein bahnbrechendes Hauptwerk: *Dei delitti e delle pene* (Über Verbrechen und Strafen), 1764, in dem er für eine Reform der Rechtspflege eintrat, hat die Strafrechtsreform in Italien und Frankreich beeinflußt.

210 Giuseppe Parini (1729-1799), italienischer Dichter: *Il Giorno* (Der Tag), satirisches Gedicht in vier Teilen, 1763-1801 erschienen; sarkastische Schilderung des Tagesablaufs (Morgen, Mittag, Abend, Nacht) im Leben eines nichtstuerischen jungen Adligen aus Mailand.

211 Im Dezember 1807 wurden die Toskana sowie Parma-Piacenza mit dem französischen Kaiserreich vereinigt.

212 G. D. Anguillesi: *Notizie storiche dei palazzi e ville appartenenti alla I. G. A. Corona di Toscana*, 1815.

213 Bernardin de Saint-Pierre (1737-1814), französischer Schriftsteller; sein Hauptwerk ist der idyllische Roman *Paul et Virginie*, 1788.

214 vgl. Anm. 131.

215 Pierre de Ronsard (1524-1585), französischer Dichter der Renaissance, Haupt der ›Pléiade‹, galt zu Stendhals Zeit vielfach noch als unverständlicher Autor, der in einer abstrus altertümlich-gelehrten Sprache gedichtet hat.

216 Luise, Prinzessin von Stolberg-Gedern, Gräfin von Albany (1753-1824), Frau des englischen Thronprätendenten Charles Edward Stuart, Graf von Albany. Sie lebte von ihrem 32 Jahre älteren, trunksüchtigen Mann getrennt, und zwar in Florenz zusammen mit dem Dichter Vittorio Alfieri.

217 Dominique Dufour de Pradt (1759-1837), Diplomat unter Napoleon, liberaler Publizist: *Du Congrès de Vienne*, 1815. In diesem Werk wirft er den europäischen Mächten, besonders Österreich, vor, Italien nicht die Unabhängigkeit gegeben und so einen friedensbedrohenden Unruheherd erhalten zu haben.

218 Graf Franz von Saurau (1760-1832), von 1815 bis 1817 Gouverneur im Königreich Lombardo-Venetien.

219 DER HEUTIGE TAG
Vision
Es war eine grauenvolle Nacht, finster wie ein Wolfsschlund: kein Schritt war zu hören . . .
Und das arme Verdienst, das nicht einmal ›Don‹ ist, haben sie mir dort in den Winkel gezwängt. –
Zeilen eines Gedichts von Tommaso Grossi (1790-1853), *La Prineide*, das, anonym veröffentlicht, 1816 in Mailand kursierte und an den Grafen Prina erinnerte, den Finanzminister der Republik bzw. des Königreichs Italien seit 1802. Er wurde 1814 von einer aufgewiegelten Menge totgeschlagen.

220 Népomucène Lemercier (1771-1840), französischer Schriftsteller.

221 vgl. Anm. 158.

222 Benjamin Constant (1767-1830), Schriftsteller (*Wallstein*, 1808; *Adolphe*, Roman, 1816), Religionshistoriker, Staatsmann, bedeutender Theoretiker des Liberalismus (*De l' Esprit de conquête et de l'Usurpation* [Vom Geist der Eroberung und von der Anmaßung der Gewalt], 1814).

223 Antonio Genovesi (1713-1769), Philosoph, Begründer der Nationalökonomie: »Lezioni di economia civile«, 1765.

224 Giovanni Battista Vico (1668-1744), italienischer Philosoph: *Scienza Nuova* (Grundzüge einer neuen Wissenschaft), 1725 und 1744.

225 Julien-Louis Geoffroy (1743-1814), Kritiker beim *Journal des Débats*.

226 »Die Pflanze Mensch gedeiht in Italien kraftvoller als in irgendeinem anderen Lande; das beweisen nicht zuletzt die fürchterlichen Verbrechen, die hier begangen werden.« Alfieri schreibt gegen Ende seines 1778 und 1785/86 verfaßten Werks *Del Principe e delle Lettere* (»Über den Fürsten und die Literatur«) in Buch III, Kapitel XI, dem er den von Machiavelli entlehnten Titel gab: »Aufruf, Italien von den Barbaren zu befreien«: »Das moderne Italien zeigt und beweist noch auf dem tiefsten Punkte seiner Erniedrigung und Nichtigkeit (darf ich es sagen?) durch die ungeheuerlichen und großartigen Verbrechen, die tagtäglich hier begangen werden, daß es auch heute noch mehr als jeder andere Landstrich Europas überreich ist an glühenden und wilden Charakteren, denen nichts fehlt, um Großes zu vollbringen, als Gelegenheit und Mittel . . . Italien ist demnach in jeder Hinsicht gewesen, was die anderen Länder der Erde bis heute noch nie gewesen sind. Und dies beweist, daß seine Menschen, wenn man sie einmal als einfache Pflanzen betrachtet, von kräftigerem Schlage sind: und derselbe Boden bringt immer die gleichen Pflanzen hervor, selbst wenn der schlechte Bauer sie zuweilen gewaltsam unkenntlich macht.«

227 *Ultime Lettere di Jacopo Ortis* (Letzte Briefe des Jacopo Ortis), 1802, Roman von Ugo Foscolo (vgl. Anm. 33).

228 *Waverley, Tales of my Landlord*, Roman bzw. Romanserie von Sir Walter Scott (1771-1832).

229 Pietro Schedoni (1759-1835), italienischer Schriftsteller; *Influenza morali* (Moralische Einflüsse).

230 Oper, 1791, von Mozart, Libretto von Caterino Mazzola nach dem dreiaktigen Melodrama *La Clemenza di Tito* (Der mildherzige Titus), 1734, von Pietro Metastasio (vgl. Anm. 83).

231 »Das, o Römer, heißt, mir einen Tempel bauen.«

232 Publius Clodius Thrasea Paetus, Senator, Stoiker, im Jahre 66 von Nero zum Selbstmord verurteilt.

233 Corbulo, Feldherr und Redner unter Nero, ermordet.

234 Komödie, 1788, von Collin d'Harleville.

235 Gestalt aus Corneilles Tragödie *Cinna, ou la Clémence d'Auguste* (Cinna oder die Güte des Augustus), 1640/41.

236 *Monti* – vgl. Anm. 34.
   Verri – Pietro Verri (1728-1797), bedeutender Aufklärer, Nationalökonom, Historiker und Publizist, Bruder von Alessandro Verri (vgl. Anm. 204).
   Botta – vgl. Anm. 198.

237 Angelo Anelli (1761-1820) schrieb Opernlibretti u. a. für Rossini *(L'Italiana in Algeri)*.

238 Florent Dancourt (1661-1725), Schauspieler, Theaterdirektor und Verfasser zahlreicher Komödien (Gesellschaftssatiren).

239 Carlo Gozzi (1720-1806), venezianischer Lustspieldichter; er bevorzugte märchenhafte Stoffe und verfocht gegen Goldoni eine verfeinerte ›Commedia dell'arte‹.

240 Jean François de La Harpe (1739-1803), Schriftsteller und Literaturkritiker, hielt 1786-1798 Vorlesungen zur Literaturgeschichte, in denen er den Maßstab des klassizistischen Geschmacks an die Werke der älteren und neueren Literatur anlegte. Bis ins 19. Jahrhundert hinein blieb sein *Cours de littérature ancienne et moderne* die maßgebliche Darstellung der Literaturgeschichte und Grundlage der literarischen Bildung in Frankreich.

241 »Essen, trinken und um nichts sich kümmern.«

242 vgl. Anm. 139.

243 Verfasser des Nationaldramas *Le Siège de Calais*; vgl. Anm. 97.

244 vgl. Anm. 82.

245 Sommerfrische.

246 Ovid, *Metamorphosen*, VII, 808-862.

247 Mitte 1799 waren die Franzosen von Österreichern und Russen aus Oberitalien verdrängt worden. 1800 zog Napoleon über die Alpen und schlug die Österreicher entscheidend bei Marengo am 19. Juli 1800.

248 – Ich sah Italia mit aufgelöstem Haar und verwahrlost da, wo die Dora in den Po mündet, traurig sitzen; in ihren Augen war gleichsam Entsetzen vor nahender Knechtschaft zu lesen.

Sie weinte nicht, die Stolze: ihr Blick war voll Trauer, aber königlich; so vielleicht zeigte sie sich einst, als sie – frei noch – die lateinische Freiheit den Ketten darbot.

Dann sah ich sie mit einem Mal freudig sich erheben, sich stolz in der gewohnten Größe zeigen und die Länder rings umher bedrohen.

Und um den Apennin ertönten Beifall und Jubel: Italien, Italien, dein Retter ist geboren! –

Dieses Sonett von Eustachio Manfredi (1674-1739) ist einer Sonettsammlung des Padre Teobaldo Ceva von 1736 (!) entnommen.

249 Waterloo.

250 Freundschaft.

251 sich einer Dame nähern.

252 Figur der ›commedia dell'arte‹: der florentinische Hanswurst.

253 Große Franzosen, groß in allem.

254 Dieser ›Kursus‹ über italienische Malerei faßt in sehr geraffter Form Stendhals ästhetische Urteile zusammen, zu denen er in seiner *Histoire de la peinture en Italie* (Geschichte der Malerei in Italien), August 1817, gelangt war.

255 Francesco Albani (1578-1660), italienischer Maler.

256 Antonio Allegri, genannt Correggio (1495-1534).

257 Napoleon.

258 Das Versprechen Lord Bentincks von 1814, Genua werde unter der Verfassung von 1797 als ligurische Republik die Unabhängigkeit erhalten, wurde von Lord Castlereagh (vgl. Anm. 110) widerrufen: Genua wurde auf dem Wiener Kongreß dem Königreich Sardinien-Piemont zugeschlagen.

259 Armida, Gestalt aus Torquato Tassos Epos *La Gerusalemme liberata* (Das befreite Jerusalem): Die Zauberin Armida hat von den Mächten der Hölle den Auftrag, den Kreuzfahrer Rinaldo außer Gefecht zu setzen. Sie entführt ihn in ihre Gärten auf einer entlegenen Insel im Atlantik, wo er ihren

Reizen erliegt und der Zauberin in selbstvergessener Leiden-
schaft verfällt, bis er von zwei Rittern, die Gottfried von
Bouillon entsandt hat, zur Rückkehr bewegt wird (Canto
XVI.).

260 Pelagio Palagi (1775-1860), Bologneser Maler.

261 vgl. Anm. 216.

262 Louis-Alexandre Berthier (1753-1815), Marschall von
Frankreich.

263 Den folgenden Exkurs übernimmt Stendhal aus einer Be-
sprechung der englischen Übersetzung von Alfieris *Vita* im
Edinburgh Review, Januar 1810, und bereichert ihn um ei-
nige persönliche Beobachtungen. Die deutsche Übersetzung
stammt von Friedrich von Oppeln-Bronikowski, der diesen
Text in den Anhang seiner Ausgabe von Stendhals *Reise in
Italien* (Gesammelte Werke, Bd. 5, Berlin, Propyläen-
Verlag), S. 405-410, aufnahm.

264 *Della Tirannide* (Von der Tyrannei), 1777 entstanden, 1789
erschienen.

265 *Misogallo* (Franzosenfeind), entstanden zwischen 1793
und 1799, Sammlung von Epigrammen, in denen Alfieri mit
der Französischen Revolution und ihre Folgen ins Gericht
geht.

266 Maria Edgeworth (1767-1849), englische Romanschriftstel-
lerin.

267 François-Xavier Fabre (1766-1837), französischer Maler.

268 John Milton (1608-1674), englischer Dichter, Verfasser des
Epos *Paradise Lost* (Das verlorene Paradies), 1663/1667.

269 Népomucène Lemercier (1771-1840) ließ sich 1797 durch
Alfieris *Agmamemnone*, 1776, zu einer Tragödie *Agamemnon*
anregen.

269a Vauvenargues (1715-1747), *Réflexions et Maximes* (1746),
N° CXXVII.

270 Ariost: *Orlando furioso* (Der rasende Roland), 1516/21/32,
28. Gesang, 4-74: Rodomonte, von Doralice verlassen, klagt
über die Falschheit der Frauen, die wie die Pest nur Unglück
über die Welt brächten. Um ihn zu trösten, erzählt ihm der
Wirt, bei dem er eingekehrt ist, die Geschichte Jocondos, die
Geschichte vom Mißgeschick zweier betrogener Ehemänner.

Diese Episode regte La Fontaine zu seiner Verserzählung *Joconde*, 1665, an.

271 Priester.

272 Tatsächlich entnimmt Stendhal – wie Victor Del Litto nachweisen konnte – diese Anekdote (*Italienische Reise*, Den 25. Oktober abends. Perugia.) einer Besprechung von Goethes *Italienischer Reise*, die im *Edinburgh Review*, März 1817, erschienen war. Stendhal übersetzte die englische Version des Rezensenten, daher die Abweichungen von Goethes Text.

273 Es gefällt mir . . . es gefällt mir nicht.

274 Priester.

275 Saurau; vgl. Anm. 218.

276 vgl. Anm. 104.

277 Dem folgenden Exkurs liegt eine Besprechung der *Correspondance de Mme du Deffand avec d'Alembert, Montesquieu, le président Hénault, etc.*, Paris 1809, zugrunde, erschienen in der *Edinburgh Review*, Januar 1810.

278 Horace Walpole (1717-1797), englischer Schriftsteller, begründete mit *The Castle of Otranto*, 1764, die Tradition des englischen Schauerromans, der »Gothic Novel«.

279 Marie, marquise *du Deffand* (1697-1780); in ihrem Salon verkehrten die bedeutendsten Geister Frankreichs und Englands. Sie unterhielt mit ihnen eine umfangreiche Korrespondenz.
Louise-Honorine, *duchesse de Choiseul* (1734-1801), Frau von Etienne François, duc de Choiseul (1719-1785), Außenminister und Gesandter in Rom unter Ludwig XV.
Jean-Jacques *Barthélemy* (1716-1795), Orientalist und Altertumsforscher, Verfasser von *Le voyage du jeune Anacharsis en Grèce* (Die Reise des jungen Anacharsis nach Griechenland), 1788.
Charles-Jean-François *Hénault* (1685-1770), Präsident beim Obersten Gerichtshof (parlement) von Paris, Schriftsteller und Historiker; Verfasser des historischen Lesedramas *François II*, 1747.
Antoine de Ferriol, comte de *Pont de Veyle* (1697-1774), Dichter und Lustspielautor.
Jean-Le-Rond, genannt *d'Alembert* (1717-1783), einer der

großen französischen Aufklärer, Naturwissenschaftler, Mitherausgeber der *Encyclopédie*, seit 1766 ständiger Sekretär der Académie française.

Anne-Agnès, marquise *de Flamarens* (gest. 1742).

280 große Gesellschaft.

281 Jeanne Bécu, comtesse Du Barry (1743-1793, hingerichtet), Mätresse Ludwigs XV., Gegenspielerin des Herzogs von Choiseul.

282 Charles-François, comte de Broglie (1719-1718), Minister unter Ludwig XV.

283 »Verfallener Marktflecken«, der gleichwohl durch einen Abgeordneten im Parlament vertreten wird.

284 1685 hob Ludwig XIV. das 1598 von Heinrich IV. erlassene Edikt von Nantes auf, welches den französischen Protestanten bedingte Religionsfreiheit, Sicherheit und Anteil an allen Würden und Ämtern gewährte.

285 1756 (nicht 1758) der berühmte »Umsturz der Bündnisse«: Die Westminsterkonvention zwischen England und Preußen führt zur Annäherung der »Erbfeinde« Frankreich und Österreich, die u. a. auf Betreiben der Madame Pompadour ein Defensivbündnis schließen, wie es der österreichische Staatskanzler Kaunitz gegen anfänglichen französischen Widerstand angestrebt hatte, mit dem Ziel, Schlesien zurückzugewinnen.

286 Charles-Carloman de *Rulhière* (1735-1791); französischer Historiker, Verfasser der *Anecdotes sur la révolution de Russie en l'année 1762*, 1797. James *Mackintosh* (1765-1832), schottischer Historiker. *Geschichte des 18. Jahrhunderts* – vermutlich die *Histoire de France pendant le XVIIIe siècle*, 14 Bde., 1808, von Lacretelle (1766-1855).

287 vgl. Anm. 61.

288 Jean-Sylvain Bailly (1736-1793), Literat, Astronom, 1789 Bürgermeister von Paris.

289 Charles James Fox (1749-1806), englischer Staatsmann.

290 Joseph Addison (1672-1719), englischer Staatsmann, Essayist und Dichter.

291 Humphry Davy (1778-1829), bedeutender englischer Chemiker.

292 Jean Baptiste Say (1767-1832), französischer Nationalökonom.

293 Claude Destutt, comte de Tracy (1754-1836), französischer Philosoph, Sensualist; Philosophie ist für ihn aufs engste mit Psychologie verknüpft. Er sieht eine vordringliche Aufgabe des Philosophen in der Analyse seelischer Mechanismen, d. h. der menschlichen Begierden oder Reaktionen auf Widerstände.
Eléments d'idéologie, 1805-1815. Er gehört zur Gruppe der »Idéologues«, welche zu Beginn des 19. Jahrhunderts die Aufklärung gegen ihre neuen Feinde verteidigten. Er übte großen Einfluß auf Stendhal aus.

294 vgl. Anm. 158.

295 vgl. Anm. 224.

296 Etienne Bonnot, abbé de Condillac (1715-1780), sensualistischer Philosoph, Nationalökonom; stand den Physiokraten nahe, die Freiheit der Wirtschaft und vor allem eine Agrarreform verlangten, da vorrangiges Ziel für sie die Steigerung der landwirtschaftlichen Produktion war.

297 Alessandro Lante (1762-1818), Kardinal und päpstlicher Legat in Bologna.

298 Marc René de Voyer d'Argenson (1771-1842), französischer Politiker, Präfekt unter Napoleon, liberaler Abgeordneter während der Restauration.

299 Giuseppe Gorani (1740-1819), italienischer Nationalökonom: *Mémoires secrets et critiques des cours, des gouvernements et des moeurs des principaux états d'Italie* (Geheime und kritische Nachrichten über die Höfe, Regierungen und Sitten in den wichtigsten italienischen Staaten), 3 Bde., Paris 1793 (!).

300 John Murray (1778-1843), englischer Verleger, der 1817 die englische Übersetzung von Stendhals erstem Buch, *Lettres sur Haydn, Mozart et Métastase*, herausbrachte.

301 Mademoiselle Mars (1779-1847), berühmte französische Schauspielerin, verhalf dem romantischen Drama um 1830 mit zum Durchbruch.

302 Generali (1783-1832): *La Contessa die Colle erboso (!)* (Die Gräfin vom grünen Hügel), Oper von 1814.

303 *Die verlassene Dido*, eine Oper vermutlich nach dem gleichnamigen Melodrama Metastasios von 1724.

304 Gaspare Pacchiarotti (1744-1821), berühmter italienischer Kastrat, hatte sich 1792 von der Bühne zurückgezogen.

305 Pietro Bembo (1470-1547), Kardinal, Humanist, Schriftsteller, einflußreichster Wortführer in der »questione della lingua« des 16. Jahrhunderts (vgl. Anm. 195), verfaßte u. a. eine Geschichte Venedigs, wenn auch nicht in einem Turm in Padua.

306 Ein unkorrigiert gebliebenes Versehen in der Datierung: 10. Juni zwischen 18. und 19. Juni.

307 Gemeint sind die Emigranten, jene Adligen, die während der Französischen Revolution, besonders nach der Hinrichtung Ludwigs XVI., 1793, Frankreich verließen.

308 Die Pflanze Mensch gedeiht hier kraftvoller als anderswo. Vgl. Anm. 226.

309 Die Kirchengüter wurden Ende 1789 verstaatlicht und zu Nationalgütern erklärt. Sie bildeten zunächst die Grundlage für die Ausgabe von Papiergeld, wurden dann aber durch ein Dekret vom 9. Juli 1790 zum Verkauf freigegeben. Dadurch kam es zu einer folgenreichen Umverteilung des Besitzes in Frankreich, und in breiten Bevölkerungskreisen wurde so (materielles) Interesse am Gelingen der Revolution geweckt.

310 Das in der »Charte«, der Verfassung von 1814, vorgesehene und im Wahlgesetz vom Februar 1817 fixierte Zensuswahlrecht sah vor, daß wählen konnte, wer mindestens 30 Jahre alt war und 300 Francs Steuern zahlte, und daß in die Deputiertenkammer gewählt werden konnte, wer mindestens 40 Jahre alt war und 1000 Francs Steuern zahlte. Am politischen Leben der Nation war also nur ein verschwindend geringer Teil der Bevölkerung – die Notabeln – beteiligt.

311 Gemeint ist vielleicht: Piacentino, die Gegend von Piacenza.

312 Elisa Bonaparte (1777-1820), Schwester Napoleons, 1805 Fürstin von Piombino und Lucca, 1808-1814 Großherzogin von Toskana.

313 Gemeint ist vermutlich ebenfalls Elisa Bonaparte. Montecatini, Ort in der Nähe von Lucca.

314 wahrscheinlich: Dutertre.

315 In der Schlacht von Hohenlinden (Dorf in Oberbayern) sieg-
ten 1800 die Franzosen über die Österreicher.

316 vgl. Anm. 247.

317 Gemeint ist der Herausgeber des in Koblenz gegründeten
Rheinischen Merkurs (1814-1816), Joseph von Görres (1776-
1848).

318 Wie Victor Del Litto zeigen konnte, stützt sich Stendhal bei
den folgenden Bemerkungen auf den »Verriß« von Goethes
Aus meinem Leben, erschienen im *Edinburgh Review*, Juni
1816.

319 Wahrscheinlich spielt Stendhal auf A. W. Schlegels *Vorlesungen über dramatische Kunst und Literatur* an.

320 Christian von Massenbach (1758-1827), aus Württemberg
stammender preußischer Oberst und Militärtheoretiker. Im
Feldzug gegen Napoleon war er einflußreicher Generalquar-
tiermeister des Fürsten Hohenlohe. Er wurde für die preu-
ßische Niederlage bei Jena (14. Okt. 1806) und die Kapitu-
lation von Prenzlau verantwortlich gemacht. Er suchte in
mehreren Schriften sein Verhalten zu rechtfertigen und seine
grundsätzlichen Auffassungen zur politischen Lage Preußens darzulegen: *Betrachtungen und Aufschlüsse über die Ereignisse der Jahre 1805 und 1806,* 1808; *Historische Denkwür-
digkeiten zur Geschichte des Verfalls des preußischen Staates
seit dem Jahre 1794 . . .,* 1809; *Memoiren zur Geschichte des
preußischen Staates unter den Regierungen Friedrich Wilhelms II. und Friedrich Wilhelms III.,* 3 Bde., 1809. Seit je
hatte sich Massenbach für einen engen Anschluß Preußens
an Frankreich, das Land der »wahren Aufklärung«, eingesetzt. In Napoleon erblickte er den Wegbereiter einer voll-
kommeneren Gesellschaft. Er trat für den Freihandel ein
und war ein Bewunderer von Adam Smith. Lange Zeit verband ihn Freundschaft mit dem von Stendhal geschätzten
preußischen Historiker Ancillon. 1816/17 war er in der würt-
tembergischen Ständeversammlung einer der Wortführer
der Liberalen, die für eine Verfassung und die Rechte der
Volksvertretung kämpften. In mehreren Publikationen äu-
ßerte er sich zu Fragen der deutschen Einheit und der kon-
stitutionellen Monarchie: *Der Obrist Massenbach, den Thro-*

nen, Palästen und Hütten Teutschlands, 1817. Die auf Betreiben der preußischen Regierung im August 1817 erfolgte Verhaftung Massenbachs in Frankfurt löste einen Sturm der Empörung in der Öffentlichkeit aus, da er als ein Vorkämpfer der Freiheit galt. Massenbach wurde verhaftet, weil er versucht hatte, den preußischen Hof unter Androhung von Enthüllungen in seinen Memoiren zu erpressen. Unter anderem wegen beabsichtigten Landesverrats wurde er zu 14 Jahren Festungshaft verurteilt. Der König begnadigte ihn 1826.

321 Stendhal stützt sich im folgenden auf die Besprechung der englischen Übersetzung von Schlegels *Vorlesungen über dramatische Kunst und Literatur* im *Edinburgh Review,* Februar 1816 (Victor Del Litto).

322 Corneille, *Rodogune,* I, 5.

323 Markgräfin Wilhelmine von Brandenburg-Bayreuth (1709-1759); ihre Memoiren erschienen 1811 in Paris unter dem Titel: *Mémoires de Frédérique-Sophie-Wilhelmine de Prusse, margrave de Bareith, soeur de Frédéric le Grand, ecrits de sa main.*

324 Fest des heiligen Antonius von Padua am 13. Juni (!).

325 Giovanbattista Brocchi (1772-1826), italienischer Geologe: *Conchigliologia (!) fossile subappenino . . .,* 1814.

326 Arthur Young (1741-1820), englischer Nationalökonom.

327 Oper von Rossini.

328 vgl. Anm. 107.

329 Die folgende Anekdote entstammt Goethes *Italienischer Reise Venedig Den 6. Oktober.). Stendhal entnimmt sie der Besprechung im Edinburgh Review,* März 1817.

330 vgl. Anm. 144.

331 mir auch.

332 Dienstmädchen.

333 *Le baruffe chiozotte* (Rauferei in Chioggia), 1762; *Sior Todero Brontolon* (Der krakeelende Herr Theodor), 1762, Komödien von Carlo Goldoni.

334 Fleury (1751-1822), französischer Schauspieler.

335 *L'Ecole des bourgeois,* 1729, Komödie von Soulas d'Allainval (1700-1753).

336 »Nie macht liebliche Musik mich lustig.« Shakespeare, *Der Kaufmann von Venedig*, V, 1, 69.

337 Opern von Spontini (1809) bzw. Sacchini (1787).

338 Angelica Catalani (vgl. Anm. 5) hatte seit 1815 die Leitung des Pariser *Théâtre-Italien* übernommen.

339 Im Frieden von Campoformio (Oktober 1797) erhielt Österreich als Ersatz für die der ›Cisalpinischen Republik‹ einverleibten lombardischen Gebiete Venetien. Damit endete die Geschichte der Republik Venedig.

340 Giacomo Lechi (1768-1845); Stendhal hatte ihn 1811 während seiner Reise nach Mailand kennengelernt.

341 *Die sprechenden Tiere*, 1802 erschienener Fabelzyklus von Giovanni Battista Casti (1724-1803), antimonarchistische, prorepublikanische Gesellschaftssatire, in der die verschiedenen Stände der alten Gesellschaft und ihre Gewohnheiten lächerlich gemacht werden.

342 Lord Byron (1788-1824); Stendhal hatte den Dichter im Oktober 1816 in Mailand kennengelernt.

343 Germaine, baronne de Staël-Holstein (1766-1817), Tochter des Finanzministers Necker, Schriftstellerin, Wegbereiterin der französischen Romantik, politische Gegnerin Napoleons. Zuflucht fand sie in Coppet am Genfer See, das Stelldichein der geistigen Elite jener Zeit wurde und von dem Impulse auf die romantische Bewegung in ganz Europa ausgingen. Madame de Staël trat für Liberalismus und gesellschaftliche Emanzipation ein. Sie erschloß den Franzosen die Literaturen des Nordens. Sie verfaßte literaturtheoretische Schriften, Briefromane, *De l'Allemagne* (Über Deutschland), 1807/10/13, und unterhielt eine ausgedehnte Korrespondenz (vgl. Anm. 82).

344 Zwei Gestalten aus dem Roman *The History of Tom Jones, a Foundling*, 1749, von Henry Fielding (1707-1754); Tom Jones: gutmütig und offenherzig, Blifil: egoistisch und verschlagen.

345 vgl. Anm. 300.

346 Honoré-Gabriel Riquetti, comte de Mirabeau (1749-1791), Offizier liberaler Adliger, Abgeordneter des dritten Standes in der Nationalversammlung 1789, entschiedener Gegner

des Klerus und des alten Feudaladels, strebte mit seiner zwielichtigen Politik wahrscheinlich eine konstitutionelle Monarchie an.

347 vgl. Anm. 124.

348 Lope de Vega (1562-1635), spanischer Dramatiker.

349 Publius Terentius Afer, Terenz (um 190-159 v. Chr.), römischer Lustspieldichter.

350 »Der Verzweifelte aus zu viel Gutmütigkeit«, wie der anschließend erwähnte »Hofmeister in Verlegenheit«, Komödie des Grafen Giraud (1776-1834).

351 vgl. Anm. 125.

352 Lady Morgan (1783-1859), irische Schriftstellerin, 1817 Verfasserin eines Buches über Frankreich, in dem sie ihre Verwunderung über das noch weitgehend von klassischem Repertoire beherrschte französische Theaterleben ausdrückte; im gleichen Jahr in französischer Übersetzung unter dem Titel *La France* erschienen.

353 vgl. Anm. 301.

354 eine Art Sprechgesang.

355 Cesare Arici (1782-1836), italienischer Dichter und Professor der Rhetorik; sein Epos *La Gerusalemme distrutta* blieb unvollendet.

356 vgl. Goethe, *Italienische Reise*, Venedig Zum 8. Oktober.; Stendhals Quelle ist die Besprechung im *Edinburgh Review*, März 1817.

357 Gemälde von François Gérard (1770-1837).

358 vgl. Goethe, *Italienische Reise*, Venedig Den 6. Oktober.

359 *Lettres Persanes*, 1721 anonym erschienen; satirischer Briefroman von Montesquieu (1689-1755), in dem europäische Lebensart aus der Perspektive eines persischen Standesherrn beschrieben und damit der Lächerlichkeit preisgegeben wird.

360 Paris Bordone (1500-1571), italienischer Maler des Manierismus. Vgl. Goethe, *Italienische Reise*, Ferrara, den 16. Oktober nachts.

361 Bernhard von Clairvaux (1090-1153), Kirchenlehrer, setzte den 2. Kreuzzug (1147-1149) Konrads III. von Deutschland und Ludwigs VII. von Frankreich sowie den Kreuzzug gegen die Wenden (1147) ins Werk.

362 Ernüchterung.

363 vgl. Anm. 292.

364 Ippolito Pindemonte (1753-1828), italienischer Dichter, Freund Ugo Foscolos (vgl. Anm. 33), schrieb Tragödien, Romane und Lyrik: *I Cimiteri* (Die Friedhöfe), und war Übersetzer u. a. von Homers Odyssee, 1822.
Giovanni Pindemonte (1751-1812), Dramatiker: *Ginevra di Scozia.*

365 *Le Déserteur,* 1796, Komödie von Jean Sedaine (1719-1797).

366 Erstaufführung.

367 Premiere.

368 Schlußsteigerung einer Arie.

369 *Agnese,* 1811, Oper von Ferdinando Paer.

370 Alfieri, *Mirra,* 1784-87 entstanden, 1789 uraufgeführt; Mirra, Tochter des Königs Ciniro, fühlt sich zu ihrem Vater in unnatürlicher Liebe hingezogen. An dieser Leidenschaft, deren Geheimnisse sie erst im letzten Akt offenbart, geht Mirra zugrunde.

371 Sommerfrische.

372 Pietro Moscati (1739-1824), ehemaliger Senator des Königreichs Italien; Louis-Jean-Marie Daubenton (1716-1799), Mitarbeiter des Naturforschers Buffon und Senator.

373 Conte Giovanni Paradisi (1760-1828), italienischer Politiker, Präsident des Senats im Königreich Italien.
Den Titel eines Fürsten von Benevent trug Talleyrand (1754-1838), der geniale Diplomat im Dienst von vier aufeinanderfolgenden Regimes.

374 Pietro Teulié (1763-1807), italienischer General, Kriegsminister der ›Cisalpinischen Republik‹, vor Kolberg gefallen; Louis Desaix de Veygoux (1768-1800), französischer General, in der Schlacht von Marengo gefallen.

375 Vincenzo Dandolo (1758-1819), italienischer Politiker und Gelehrter; Jean-Antoine Chaptal (1756-1832), Chemiker, Politiker, seit 1800 französischer Innenminister, 1805 Senator.

376 Vincenzo Monti (1754-1828), Dichter (vgl. Anm. 34); angespielt wird auf seine panegyrischen Gedichte, die er den jeweils Mächtigen widmete;

Louis de Fontanes (1757-1827), klassizistischer Schriftsteller, Politiker, Großmeister der Universität (d. h. des gesamten Bildungswesens) unter Napoleon, 1817 Marquis und Minister unter Ludwig XVIII.

377 Antonio Codronchi (1748-1826), Erzbischof von Ravenna, Großalmosenier des Königreichs Italien; nach Napoleons Sturz trat er für die Restauration ein;
Etienne-Antoine de Boulogne (1747-1825), unter Napoleon Bischof von Troyes, unter Ludwig XVIII. Erzbischof von Vienne.

378 Francesco Melzi d'Eril (1753-1816), italienischer Staatsmann, Vizepräsident der Italienischen Republik 1802, 1805 Kanzler des Königreichs Italien, 1807 Herzog von Lodi, zog sich 1814 ins Privatleben zurück.

379 Conte Giuseppe Prina (1768-1814), Finanzminister der Italienischen Republik und des Königreichs Italien, nach dem Sturze Napoleons in Mailand von der Menge totgeschlagen (vgl. Anm. 219).

380 Paul Grenier (1768-1827), französischer General.

381 *Maometto*, 1817, Oper von Peter von Winter (1754-1825), nach Voltaires Verstragödie *Mahomet*, 1741.

382 Das Vaterland wird nie Schaden nehmen.

383 vgl. Anm. 19.

384 Giacomo Davide, Vater (1750-1830), berühmter Tenor.

385 Gian Lorenzo Bernini (1598-1680), italienischer Bildhauer und Baumeister des Barock.

386 Giovanni Paisiello (1741-1816), italienischer Komponist.

387 vgl. Anm. 34 und 376.

388 Droschenkutscher.

389 1690 in Rom gegründete, noch immer bestehende literarische Gesellschaft, deren Ziel es war, die italienische Literatur von den Manierismen der Kunst des Seicento (17. Jh.) zu reinigen und statt dessen eine an antiken Vorbildern geschulte, bukolische Dichtung von stilistischer Schlichtheit und Eleganz zu pflegen. Zu ihren Mitgliedern gehörten Metastasio und seit 1787 Goethe.

390 Luigi Onesti, Fürst Braschi (1745-1816), Neffe Papst Pius' VI.

391 Barnaba Chiaramonti (1742-1823), 1800 Papst Pius VII. (vgl. Anm. 172).

392 Conte Marco Fantuzzi (1740-1806) unterstützte Landsleute, die von den Franzosen aus politischen Gründen verfolgt wurden, und mußte selbst in die Verbannung gehen.

393 Sallust, *De Catilinae coniuratione* (Über die Verschwörung des Catilina), XXV; Sempronia, Frau des Konsuls (77 v. Chr.) Dec. Junius Brutus, Mutter des Caesarmörders Brutus, Mitwisserin der Catilinarischen Verschwörung, beschreibt Sallust als eine schöne, gebildete Frau von männlicher Willenskraft, aber auch sittlicher Verderbtheit.

394 Napoleon.

395 Franz II. (1768-1835), deutscher Kaiser, seit 1804 Franz I., Kaiser von Österreich, legte 1806 auf Napoleons Verlangen hin die römisch-deutsche Kaiserwürde nieder und besiegelte damit das formale Ende des Heiligen Römischen Reiches Deutscher Nation.

396 Rosemonde Gérard (1757-1822), Tochter des Grafen de Valence, Frau des Generals G., der am Rußlandfeldzug teilgenommen hatte.

397 die heutige Villa d'Este.

398 die heutige Villa Carlotta.

399 Lüftchen.

400 William Pitt d. J. (1759-1806), konservativer englischer Premierminister 1784-1801 und 1804-1806, Haupt der europäischen Koalition gegen Napoleon.

401 vgl. Anm. 180. Die Krise, in die Großbritannien u. a. infolge seiner kostspieligen Kriegsanstrengungen und die hohe Staatsverschuldung geraten war, spitzte sich nach 1815 dramatisch zu, als Mißernten die Getreidepreise in die Höhe trieben. Es kam allenthalben zu blutigen Unruhen. Dies veranlaßte die britische Regierung im Frühjahr 1817, vom Parlament Ausnahmegesetze verabschieden zu lassen, durch die unter anderem die Habeas-Corpus-Akte in England und Schottland vorübergehend außer Kraft gesetzt wurde.

»Commune affranchie« nannte sich die Stadt Lyon, nachdem ihr Name 1793 aus der Liste der Kommunen Frankreichs gestrichen worden war. 1793 war es in Lyon zu einem wahrscheinlich von Monarchisten gelenkten Aufstand gegen die Jakobiner gekommen, den die Engländer verdächtigt wurden, finanziell zu unterstützen. Im Herbst 1793 gelang es, Lyon zurückzuerobern; die Stadt wurde Schauplatz besonders grausamer Vergeltungsmaßnahmen. Diese Greueltaten setzt Stendhal in Beziehung zur Hungersnot, die 1817 in England herrschte und für die er die reaktionäre Politik der englischen Aristokratie verantwortlich macht.

402 *Tracy* – vgl. Anm. 293;

Laurent de *Gouvion-Saint Cyr* (1764-1830), Marschall von Frankreich;

Abbé Henri *Grégoire* (1750-1841), republikanischer Politiker, Bischof von Blois, kandidierte 1819 für die Deputiertenkammer; Stendhal gab ihm seine Stimme;

Jean-Denis *Lanjuinais* (1753-1827), Politiker, Senator unter Napoleon, während der Restauration Deputierter;

Victor, duc de *Broglie* (1785-1870), Politiker, stimmte gegen die Hinrichtung Marschall Neys (vgl. Anm. 16).

403 Pierre-Louis Ginguené (1748-1816), französischer Gelehrter, Schriftsteller und Politiker; sein Hauptwerk: *Histoire littéraire de l'Italie* (Literarische Geschichte Italiens), 1811 ff.

404 Simonde de Sismondi (1773-1842), Schweizer Historiker, Nationalökonom und Literarhistoriker: *Histoire des républiques italiennes au moyen âge* (Geschichte der italienischen Republiken im Mittelalter), 1807-18; *De la littérature du Midi de l'Europe* (Die Literatur des südlichen Europas), 1813.

405 *De l'Esprit des Lois*, Titel von Montesquieus Hauptwerk.

406 Der Medici-Papst Leo X. (1475-1521, Papst seit 1513) gibt in der französischen Geschichtsschreibung seit Voltaire dem 16. Jahrhundert, dem Jahrhundert der Renaissance, seinen Namen und bezeichnet jene kulturelle Blütezeit, welche auf das ›barbarische‹ Mittelalter folgte und dem »Jahrhundert Ludwigs XIV.« vorausging.

407 Erzherzog Feridnand von Österreich (1754-1806), Statthalter in Mailand.

408 Joseph II. (1741-1790), deutscher Kaiser, Vertreter des aufgeklärten Absolutismus.

409 Abbé Guillaume-Thomas-François Raynal (1713-1796), französischer Aufklärer; sein Hauptwerk: *Histoire philosophique et politque des établissements et du commerce des Européens dans les deux Indes* (Philosophische und politische Geschichte der Niederlassungen und des Handels der Europäer in den beiden Indien), 1770, brachte ihm wegen der darin enthaltenen scharfen Kritik an den europäischen Mächten und dem Klerus im besonderen Verfolgung und Verbannung (1775) ein.

410 Alberico di Belgiojoso (1725-1813) soll Parini (vgl. Anm. 210) als Vorbild für den Helden des ersten Teils (»Il Mattino«, Der Morgen) seines satirischen Gedichtes »Il Giorno« gedient haben.

411 vgl. Anm. 209.

412 Pietro Verri (1728-1797), bedeutender Nationalökonom und Historiker, schrieb eine Geschichte Mailands und gab die berühmte Zeitschrift *Il Caffè* heraus.

413 Luigi Marchesi (1755-1829), berühmter Kastrat.

414 Das Gesetz wurde 1805 von der – daraufhin von Napoleon aufgelösten – gesetzgebenden Körperschaft der Italienischen Republik abgelehnt und durch die Regierung des Königreichs Italien (März 1805 Napoleons Proklamation zum König von Italien, Mai 1805 Krönung) in Kraft gesetzt.

415 Giuseppe Lechi (1766-1836), italienischer General unter Napoleon, schlug ein österreichisches Korps, das vom Fürsten Rohan, einem Emigranten, geführt wurde.

416 In der Schlacht von Raab, 14. Juni 1809, kämpften italienische Truppen unter dem Vizekönig Eugène.

417 Im alten Sparta die versklavten, dem Staate hörigen Kleinbauern der Urbevölkerung.

418 Diktatur der Jakobiner unter Robespierre als dem Vorsitzenden des Wohlfahrtsausschusses, 1793-94. Die Jakobiner vertraten im Gegensatz zu den von ihnen im Juni 1793 ausgeschalteten Girondisten (Bildungs- und Besitzbürgertum) die radikalen Kräfte der Revolution: das Pariser Kleinbürgertum und Teile der Bauernschaft. Der Terror der Revolutionstribunale fand mit dem Sturz Robespierres im Juli 1794 sein Ende.

419 Miguel de Vasconcellos (gest. 1640), portugiesischer Staatsmann, verhaßt wegen seiner Habgier, beim Staatsstreich
1640 ermordet.

420 Jean-Baptiste Colbert (1619-1683), bedeutender Staatsmann, Minister Ludwigs XIV.; seine Politik auf den Gebieten: Wirtschaft (Übersee), Handel, Finanzen und Verwaltung machten Frankreich zum modernsten Staat Europas.

421 Nach seiner Niederlage bei Leipzig (Oktober 1813) zog sich
Napoleon über den Rhein zurück. Im Dezember 1813 über-
schreiten Österreicher und Preußen den Rhein. Am 31. März
1814 ziehen die Alliierten in Paris ein.

422 Schloß von Kaiserin Josephine bei Paris.

423 In Schloß Fontainebleau unterschrieb Napoleon am 6. April
1814 die Abdankungsurkunde.

424 Vgl. *Rot und Schwarz*, erster Teil, Kapitel 27, das Motto: –
Die gegenwärtige Zeit, guter Gott! ist wie die Bundeslade.
Wehe dem, der daran rührt!   Diderot. –

425 Alessandro Verri; vgl. Anm. 204;
Giuseppe Micali (1769-1844), Historiker und Archäologe.

426 *Botta* – vgl. Anm. 198;
Pietro *Giordani* (1774-1848), italienischer Schriftsteller;
Carlo *Rosmini* (1758-1827), Historiker.

427 Jeremy *Bentham* (1748-1832), englischer Schriftsteller und
Rechtsphilosoph, Utilitarist: *An Introduction to the Princi-
ples of Morals and Legislation* (Einführung in die Prinzipien
der Moral und der Gesetzgebung), 1780/89;
Adam *Smith* (1723-1790), Philosoph, Begründer der klassischen Nationalökonomie: *An Inquiry into the Nature and
Causes of the Wealth of Nations* (Untersuchung über Natur
und Ursachen des Volkswohlstands), 1776; systematische
Entwicklung der liberalen Wirtschaftslehre, für die Markt-
mechanismus und Eigennutz die wirtschaftlichen Ord-
nungsprinzipien sind.
Say – vgl. Anm. 292. – *Tracy* – vgl. Anm. 293.
Pierre-Jean-Georges *Cabanis* (1757-1808), Literat, Naturwissenschaftler, Mediziner; Sensualist, gehört wie Destutt
de Tracy zu den »Idéologues«: *Rapports du physique et du
moral de l'homme* (Beziehungen zwischen dem Physischen

und Moralischen im Menschen), 1802; Versuch, die physiologischen Grundlagen der intellektuellen und moralischen Anlagen des Menschen zu erhellen und damit die Morallehre zu einer exakten Wissenschaft zu machen; Cabanis übte großen Einfluß auf Stendhal aus.

Thomas Robert *Malthus* (1766-1834), englischer Nationalökonom und Demograph: *An Essay on the Principle of Population* (Versuch über das Bevölkerungsgesetz), 1798/1803; die Einsicht in die auseinanderklaffende Progression von Bevölkerungszahl und Nahrungsmittelmenge läßt Malthus zu einer pessimistischen Deutung des Fortschritts gelangen.

428 Claude-Adrien Helvétius (1715-1771), Philosoph; Sensualist und Materialist: *De l'Esprit* (Über den Geist), 1758, sozialphilosophische Abhandlung über die Determiniertheit des Menschen durch seine Umwelt; *De l'homme, de ses facultés intellectuelles et de son éducation* (Über den Menschen, seine intellektuellen Fähigkeiten und seine Erziehung), posthum 1773; der zentrale Begriff in Helvétius' sozialphilosophischem System ist das »Glück«, das Glück, wonach der einzelne strebt, wie das Glück der größtmöglichen Zahl von Bürgern, das Gemeinwohl; Stendhal sah in Helvétius den größten Philosophen Frankreich.

429 Jacques-Bénigne Bossuet (1627-1704), Erzbischof von Meaux, berühmter Prediger, Meister der französischen Rhetorik, schrieb die historisch-philosophische Lehrschrift *Discours sur l'histoire universelle* (Abhandlung über die Weltgeschichte), 1681, eine theologische Deutung der Geschichte als Heilsgeschichte; seinen Ruhm machen ferner die Sammlungen von Sermonen und Leichenpredigten aus.

430 Abbé Jean-Antoine Nollet (1700-1777), Physiker; Jean-Baptiste Biot (1774-1862), Physiker und Mathematiker.

431 Vergil, *Bucolica*, II, 61-62;
Pallas bewohne die Burgen, die sie selbst gegründet hat; uns mögen vor allem die Wälder gefallen.

432 *La Henriade*, 1723/24, Epos von Voltaire um den Konflikt zwischen Toleranz und Verantwortungsbewußtsein auf seiten Heinrichs IV. und religiösem Fanatismus auf seiten der katholischen Liga.

433 Die Trennung von Gold und Silber mittels mäßig konzentrierter Salpetersäure (Scheidewasser).

434 Gemeint ist eine 1817 erschienene Broschüre Benjamin Constants (vgl. Anm. 222): *Questions sur la législation actuelle de la presse en France* . . . (Fragen zur gegenwärtigen Pressegesetzgebung in Frankreich).

435 vgl. Anm. 92.

436 Graf Bellegarde (1756-1845), von 1814 bis 1816 Oberbefehlshaber der österreichischen Truppen in Italien.

437 Graf Franz von Saurau (1760-1832), von 1815 bis 1818 Gouverneur des Königreichs Lombardo-Venetien.

438 Oper von Domenico Cimarosa.

439 Bonaparte.

440 Filippo Severoli (1767-1822), General, verlor im Kampf mit österreichischen und neapolitanischen Truppen ein Bein.

441 Nach Napoleons Niederlage bei Leipzig versuchte Murat, den Napoleon 1808 zum König von Neapel gemacht hatte, seinen Thron zu behaupten, indem er mit Österreich einen Vertrag schloß und sich gegen Anerkennung seiner Herrschaft in Neapel vom Kaiser lossagte (vgl. Anm. 104).

442 Antonio Bertoletti (1775-1846), General.

443 »Basvilliana«, ein Gedicht, in dem Monti aus Anlaß der Ermordung des französischen Legationsrats Basseville, eines Agenten der Revolution, in Rom 1793 die Greuel der Französischen Revolution brandmarkte.

444 vgl. Anm. 27.

445 *Corinne ou l'Italie*, 1807, Roman von Madame de Staël (vgl. Anm. 343).

446 französische Zeitschrift, in der Charles de Villers (1765-1815), Emigrant und Mittler zwischen Frankreich und Deutschland, 1810 einen Brief an den Herausgeber Millet veröffentlicht hatte. Darin warb er für eine romantische, d. h. nationale, christliche und ›ritterliche‹ Dichtung nach dem Vorbild der deutschen Literatur.

447 Barsch.

448 Gemeint ist sicher Brougham (vgl. Anm. 180).

449 vgl. Anm. 427; Malthus' *Essay on the Principle of Population* wurde 1809 von Pierre Prévost ins Französische übersetzt.

450 in Coppet am Genfer See, dem Landgut Madame de Staëls, die am 13. Juli 1817 starb (vgl. Anm. 343).

451 Pierre-Etienne *Dumont* (1759-1829), Schweizer Rechtsgelehrter;

Karl-Viktor von *Bonstetten* (1745-1832), Schweizer Politiker und Schriftsteller, Vertrauter Mme de Staëls: *L'Homme du Nord et l'Homme du Midi* (Der Mensch des Nordens und der Mensch des Südens);

Pierre *Prévost* (1751-1839), Schweizer Physiker, Übersetzer von Malthus;

Charles *Pictet de Rochemont* (1755-1824), Schweizer Agronom und Diplomat;

Sir Samuel *Romilly* (1757-1818), englischer Jurist und Publizist;

Broglie – vgl. Anm. 402;

di Breme – vgl. Anm. 195.

452 *Necker de Saussure* – Albertine de Saussure (1775-1841), Cousine von Mme de Staël, Übersetzerin von Schlegels *Vorlesungen über dramatische Kunst und Literatur;*

De Broglie – Albertine de Staël (1797-1838), Tochter Mme de Staëls, Frau des obengenannten Herzogs von Broglie.

453 Seit 1760 residierte Voltaire in Ferney bei Genf.

454 vgl. Anm. 258.

455 John *Scott* (1783-1821), Verfasser zweier Reiseberichte über Frankreich;

Lord *Blayney* (1770-1830), englischer Offizier, der einen Bericht über seine dreijährige Gefangenschaft in Frankreich veröffentlichte;

John Chetwode *Eustace* (1762-1815), katholischer Priester aus Irland, gab 1813 einen Reisebericht über Italien heraus.

456 Fries, Metopen und Giebelskulpturen des Parthenon, die Lord Elgin (1766-1841), britischer Gesandter an der Hohen Pforte, nach London schaffen ließ.

457 die in Monza aufbewahrte eiserne Krone der Lombarden, mit der sich Napoleon im Mai 1805 im Mailänder Dom zum König von Italien krönte.

458 vgl. Anm. 17.

459 Pächter.

460 Marcus Claudius Marcellus (um 268-208 v. Chr.), römischer Konsul und Feldherr, besiegte im 2. Punischen Krieg Hannibal bei Nola und eroberte 212 Syrakus.

461 Rossini ist 1792 geboren.

462 vermutlich Gino Capponi (um 1350-1421), Gonfaloniere von Florenz »De rebus Florentinorum«.

463 Martial Daru (1774-1827), Stendhals Vetter.

464 vgl. Anm. 181.

465 Rulhière (vgl. Anm. 286) veröffentlichte 1788 ein zweibändiges Werk über den Status der Hugenotten unter Ludwig XIV. und die Ursachen für die Aufhebung des Edikts von Nantes.

466 Napoleons.

467 Kardinal.

468 Président de Brosses gibt in Brief XLIV seiner *Lettres d'Italie* eine Anekdote um Kardinal Alessandro Albani und eine Madame Grimaldis wieder, die er der *Petite Gazette de Rom* entnahm.

469 »Kommentar zu Montesquieus ›Geist der Gesetze‹« von Destutt de Tracy.

470 liberale Zeitung – wie die *Gazetta di Lugano* –, 1815 gegründet, während der Restauration wichtiges Sprachrohr der Opposition.

471 vgl. Anm. 84.

472 1798 gegründete liberale Schweizer Zeitung.

473 Ferdinando Galiani (1728-1787), Diplomat, Nationalökonom, Schriftsteller, seit 1759 neapolitanischer Gesandtschaftssekretär in Paris, stand in engstem Kontakt zu den französischen Aufklärern.

474 Domenico Cirillo (1734-1799), Arzt und Botaniker, Abgeordneter in der ›Parthenopäischen Republik‹, Januar 1799; als nach Abzug der französischen Truppen im Juni 1799 Neapel mit Hilfe der englischen Flotte für die nach Sizilien geflüchteten Bourbonen zurückerobert wurde, wurde Cirillo zusammen mit anderen republikanischen Politikern hingerichtet.

475 vgl. Anm. 265.

476 »Scimiotigri«, so nennt Alfieri »jene Gesellen aus dem nieder-

sten Volk«, die ihn und seine Gefährtin im August 1792 an der Flucht aus Paris hindern wollten. (*Vita*, 4. Epoche, Kap. XXII).

477 vgl. Seite 79, Fußnote.
478 vgl. Anm. 401.

Ausgewählte Bibliographie

(von Bernhard Frank und Carsten Peter Thiede)

Die ausgewählte Bibliographie umfaßt die wichtigsten französischen Textausgaben und deutschen Übersetzungen sowie Hinweise auf Sekundärliteratur.

Französische Ausgaben und britische Edition von 1818

Rome, Naples et Florence en 1817, ou Esquisse sur l'état actuel de la société, des moeurs, des arts, de la littérature, etc. de ces villes célèbres, Paris: Delaunay, 1817, und London: Colburn, 1817. (Ohne Angabe des Verfassers.)

Rome, Naples et Florence en 1817, par M. de Stendhal, officier de cavalerie, Imprimerie de Egron, Paris: Delaunay et Pélicier, 1817. (Henri Beyle gebraucht hier zum ersten Mal das Pseudonym *Stendhal*.)

Rome, Naples and Florence in 1817; scetches of the present state of Society, Manners, Arts, Literature etc., in these celebrated cities, by the Count de Stendhal, London: Colburn, 1818. (Gekürzte, von Stendhal gleichwohl nicht ohne Stolz akzeptierte Übersetzung.)

Rome, Naples et Florence. Paris: Delaunay, 1826 (dritte Ausgabe, in zwei Bänden. Diese Ausgabe enthält zahlreiche Änderungen und Ergänzungen und erschien trotz des Datums erst Anfang 1827.)

Rome, Naples et Florence. Paris: Michel Lévy, 1854. (Diese Ausgabe wurde angekündigt als »seule édition complète, entièrement revue et considérablement augmentée«, ist jedoch in vielen Punkten überaus fehlerhaft.)

Rome, Naples et Florence. Textes établis et annotés par Daniel Muller. Paris: Champion 1919 (in zwei Bänden).

Rome, Naples et Florence. Etablissement du texte et préface d'Henri Martineau. Paris: Le Divan, 1927 (in drei Bänden).

Rome, Naples et Florence. Paris: Pauvert, 1956.

Rome, Naples et Florence en 1817. L'Italie en 1818. Edition établie et commentée par Henri Martineau. Paris: Le Divan, 1956.

Rome, Naples et Florence. Préface et notes de V. Del Litto. Lausanne: Editions Rencontre, 1960.

Rome, Naples et Florence en 1817. Texte présenté et annoté par Roland Beyer. Paris: Juillard, 1964.

Rome, Naples et Florence. Genf: Cercle du Bibliophile, 1968 (*Oeuvres complètes*, Nouvelle édition établie sous la direction de Victor Del Litto et Ernest Abravanel, Bände 13 und 14).

Rome, Naples et Florence en 1817. Textes établis et annotés par Victor Del Litto. Paris: Bibliothèque de la Pléiade, 1973 (in: Stendhal, *Voyages en Italie).*

Deutsche Übersetzungen

Reise in Italien. Mit 23 Kupfern nebst zahlreichen Briefen und unveröffentlichten Fragmenten. Deutsche Bearbeitung von Friedrich von Oppeln-Bronikowski. Jena: E. Diederichs, 1911.

Reise in Italien. Deutsch von Friedrich von Oppeln-Bronikowski. Berlin: Propyläen, 1922.

Rom, Neapel und Florenz. Aus dem Französischen übersetzt von Katharina Scheinfuß. Herausgegeben von Manfred Naumann. Berlin: Rütten & Loening, 1964.

Sekundärliteratur

Kühnau, Richard: Quellen-Untersuchungen zu Stendhal-Beyle's Jugendwerken. Marburg (Phil. Diss.) 1908.

Boyer, Ferdinand: Pour la troisième édition de *Rome, Naples et Florence.* In: *Le Divan,* no. 158, avril 1930.

Prévost, Jean: La création chez Stendhal. Essai sur le métier d'ecrire et la psychologie de l'écrivain. Paris: Mercure de France, [2]1951, [3]1967.

Del Litto, Victor: Sur un livre peu connu de Stendhal: *Rom, Naples et Florence en 1817. In: Revue de littérature comparée* 29, 1955, S. 311-327.

Del Litto, Victor: En marges des manuscrits de Stendhal. Compléments et fragments inédits (1803-1821), suivis en appendice d'un courrier italien. Paris: Presses Universitaires de France, 1955.

Coe, Richard N.: *Rome, Naples et Florence en 1817*. Un compte rendu inconnu. In: *Revue Stendhal Club* 5, 15 octobre 1959, S. 63-68.

Del Litto, Victor: La Vie intellectuelle de Stendhal. Genèse et évolution de ses idées (1802-1821). Paris: Presses Universitaires de France, ²1962.

Imbert, H.-F.: Les Métamorphoses de la Liberté ou Stendhal devant la Restauration et le Risorgimento. Paris: José Corti, 1967.

Cordié, Carlo: Giuseppe Vismara critico di *Rome, Naples et Florence en 1817* (con postille inedite). In: *id.*, Ricerche stendhaliane, Napoli: Morano, 1967, S. 353-424.

Cordié, Carlo: *Rome, Naples et Florence en 1817, suivie de l'Italie en 1818*. In: *id.*, Divagazioni su Stendhal, Napoli: Morano, 1968, S. 43-61. (Rezension der Martineau-Ausgabe.)

Pincherle, Bruno: Prefazione a *Roma, Napoli e Firenze nel 1817*. In: *id.*, Piazzetta Stendhal I Trieste, Note stendhaliane raccolte da Vanni Scheiwiller, Milano: All'Insegna del Pesce d'oro, 1968, S. 13-22.

Crouzet, Michel: L'apolitisme stendhalien. In: Romantisme et Politique 1815-1851, Colloque de l'E. N. S. de Saint-Cloud (1966), Paris: Armand Colin, 1969, S. 220-243.

Porter, Dennis: Politics, Happiness and the Arts: a commentary on Stendhal's *Rome, Naples et Florence en 1817*. In: *French Studies* 24, 1970, S. 254-261.

Marcato, Franca: Stendhal e la ›cristallisation‹ di Bologna nelle due edizioni di *Rome, Naples et Florence* (1817 e 1826). In: Stendhal e Bologna, con alcuni itinerari dell' Emilia-Romana. Atti dell'IX Congresso Internazionale Stendhaliano, a cura di Liano Petroni, Bologna: Bolletino della Biblioteca comunale di Bologna, L'Archiginnasio, 1971-1973, S. 368-379.

Harder, Hermann: Die französischen Italienreiseberichte des Ancien Régime und die *Lettres familières sur l'Italie* des Président de Brosses. Ein Beitrag zur französischen Literatur- und Ideengeschichte des 18. Jahrhunderts, Berlin (Diss. Freie Universität, masch.), 1972.

Krömer, Wolfram: Stendhal. Darmstadt: Wissenschaftliche Buchgesellschaft, 1978.

Im Sommer 1817 erschien in kleiner Auflage etwa gleichzeitig in London und Paris ein Buch unter dem Titel
»Rome, Naples et Florence en 1817«. Als Verfasser nannte
die Pariser Ausgabe einen Monsieur de Stendhal, Offizier
der Kavallerie: ein Name, der den Lesern zum ersten Mal
begegnete und ihnen nichts sagen konnte. Mancher mag
dabei, wenn er der ersten Eintragung im Reisetagebuch
des schriftstellernden Offiziers entnahm, daß dieser sein
Quartier in Berlin hatte, an das altmärkische Städtchen
Stendal, den Geburtsort Winckelmanns, gedacht haben.
Über Person und Herkunft des Autors findet der Leser im
weiteren nur die beiden dunklen Andeutungen: der Verfasser wohne seit sieben Jahren in Deutschland (19. Juni),
er habe 1814 aufgehört, Franzose zu sein, und stehe in
ausländischen Diensten (Anmerkung am Ende des Buches). »Rome, Naples et Florence en 1817« war ein Erfolg;
das Buch verkaufte sich gut, obwohl seine Veröffentlichung zumindest in der französischen Presse kaum ein
Echo fand. Knapp zehn Jahre später, im Februar 1827,
ließ Monsieur de Stendhal eine neue – dem Titelblatt
zufolge dritte –, wesentlich veränderte und ergänzte Ausgabe von »Rom, Neapel und Florenz« in zwei Bänden
erscheinen; inzwischen war die Identität des Autors
längst kein Geheimnis mehr und Stendhal im Kreis der
Pariser Literaten ein bekannter Name. Die ursprüngliche
Fassung des Buches von 1817 wurde dem Leser erst um
die Mitte unseres Jahrhunderts wieder zugänglich gemacht: 1943 in einer italienischen Übersetzung[1] und 1956
in der französischen Ausgabe Henri Martineaus; erst seitdem kann sie wieder als ein wichtiges und höchst reizvol-
les Werk Stendhals verstanden und genossen werden.

»Rom, Neapel und Florenz im Jahre 1817« ist nach

»Haydn, Mozart und Metastasio« (1815) und einer »Geschichte der Malerei in Italien« (1817) das dritte Buch, das Henry Beyle veröffentlichte, und das erste unter dem Pseudonym Stendhal. Diese Werke sind Frucht einer zwar lange vorbereiteten, aber erst 1814, in seinem einunddreißigsten Lebensjahr einsetzenden literarischen Produktivität; und es sind Bücher, die überwiegend von italienischen Dingen handeln.

Stendhal lebte von 1814 bis 1821, von kurzen Unterbrechungen abgesehen, in Mailand. Er hatte sich dorthin zurückgezogen, nachdem er im Frühjahr 1814 mit Napoleons Sturz seine Stellung als Kriegskommissar und Auditor beim Staatsrat verloren hatte und es ihm nicht gelungen war, wie so viele andere in die Dienste des neuen Regimes übernommen zu werden. Stendhal gehörte zu den rund zwölftausend Offizieren der napoleonischen Armee, die Opfer der rigorosen Sparmaßnahmen der Regierung Ludwigs XVIII. wurden: auf halben Sold gesetzt und zudem hoch verschuldet, zog er im Sommer 1814 nach Mailand, in eine Stadt, wo man billig leben konnte, in eine Stadt auch, die er seit langem kannte und die ihm besonders lieb war.

Im Jahre 1800, als Siebzehnjähriger, lernte Stendhal die Lombardei kennen. Die Landschaft, die Kunst – vor allem die Musik – und die Menschen dort waren für ihn eine Art Offenbarung; in seinen autobiographischen Schriften kann man nachlesen, welch unauslöschlichen Eindruck diese erste Begegnung mit Italien in ihm hinterließ.

Protegiert von seinen Verwandten, den Brüdern Daru, die hohe Stellungen in der französischen Heeresleitung innehatten, doch zunächst ohne Funktion oder Rang, kam Stendhal nach Mailand im Gefolge der sogenannten Reservearmee, mit der Napoleon im Frühsommer 1800 Norditalien zurückeroberte. Die Truppen der französischen Republik unter dem General Bonaparte hatten Italien ein erstes Mal 1796 (Lodi) »befreit«. Napoleon hatte sich die politischen Ziele der italienischen Patrioten und Jakobiner zunutze gemacht, als er die Bildung zunächst der cispadanischen, dann der cisalpinischen Republik förderte, und war kurz danach rücksichtslos über sie hinweggegangen, als er im Frieden von Campoformio 1797 die Republik Venedig im Austausch gegen die Lombardei Österreich überließ. In der Folge war auch der Rest der Apenninenhalbinsel unter französische Kontrolle geraten. Unterstützt durch französische Generale, die mit dem Direktorium in Paris rivalisierten, wurden jakobinische Schwesterrepubliken ausgerufen, zuletzt im Januar 1799 die parthenopäische Republik in Neapel. Angesichts dieser Entwicklung in Italien und Napoleons gleichzeitigem Ägyptenfeldzug hatten sich 1798 Österreich, Rußland, England und die Türkei zur zweiten Koalition gegen Frankreich zusammengeschlossen. Die französische Herrschaft in Italien fand ein um so rascheres Ende, als es den italienischen Jakobinern nicht gelungen war, sich den nötigen Rückhalt in der Bevölkerung zu schaffen, und die hohen Abgaben an die Besatzungsmacht den Unmut gegen die Franzosen schürten. Den Süden der Halbinsel eroberten die Sanfedistentruppen des Kardinals Ruffo zurück, den Norden das österreichisch-russische Heer unter General Suworow. Ende 1799 behaupteten sich die Franzosen nur noch in Ancona und Genua. Napoleons Sieg über die Österreicher bei Marengo am 14. Juni 1800 leitete die zweite, längere und folgenreichere Phase des direkten französischen Einflusses auf Italien ein. Nur hatten sich die Vorzeichen inzwischen geändert: seit dem Staatsstreich im November 1799 nannte sich Napoleon Erster Konsul; 1802 wurde er Präsident der italienischen, vormals cisalpinischen Republik; seit 1804 Kaiser der Franzosen, machte er sich ein Jahr später zum König von

Italien. Sein 1811 geborener Sohn trug den Titel König von Rom.

Im November 1800 erhielt Henri Beyle sein Patent als Unterleutnant bei den Dragonern, mußte allerdings Mailand verlassen; er blieb bis Ende 1801 in Norditalien. Erst zehn Jahre später, im Herbst 1811, sah Stendhal Italien wieder. Nachdem er 1802 seinen Abschied eingereicht hatte, gelang es 1806 nur mühsam, Gunst und Protektion Pierre Darus, des einflußreichen Mitarbeiters Napoleons, zurückzugewinnen. Dank seines Ehrgeizes und seiner Fähigkeiten machte Stendhal in der Verwaltung rasch Karriere und brachte es zum Kriegskommissar, 1810 gar zum Auditor beim Staatsrat. Anfang 1811 war davon die Rede, ihn mit einer Mission in Rom zu betrauen; als sich dieser Plan zu seiner großen Enttäuschung zerschlug, beantragte er einen Urlaub und fuhr Ende August 1811 nach Italien, wo er sich drei Monate bis Ende November aufhielt. Er unternahm eine rund vierwöchige Rundreise, die ihn bis nach Neapel führte, die meiste Zeit aber verbrachte er in Mailand. Das Tagebuch dieses Italienaufenthalts liegt der späteren Veröffentlichung von »Rome, Naples et Florence en 1817« zugrunde.

Italiens Abhängigkeit von Frankreich war zu dieser Zeit größer denn je. Wichtige Gebiete wie Piemont, Genua, Toskana und der Kirchenstaat waren annektiert und dem Empire angegliedert worden. Allein das Königreich Italien unter dem Vizekönig Eugène Beauharnais im Norden und mehr noch das Königreich Neapel unter Joachim Murat genossen eine gewisse Selbständigkeit. Beweggrund dieser Politik der Zentralisierung und Überwachung war Napoleons Ringen mit England: der Versuch, englischen Waren jeden Zugang zum Kontinent, auch den des Schmuggels, zu versperren, kurz, die »Kontinentalsperre« lückenlos zu machen. Gleichzeitig entfaltete sich im Innern eine rege Gesetzgebungs- und Reformtätigkeit, deren Einfluß in den einzelnen Regionen von unterschiedlicher Intensität war. Der Code Civil, der wichtige Errungenschaften der Französischen Revolution auf dem Gebiet des bürgerlichen Rechts fixierte, wurde in Italien eingeführt, Reformen im Unterrichts- und Gesundheitswesens eingeleitet, die Infrastruktur des Landes durch Bau von Straßen, Brücken und Kanälen modernisiert. Im Zuge einer durchgreifenden Verwaltungsreform bildete sich vor allem ein modernes Beamtentum heraus. So wurden unter der französischen Herrschaft allmählich Bedingungen geschaffen, die nicht mehr in jedem Fall rückgängig zu machen waren. Das hinderte nicht, daß die Unzufriedenheit im Lande ständig wuchs. Die hohe Steuerlast und die wiederholten Rekrutenaushebungen machten böses Blut in der Bevölkerung. Die Kontinentalsperre hatte für bestimmte Zweige der Wirtschaft verheerende Folgen und war mitverantwortlich für die zunehmende Entfremdung zwischen Napoleon und Joachim Murat, der die Interessen Neapels am Handel mit England zu verteidigen suchte. Britische Agenten bestärkten die italienischen Liberalen im Widerstand gegen den Despotismus Napoleons, indem sie ihnen Hoffnung auf wirkliche Freiheit und Unabhängigkeit Italiens nach der Beseitigung der französischen Herrschaft machten: Versprechungen, die nicht gehalten wurden und die tiefe Enttäuschung über die Haltung der Engländer zu Beginn der Restauration erklären.

Schwer erkrankt kam Stendhal im Herbst 1813 noch einmal für rund drei Monate nach Norditalien. Bei seiner Rückkehr Ende des Jahres zunächst nach Grenoble beordert, um die Verteidigung der französischen Südostgrenze mitzuorganisieren, begab er sich im März 1814 nach Paris und wohnte scheinbar ungerührt dem Einmarsch der alliierten Truppen und dem Ende der napoleonischen Ära bei. Während er vergeblich versuchte, seine Zukunft zu sichern und eine neue Stellung zu erlangen, verfaßte er in großer Eile sein erstes Buch, indem er aus anderen Autoren abschrieb. Auf eigene Kosten gedruckt – wie später auch »Rom, Neapel und Florenz« –, erschienen im Januar 1815 unter dem Pseudonym Louis-César-Alexandre Bombet die »Briefe aus Wien in Österreich über den berühmten Komponisten Joseph Haydn, gefolgt von einer Lebensbeschreibung Mozarts sowie Betrachtungen über Metastasio und die gegenwärtige Lage der Musik in Frankreich und Italien«, ein Buch, das ohne Erfolg blieb. Inzwischen hatte sich Stendhal in Mailand niedergelassen, wo seine Situation in den ersten Jahren nicht nur in materieller Hinsicht bedrückend war, und wurde zum Zeugen der Restauration in Italien.

Die Versuche, das Geschick der beiden Königreiche Eugène Beauharnais' und Joachim Murats rechtzeitig von dem Frankreichs und Napoleons zu trennen, um so ihre Unabhängigkeit zu bewahren, scheiterten. Die Österreicher besetzten im April 1814 Mailand. Murat bemühte sich vergeblich, zum Wiener Kongreß geladen und damit als König von Neapel anerkannt zu werden. Nachdem Napoleon im März 1815 von Elba nach Frankreich zurückgekehrt war, appellierte Murat im Manifest von Rimini (30. März 1815) an die italienische Nation und unternahm den verfrühten Versuch, sich an die Spitze einer nationalen Erhebung zu stellen. Seine Truppen wurden am 2. Mai 1815 bei Tolentino von den Österreichern geschlagen, er selbst wenig später auf Befehl König Ferdinands IV. von Neapel standrechtlich erschossen.

Der Wiener Kongreß stellte die alten Verhältnisse in dem Maße wieder her, wie sie dem Prinzip des Gleichgewichts der Staaten und Dynastien entsprachen. So erstanden die Republiken nicht neu: Genua, obwohl zuvor von Lord Bentinck gegen den Willen Castlereaghs wieder zur Republik erklärt, wurde dem savoyischen Königreich

Sardinien-Piemont angeschlossen; Venedig mit der Lombardei zum habsburgischen Königreich Lombardo-Venetien vereinigt. Die Habsburger kehrten gleichfalls in das wiedergeschaffene Großherzogtum Toskana zurück; Parma wurde der Habsburgerin Maria-Luise, der Tochter des österreichischen Kaisers und zweiten Frau Napoleons, zugesprochen, während die Bourbonen von Parma mit dem zum Herzogtum erhobenen Lucca entschädigt wurden. In Modena trat Franz IV. aus dem Hause Österreich-Este die Herrschaft an. Der Bourbone Ferdinand IV. von Neapel, bzw. III. von Sizilien, kehrte nach Neapel zurück und nahm 1816 als König beider Sizilien den Namen Ferdinand I. an. Der Kirchenstaat schließlich verdankte seine vollständige Wiederherstellung – von Avignon abgesehen – lediglich dem Geschick, mit dem Kardinal Consalvi die Rivalitäten der Großmächte ausnutzte und das Legitimitätsprinzip gegen die österreichischen Ambitionen ins Feld führte. Österreich sicherte sich mit einem System von Verträgen und Allianzen und der Einrichtung von Garnisonen die Kontrolle über ganz Italien mit Ausnahme Piemonts.

Ein Buch, das nach der dramatischen Entwicklung dieser Jahre versprach, von »Rom, Neapel und Florenz im Jahre 1817« zu handeln, erregte offenbar die Neugier der Leser und ließ sich gut verkaufen[2]. Der Autor dieses Werks, das sich durch die brisante Aktualität seines Gegenstands dem Publikum empfahl, hielt es allerdings für ratsamer, sich hinter einem falschen und harmlos klingenden Namen zu verbergen; ebenso verzichtete er darauf, obwohl von Mailand ausführlich die Rede ist, im Titel seinen Aufenthaltsort zu nennen, um nicht die Aufmerksamkeit der österreichischen Behörden auf sich zu lenken.

Stendhals Buch präsentiert sich in Form eines Reisetagebuchs als eine stark persönlich gefärbte Reportage über das italienische Kulturleben im Jahre 1817. Die Form des

Tagebuchs, die in der französischen Tradition der »Italienreisen« selten war und erst gegen Ende des 18. Jahrhunderts begegnet, ergab sich für Stendhal zunächst zwanglos aus seiner Vorlage, dem Reisetagebuch von 1811, und dann entsprach sie in besonderer Weise seinem Temperament und seinem Stil. Die Folge von Tagebucheintragungen garantierte thematische Abwechslung und vermied die Eintönigkeit. Dieser Zweck steckt auch hinter Stendhals Bemühen, gelegentlich die Perspektive zu ändern, indem er fiktiven Gesprächspartnern – tatsächlich dem Edinburgh Review – über längere Strecken das Wort gibt: ein Verfahren, das zugleich den journalistischen Charakter des Buchs verstärkt. In gleichem Sinne können die vereinzelten Hinweise auf Reisegefährten verstanden werden: Spuren eines erst in den »Wanderungen in Rom« verwirklichten Plans, nicht nur einen einzelnen, sondern mehrere Reisende, eine kleine Reisegesellschaft mit ihren verschiedenen Ansichten zu Wort kommen zu lassen. Indem Stendhal über Italien schreibt, teilt er sich selber mit und stößt dabei zugleich an bestimmte Grenzen der Mitteilbarkeit (9. Februar).

Stendhals Werk hebt sich auch sonst von der französischen Tradition der »Italienreisen« ab. Es fällt auf, daß von der Reise als solcher nur andeutungsweise die Rede ist und daß auf die Beschreibung »klassischer« Landschaften, Monumente und Kunstwerke fast völlig verzichtet wird. Berühmte Stätten erwähnt Stendhal mitunter nur um eines skurrilen Begleitumstandes willen oder um genau das Gegenteil von dem zu sagen, was alle anderen vor ihm gesagt haben. Er beschreibt von den Schönheiten des Landes weniger das, was er sieht, als das, was er bei ihrem Anblick empfindet. In ganz ungewöhnlicher Breite und Intensität aber wird von der Musik in Italien und der musikalischen Empfindsamkeit des Autors gehandelt. Bezeichnend ist in dieser Hinsicht der furiose Auftakt des Buches: nach dem

Freudentaumel bei der Nachricht vom bewilligten Urlaub beginnt keine mühsame und erwartungsfrohe Reise in den Süden – fast wie im Fluge wird man von Berlin in die Mailänder Scala versetzt, als seien Oper und Italien eins.

Stendhal liebt Musik meist nur in Verbindung mit szenischer Darstellung, sei es in der Oper oder im Ballett. Erst musikalische und malerische Effekte zusammen mit der Ausdruckskraft der Darsteller üben auf ihn den Zauber aus, den er in der klassischen Tragödie nicht mehr empfindet. Es handelt sich hier um eine frühe und interessante Stellungnahme Stendhals in der gerade zu dieser Zeit anhebenden Auseinandersetzung um Klassik und Romantik. Von der Oper als einer Art Gesamtkunstwerk und dem »romantischen« Ballett mit seinem Appell an die Einbildungskraft der Zuschauer erwartete er sich für die Erneuerung des Theaters offenbar mehr als vom traditionellen Schauspiel. Das gilt in erster Linie für Italien, wo nach Stendhals Meinung die Musik allein noch lebendig ist, während die anderen Künste, insbesondere die Literatur, aufgrund der erniedrigenden politischen Verhältnisse seit 1530 zur Bedeutungslosigkeit herabgesunken sind – von den einsamen Größen Alfieri und Canova abgesehen. 1530: die Eroberung von Florenz durch die kaiserlich-päpstlichen Truppen und damit das Ende des heroischen Zeitalters der Republiken und der künstlerischen Blüte; 1796, 1800: Lodi, Marengo und die Hoffnung auf eine zweite Renaissance Italiens; 1815: Waterloo und der Rückfall in die politische und moralische Erniedrigung – das sind für Stendhal seit der kurz zuvor erschienenen »Geschichte der Malerei in Italien« die Eckdaten der italienischen Geschichte. Um die Entwicklung der Kunst in Italien zu begreifen, muß man sich die Lebensweise in ihrer jeweiligen Entstehungsepoche vergegenwärtigen; um diese wiederum erklären zu können, muß man auf die politischen Verhältnisse zurückgehen.

Dieser Gedankengang, den vor ihm namentlich Madame de Staël und Sismondi vollzogen hatten und auf den der Leser gleich im Vorwort hingewiesen wird, gab, auf die Gegenwart und Zukunft Italiens angewandt, Stendhals Werk seinen besonderen Reiz und seine Brisanz. »Was ist im 19. Jahrhundert eine Literatur ohne Freiheit?« (14. Juli) Stendhal befragt das Italien von 1817 nach den Chancen der Freiheit. Er forscht nach dem, was von Napoleons Einfluß und vom Geist der Freiheit, den die Franzosen nach Italien gebracht haben, noch lebendig ist. Das Ergebnis ist meist enttäuschend: er muß feststellen, daß die Italiener auf fast allen Gebieten erschreckend rückständig sind, daß sie sich in ihrer aufgeblasenen Pedanterie und Selbstgenügsamkeit neuen Ideen hartnäckig verschließen und daß nichts mehr das Entstehen eines echten Nationalgefühls verhindert als ihr lächerlicher Lokalpatriotismus. Daneben gibt es auch Zeichen der Hoffnung: ein wesentlicher Charakterzug der Italiener, ihr tiefes Mißtrauen gegenüber den Mächtigen, ist eine vorzügliche Garantie der Freiheit; und nicht alle Regionen Italiens sind in gleichem Maße Opfer der Reaktion. Die Tradition des Reformabsolutismus des 18. Jahrhunderts, der fortwirkende Einfluß der französischen Herrschaft, das wache Interesse der Intellektuellen an den politischen Vorgängen in Frankreich und die geschickte Politik Österreichs machen die Lombardei zum fortschrittlichsten Land Italiens. Schließlich leben in den italienischen Offizieren der napoleonischen Armee Nationalstolz und Wille zur Freiheit fort. Das Grundübel Italiens ist in Stendhals Augen, daß die Elite der Nation keine politische, keine »philosophische« Bildung besitzt. Dem wäre nur mit der Einrichtung einer Ecole polytechnique, einer Schule kritischen Denkens, abzuhelfen. Die Pariser Ecole polytechnique, an die Stendhal dabei als Vorbild dachte und auf deren Besuch er selber 1799 verzichtet hatte, war eine

Schöpfung der Französischen Revolution. 1794 gegründet, sollte sie der gründlichen theoretischen Ausbildung von Ingenieuren im öffentlichen Dienst des zivilen und militärischen Bereichs dienen. Das Studienprogramm umfaßte Mathematik, Natur- und Ingenieurwissenschaften, aber auch staatsbürgerliche Bildung und Einübung republikanischer Tugenden, worauf seit Napoleon kein großer Wert mehr gelegt wurde. Die Schüler, die sich in einem Ausleseexamen in Mathematik für die Ecole polytechnique qualifizierten, stammten im Prinzip aus allen Bevölkerungsschichten und erhielten während ihrer zwei- oder dreijährigen Ausbildung vom Staat ein Stipendium. Das änderte sich grundlegend unter Napoleon und Ludwig XVIII., als von den Schülern die Zahlung einer Pension von achthundert bzw. tausend Francs verlangt wurde. Damit entwickelte sich die Ecole polytechnique zur privilegierten Ausbildungsstätte der gehobenen Gesellschaft. In diesem Sinne wollte auch Stendhal eine italienische Ecole polytechnique als Schulungsstätte einer modernen, finanziell unabhängigen Aristokratie verstanden wissen. Die Pariser Polytechniciens empfanden sich während der Restauration als berufene Verteidiger liberaler Ideen, sie spielten eine wichtige Rolle in der Julirevolution von 1830.

Im Europa der Restauration konnte Frankreich auch nach Rückkehr der Bourbonen und der Emigranten den übrigen Völkern als Vorbild dienen, weil es dank seiner Verfassung im Vergleich der liberalste Staat war und das einzige große Land, in dem Revolution und Restauration zu einem Kompromiß gefunden hatten. England dagegen, das zu dieser Zeit eine tiefe Krise durchmachte, hatte in Stendhals Augen seine Funktion als Vorbild, die es das ganze 18. Jahrhundert über innegehabt hatte, verloren, seitdem die englische Aristokratie das Wohl der Bevölkerung rücksichtslos opferte, um Frankreich zu bekämpfen und sich selbst zu retten. Die Lobsprüche auf die Regierung Ludwigs XVIII., auf die Charte und auf das Wahlgesetz von 1817, die Stendhal in seinen Text einfließen ließ und die seit dem Kommentar seines Vetters Romain Colomb als »Blitzableiter« zur Täuschung einer wenig subtilen Zensur galten, müssen darum durchaus nicht immer ironisch gemeint sein.

Hinter dem engen europäischen Horizont fällt der Blick gelegentlich auf ein neues, ein wirklich freies, reiches und fortschrittliches Land: Amerika. Trotz Freiheit und Fortschritt aber erscheint Amerika nicht als ein Land der Künste, sondern als das Land der Dollars. Während Stendhal noch die relative Bedeutungslosigkeit des modernen Italiens im Bereich der Kunst auf die politische Rückständigkeit des Landes zurückführt, tauchen gleichzeitig in ihm Zweifel auf, ob der Fortschritt den Künsten wirklich dienlich sei, und die etwas beklommene Erwartung, die Politik werde in Zukunft alles Leben absorbieren und die Kunst ein Opfer des Nützlichkeitsdenkens werden. Von Italien freilich hofft er, daß dort politischer Fortschritt und künstlerische Blüte Hand in Hand gehen werden, denn die Kunst, zu der die Italiener wie kein anderes Volk berufen seien, kann sich nur in Freiheit entfalten. Doch bleibt bei ihm ein gewisser Widerwille spürbar, sich auf politische Fragen einzulassen, ein Bedauern, das schon aus seinem Vorwort spricht. Wenn »Rom, Neapel und Florenz im Jahre 1817« zum politischen Pamphlet geworden ist, so geschah es gleichsam unfreiwillig unter dem Zwang der Umstände, die ihn als kritisch Denkenden zur Stellungnahme nötigten. Wie sehr sich Stendhal auch nach einem reinen Reich der Künste und mehr noch nach Armidas Zaubergarten sehnen mag, so klar erkennt er, daß diese Sehnsucht mit dem »Unstern« des 19. Jahrhunderts unvereinbar ist: die Politik ist im 19. Jahrhundert allgegenwärtig, und jeder kritisch Denkende muß ihr Rechnung tragen. »Rom, Neapel und Florenz im Jahre 1817« ist gewiß nicht Ausdruck naiver Italienschwärmerei. Bei aller Liebe zu Italien bewahrt Stendhal viel von der kritischen Distanz, mit der die französischen Italienreisenden des 18. Jahrhunderts über das Land und seine Bevölkerung urteilten. Nur mischt sich bei ihm in das Gefühl französischer Überlegenheit gegenüber der politischen Rückständigkeit Italiens die immer stärker empfundene Hinneigung zu einer den Italienern eigenen Lebensart, die ihm in mancher Hinsicht unzeitgemäß, aber zugleich auch liebenswerter und glücklicher scheint.

Bernhard Frank

1 *Rome, Naples et Florence en 1817, par M. de Stendhal, officier de cavalerie*. Traduzione, prefazione e note di Bruno Maffi e Ferrante Palla [Bruno Pincherle]. Milano: Bompiani, 1943.
2 Zu den Neugierigen gehörte auch Goethe.
   In einem Brief an Zelter vom 18. März 1818 schreibt er: »Vorstehendes sind Auszüge aus einem seltsamen Buche ›Rome, Naples et Florence, par M. de Stendhal, officier de cavalerie‹, das Du Dir notwendig verschaffen mußt. Der Name ist angenommen, der Reisende ein lebhafter Franzose, passioniert für Musik, Tanz, Theater. Die paar Pröbchen zeigen Dir seine freie und freche Art und Weise. Er zieht an, stößt ab, interessiert und ärgert, und so kann man ihn nicht loswerden. Man liest das Buch immer wieder mit neuem Vergnügen und möchte es stellenweise auswendig lernen. Er scheint einer von den talentvollen Menschen, der als Offizier, Employé oder Spion, wohl auch alles zugleich, durch den Kriegesbesen hin- und wiedergepeitscht worden. An vielen Orten ist er gewesen, von andern weiß er die Tradition zu benutzen und sich überhaupt manches Fremde anzueignen. Er übersetzt Stellen aus meiner ›Italienischen Reise‹ und versichert, das Geschichtchen von einer Marchesina gehört zu haben . . . Genug, man muß das Buch nicht allein lesen, man muß es besitzen.«

Register

Inhalt

Zu dieser Ausgabe

insel taschenbuch 1073
Stendhal
Rom, Neapel und Florenz im Jahre 1817

Rome, Naples et Florence (1826) ist weit mehr als eine neue Ausgabe; es ist ein ganz neues Buch geworden, so sehr unterscheidet es sich in Umfang und Inhalt von der ursprünglichen Fassung des Jahres 1817. Von ihr übernahm Stendhal weniger als ein Drittel in die Ausgabe von 1826, die, im ganzen weit ausführlicher und reicher dokumentiert, in ihrer Art den *Wanderungen in Rom* schon viel näher steht, aber nur wenig von der Frische und Spontaneität des ersten Italienbuchs bewahrt hat.

Bei späteren Ausgaben von *Rome, Naples et Florence* folgte man meist dem Verfahren, das Stendhals Vetter Romain Colomb für seine 1854 bei Michel Lévy erschienene »Édition complète« gewählt hatte, nämlich den Text von 1826 zugrunde zu legen und die ausgesonderten Teile der Erstfassung als Anhang beizufügen. Der deutsche Übersetzer und Herausgeber Friedrich von Oppeln-Bronikowski entschied sich dagegen, beide Teile wieder zu verschmelzen und in gekürzter Form in einem Band unter dem Titel »Reise in Italien« zuerst 1911 bei Diederichs und seit 1922 im Propyläen-Verlag zu veröffentlichen. Eine wirklich vollständige Ausgabe nach dem Verfahren Romain Colombs besorgte erst Daniel Muller 1919 im Rahmen der Champion-Edition. Sie wurde 1968 in die fünfzigbändige Ausgabe von Stendhals »Oeuvres complètes« des Cercle du Bibliophile übernommen und liegt auch der allerdings nicht vollständigen deutschen Übersetzung von Dr. Katharina Scheinfuß zugrunde, die 1964 im Rütten & Loening Verlag Berlin erschien.

Die vorliegende, vollständige deutsche Ausgabe von *Rom, Neapel und Florenz im Jahre 1817* folgt dem Text der Pariser Ausgabe von 1817, wie ihn Victor Del Litto 1973 für seine vorbildliche Edition von Stendhals *Voyages en Italie* in der Bibliothèque de la Pléiade erstellt hat. Grundlage der deutschen Fassung bildete die von Dr. Katharina Scheinfuß besorgte Übersetzung, die, wo immer nötig, ergänzt, korrigiert und geglättet wurde, wobei die

Verdeutschung Friedrich von Oppeln-Bronikowskis mit Gewinn zu Rate gezogen werden konnte. Der Alfieri-Exkurs wurde vollständig aus dem Anhang des von ihm herausgegebenen Bandes *Reise in Italien* übernommen. Schließlich sei auf den reichen und zuverlässigen Kommentar verwiesen, den Victor Del Litto seiner Ausgabe der *Voyages en Italie* beigegeben hat und der bei der Erarbeitung des Anmerkungsapparats an vielen Stellen eine große Hilfe war.

Die vorliegende Taschenbuchausgabe folgt der 1980 im Verlag Ullstein/Propyläen Verlag erschienenen Ausgabe.

Umschlagabbildung: Josephus Augustus Knip, Der Golf von Neapel, im Hintergrund die Insel Ischia. 1818. Rijksmuseum, Amsterdam.

Literatur und Reisen
insel taschenbuch

158/1/5.87

Literatur und Reisen
insel taschenbuch

158/2/5.87

Kunst, Musik, Leben und Werk
insel taschenbuch

157/1/5.87